O Retorno do Rei

A GRANDE VOLTA DE ELVIS PRESLEY

Gillian Gaar

O Retorno do Rei

A GRANDE VOLTA DE ELVIS PRESLEY

Tradução:
Luciana Sanches

MADRAS

Pubicado originalmente em inglês sob o título *Return of the King – Elvis Presley's Great Comeback*, pela editora Jawbone Press.
© 2010, Jawbone Press.
Direitos de edição e tradução para todos os países de língua portuguesa.
Tradução autorizada do inglês.
© 2011, Madras Editora Ltda.

Editor:
Wagner Veneziani Costa

Produção e Capa:
Equipe Técnica Madras

Tradução:
Luciana Sanches

Revisão da Tradução:
Robson Gimenez

Revisão:
Silvia Massimini Felix
Neuza Rosa

Dados Internacionais de Catalogação na Publicação (CIP)
(Câmara Brasileira do Livro, SP, Brasil)

Gaar, Gillian G.
   O retorno do rei : a grande volta de Elvis Presley / Gillian G. Gaar; [tradução Luciana Sanches]. – São Paulo : Madras, 2011.
   Título original: Return of the king.
   Bibliografia.
   ISBN 978-85-370-0663-4
   1. Músicos de rock – Biografia 2. Presley, Elvis, 1935-1977 I. Título.

11-01885   CDD-781.66092
              Índices para catálogo sistemático:
1. Músicos de rock : Biografia   781.66092

É proibida a reprodução total ou parcial desta obra, de qualquer forma ou por qualquer meio eletrônico, mecânico, inclusive por meio de processos xerográficos, incluindo ainda o uso da internet, sem a permissão expressa da Madras Editora, na pessoa de seu editor (Lei nº 9.610, de 19.2.98).

Todos os direitos desta edição, em língua portuguesa, reservados pela

MADRAS EDITORA LTDA.
Rua Paulo Gonçalves, 88 – Santana
CEP: 02403-020 – São Paulo/SP
Caixa Postal: 12183 – CEP: 02013-970
Tel.: (11) 2281-5555 – Fax: (11) 2959-3090
www.madras.com.br

Agradecimentos

Obrigada a Thomas Jerome Seabrook, da Jawbone Press, que deu o pontapé inicial, a John Morrish por sua cuidadosa edição e a todos da Jawbone Press. Muito obrigada a todos os meus entrevistados, principalmente pela paciência com as perguntas constantes, tanto para este projeto como ao longo dos anos: Chris Bearde, Bill Belew, Pete Bennett, Chuck Berghofer, Steve Binder, Allan Blye, Lenore Bond, Jerry Carrigan, Pamela Des Barres, Bobby Emmons, Larry Geller, Glen D. Hardin, Bones Howe, Wayne Jackson, Egil "Bud" Krogh, Harvey Kubernik, Chris Landon, Mike Leech, Sandi Miller, Scotty Moore, Darice Murray-McKay, Julie Parrish, Norbert Putnam, Don Robertson, Jerry Scheff, Glen Spreen, Gordon Stoker, Ronnie Tutt e Reggie Young. Muito obrigada também aos meus transcritores: Ryann Donnelly, Natalie Walker, Gillian Gaar, Marti Jones. Gail Pollock foi uma grande ajuda em conseguir entrevistas e merece muito apreço por seus esforços e agradáveis conversas. Outras pessoas, cuja ajuda neste livro foi muito útil, tanto com indicações como com pesquisas: Mike Freeman, May Pang, Patsy Andersen, Anne Landon, Irene Robertson, Richie Unterberger, Joel Selvin, Brian Bell, Tanya Lemani, Barbara Leigh, Alanna Nash, Marty Lacker, Tom Kipp, Bill Kennedy, Jacob McMurray, Susan Graham, Bob Mehr. Os livros Last Train To Memphis, Careless Love, Elvis Day By Day e Elvis Sessions III foram especialmente úteis e utilizei demais dois exemplares de Elvis Presley: A Life In Music. Agradecimentos adicionais a David Osgood, Carrie Stamper e Maurice Bisaillon. E a mamãe. Dedico este livro, com amor e respeito, a Scotty Moore, cujas pungentes linhas de guitarra em "Hound Dog" me fizeram iniciar esta jornada.

Créditos das Fotos

1 NBCUPHOTOBANK/Rex Features; **Capa**; **2–3** Michael Ochs Archives/Getty Images; **8** Magma Agency/Wire Images; Alan Band/Keystone/Getty Images; **9** SNAP/Rex Features; **10** Michael Ochs Archives/Getty Images; **11** Michael Ochs Archives/Getty Images; NBCUPHOTOBANK/Rex Features; Michael Ochs Archives/Getty Images; **12–13** Michael Ochs Archives/Getty Images; **14** GAB Archive/Getty Images (2); **15** Michael Ochs Archives/Getty Images (3); **16** Frank Edwards/Fotos International/Getty Images; **16–17** Archive Photos/Getty Images; **17** RB/Getty Images; **18** Michael Ochs Archives/Getty Images; **19** Michael Ochs Archives/Getty Images; Thomas S. England/Time Life Pictures/Getty.

Índice

PRÓLOGO EM CADA SONHO UM AMOR 21
CAPÍTULO 1 CORAÇÃO REBELDE 33
CAPÍTULO 2 LET YOURSELF GO 49
CAPÍTULO 3 A LITTLE LESS CONVERSATION..................... 97
CAPÍTULO 4 GOOD ROCKIN' TONIGHT................................ 131
CAPÍTULO 5 PROMISED LAND.. 155
CAPÍTULO 6 LONG, LONELY HIGHWAY............................... 197
CAPÍTULO 7 TODAY, TOMORROW, AND FOREVER 217

NOTAS FINAIS 231
APRESENTAÇÕES AO VIVO.. 240
DISCOGRAFIA SELECIONADA 245
BIBLIOGRAFIA 247
ÍNDICE REMISSIVO... 251

ACIMA: Antes de comprar uma fazenda, no Mississipi, no início de 1968, Elvis costumava andar a cavalo nas proximidades de Graceland. À DIREITA: O filme *Viva um Pouquinho, Ame um Pouquinho*, lançado em outubro de 1968, foi uma tentativa de "modernizar" a imagem dos filmes de Elvis. AO LADO: A sensacional sequência de abertura do especial de televisão de Elvis.

SENTIDO HORÁRIO A PARTIR DA PÁGINA À ESQUERDA: Quatro imagens do especial Elvis: a apresentação "em pé", filmada em 29 de junho de 1968; a sequência do "bordel", com a coadjuvante Susan Henning, filmada em 28 de junho; outro momento do show "em pé"; e a sequência gospel, também filmada no dia 28. NAS DUAS PÁGINAS SEGUINTES: Mais da apresentação "em pé".

ACIMA: No set de filmagens de *Charro!*, julho de 1968. À DIREITA: Um cartaz de *Ele e as Três Noviças*, o último filme dramático de Elvis. AO LADO: Três fotos da coletiva de imprensa realizada à meia-noite do dia 1º de agosto de 1969 para marcar o início da temporada de shows de Elvis no International Hotel, Las Vegas: Elvis com seu pai, Vernon Presley; e o empresário "Coronel" Tom Parker em seu sobretudo "Elvis International In Person".

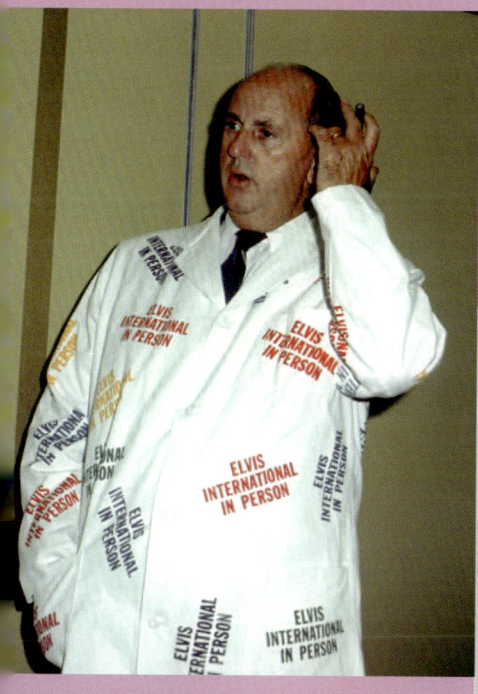

FOTO PRINCIPAL: Elvis fazendo show no International Hotel. ABAIXO: O letreiro no International. À DIREITA: Durante as filmagens do documentário *Elvis: That's The Way It Is*, julho de 1970.

À ESQUERDA: No camarim, com Sammy Davis Jr. na noite de estreia da terceira temporada de Elvis em Las Vegas, em 10 de agosto de 1970. ACIMA: O presidente Richard Nixon e o Rei, em 21 de dezembro de 1970. À DIREITA: A nota que Elvis enviou a Nixon, dizendo onde ele poderia ser encontrado, sob o pseudônimo "Jon Burrows".

"Você acredita em vida após a morte?

Acredita que há mais vida pela frente?

Sei que, em geral, os sulistas dos Estados Unidos acham que nossa personalidade sobrevive, que nós perduramos. Você não leva seu dinheiro, tampouco sua fama, mas quem você é, a essência de quem você é, não morre. Se ele tivesse acreditado nisso, talvez teria tido outra chance de fazer algo mais. Ele teve a vida e a morte que quis ter. Trocou uma vida normal por 42 anos de Elvis e acho que ele sabia o que estava fazendo. Acho também que ele adorava ser Elvis. Você não adoraria?"

WAYNE JACKSON (*The Memphis Horns*)

Prólogo

EM CADA SONHO UM AMOR

Em 1º de janeiro de 1967, entrou em vigor um novo contrato entre o empresário "Coronel" Tom Parker e seu cliente exclusivo, Elvis Presley. Parker – cujo título honorário lhe foi concedido em 1948 pelo então governador da Louisiana, Jimmie Davis – já recebia uma comissão de 25% sobre a renda que Presley tinha com contratos de discos e filmes. Uma vez que os "pagamentos básicos" de tais contratos fossem liquidados, Parker receberia um adicional de 50% de royalties e lucro, bem como 50% sobre todos os acordos ilegais que pudesse fazer. Era uma apropriação descarada do maior pedaço de uma torta lucrativa. Na verdade, já fazia tempo que essa torta vinha sendo devorada.

A ascensão de Elvis na indústria do entretenimento foi sem precedentes. Após um ano e meio de sucesso local, e depois regional, no sul dos Estados Unidos – gravando para a Sun Records, com sede em Memphis –, ele assinou contrato com a RCA Records, que lançou seu primeiro single, "Heartbreak Hotel", em janeiro de 1956. Em abril, essa gravação lhe rendeu seu primeiro milhão de cópias vendidas. Seguiu-se um assombroso sucesso – e polêmica –, mas a carreira de Elvis foi suspensa quando ele foi convocado para o serviço militar, em 24 de março de 1958. Porém, o cantor não foi esquecido completamente durante os dois anos no Exército – a gravadora RCA continuou vendendo seu álbum e foi lançado *King Creole* [Balada Sangrenta], normalmente considerado seu melhor filme. No entanto, Elvis estava compreensivelmente preocupado com o futuro de sua carreira, quando finalmente foi dispensado do serviço militar em 5 de março de 1960. "Quando saiu do Exército, ele não tinha muita certeza de que o público o receberia de volta, de braços abertos", diz Gordon Stoker, integrante do grupo The Jordanaires, *backing vocals* de Elvis por muito tempo. "Ele estava muito receoso."

Mas, pelo menos inicialmente, tudo correu bem. O primeiro single de Elvis pós-Exército, "Stuck On You", vendeu outro milhão de cópias e foi seguido por uma sucessão de singles de sucesso. No ano e meio seguinte, foram lançados hits como "It's Now Or Never", "Are You Lonesome Tonight?", "(Marie's The Name) His Latest Flame" e "Little Sister". Entretanto, no decorrer da década, também ocorreu uma mudança gradual de carreira, da música para o cinema. Elvis queria muito firmar-se como ator e seus quatro filmes pré-Exército haviam formado a base do que poderia ter sido uma carreira altamente bem-sucedida. "Ele era bom no começo", comentou Julie Parrish, uma das coadjuvantes de Elvis em *Paradise, Hawaiian Style* [No Paraíso do Havaí]. "Acho que ele poderia ter sido um grande astro, como James Dean ou Marlon Brando."

Ele certamente mostrou a antipatia – e a vulnerabilidade subjacente – de Dean e Brando em *Jailhouse Rock* [O Prisioneiro do Rock] e *King Creole* [Balada Sangrenta], seus últimos dois filmes antes do serviço militar. Porém, sua carreira foi bastante amenizada por seu primeiro filme pós-Exército, a comédia musical *G. I. Blues* [Saudades de um Pracinha], na qual Elvis faz um soldado, que aposta com os colegas que conseguiria conquistar uma dançarina de cabaré (interpretada por Juliet Prowse). Uma cena mostra uma versão sem vida da canção "Blue Suede Shoes"; outra, Elvis cuidando de um bebê chorão. Sem dúvida, o outrora rebelde havia sido amansado.

Entretanto, o filme foi um sucesso e sua trilha sonora não só alcançou o primeiro lugar na parada de sucessos, como vendeu duas vezes mais que o primeiro álbum de Elvis pós-Exército, *Elvis Is Back!*, um excelente disco que mostrava sua versatilidade e crescente maturidade como vocalista. Era um sinal de mau agouro da direção que sua carreira estava prestes a tomar. Nos seus dois filmes seguintes, Elvis interpretou papéis mais dramáticos e cantou muito pouco. Em *Flaming Star* [Estrela de Fogo], ele fez o filho multirracial de pai branco e mãe nativa norte-americana do Velho Oeste, em uma época em que o conflito entre as duas raças era grave. Não obstante, o ritmo lento do filme mina qualquer clima de tensão. *Wild In The Country* [Coração Rebelde] é um filme de fins comerciais, ao estilo de *Peyton Place* [A Caldeira do Diabo], com Elvis no papel de um jovem problemático que tenta se livrar do ambiente de sua cidadezinha, e conflitos amorosos vividos por uma garota boa (Millie Perkins), uma garota má (Tuesday Weld) e uma mulher mais velha (Hope Lange).

Nenhum deles foi tão bem quanto *Saudades de um Pracinha* e o sucesso do filme seguinte de Elvis, *Blue Hawaii* [Feitiço Havaiano], de 1961 – seu filme de maior sucesso –, estabeleceu em grande parte os moldes de sua carreira cinematográfica, cuja trilha sonora ficou por 20 semanas em primeiro lugar da parada de sucessos – as classificações citadas referem-se às paradas de sucessos nos Estados Unidos, a menos que definido de outra forma. Seu personagem é um jovem ambicioso, inicialmente frustrado com suas perspectivas profissionais e tentativas de ganhar a simpatia de sua amada – obstáculos que são invariavelmente superados no desfecho. Em *Feitiço Havaiano*, a profissão de seu personagem – um guia aspirante a agente de viagens – era atipicamente refinada. No futuro, seus personagens, em geral, teriam uma ocupação mais "viril", como boxeador, piloto de automobilismo ou piloto de helicóptero, os quais, obviamente, também cantavam. O melhor de tudo, para o modo de pensar de Parker, era que as trilhas sonoras dos filmes proporcionavam a perfeita promoção cruzada: os filmes promoviam os discos, enquanto as trilhas sonoras promoviam os filmes. Por essa lógica, não havia necessidade nenhuma de lançar gravações que não fossem trilha sonora.

Infelizmente, para Elvis, isso também funcionou como uma camisa de força. Embora fosse fã de cinema desde a infância, ele não era entusiasta dos musicais, tendendo a preferir filmes de ação ou comédias – particularmente os filmes de Peter Sellers, um de seus atores favoritos. Até mesmo no set de filmagens de *Feitiço Havaiano*, antes da "fórmula de Elvis" ser comum, seu descontentamento era evidente, como recordou Anne Fulchino, publicitária da RCA, que conheceu Elvis quando ele assinou contrato com o selo. "Ele estava obviamente incomodado com o que fazia. Estava frustrado e aborrecido. Via-se tudo isso na cara dele", disse ela. "O que mais me comovia era vê-lo envergonhado, o que mostrava que ele era consciente de tudo – mas dava para ver que ele não tinha escapatória."

Uma grande demonstração da insatisfação de Elvis foi a baixa qualidade de várias canções do filme. Embora não fosse um período musical estéril – "Can't Help Falling In Love", de *Feitiço Havaiano*, tornou-se uma das músicas de trabalho de Elvis e "Return To Sender", de *Girls! Girls! Girls!* [Garotas e Mais Garotas], foi um verdadeiro hit pop –, a maioria das canções de filmes estava definitivamente sem brilho e via-se sua futilidade nos títulos: "Song of The Shrimp" [Canção do Camarão],

"The Walls Have Ears" [As Paredes Têm Ouvidos], "(There's) No Room To Rhumba In A Sports Car" [Não Há Lugar para Rumba em um Carro Esportivo], "Shake That Tambourine" [Toque esse Pandeiro].

"Ele odiava a maioria das canções dos filmes", confirma Gordon Stoker. "Ele dizia: 'O que se pode fazer com um horror desses?'. Às vezes, era um pouco mais franco que isso! E lhe diziam: 'Bem, você vai ter de cantá-la'. Ele sempre fez o melhor trabalho que pôde." De forma reveladora, 21 das 22 canções do álbum pirata *Elvis' Greatest Shit!!* [As Maiores Porcarias de Elvis!!], lançado em 1980 pela gravadora Dog Vomit Records, são canções de filmes – "As Melhores das Piores" são os dizeres da capa do álbum. O que dificultava a escolha de material era que os compositores tinham de ceder parte de seus direitos de publicação à Hill & Range, empresa que administrava as próprias editoras de Presley, Elvis Presley Music e Gladys Music – esta última em homenagem à mãe de Elvis, que morreu em 1958. Na época, não era uma exigência fora do comum e, na década de 1950, quando as músicas de Elvis vendiam muito, os compositores estavam mais dispostos a aceitar esse tipo de proposta. Não obstante, o nome de Presley em um disco não era mais sinônimo de garantia de sucesso comercial.

O cronograma de filmagem apertado – geralmente três filmes por ano – também acabou restringindo suas apresentações ao vivo. Quando saiu do Exército, Elvis não via a hora de fazer grandes turnês. "Ele queria conhecer o mundo", recorda Scotty Moore, guitarrista de Elvis em sua primeira gravação. "Ele queria muito. Queria percorrer toda a Europa e conhecer de tudo!" De fato, em 1959, Elvis disse para a *Melody Maker*: depois de sair do serviço militar, "uma das primeiras coisas que quero fazer é cantar para um público britânico e conhecer algumas das pessoas que me escrevem da Inglaterra". Mas ele acabou fazendo apenas três shows: duas apresentações em Memphis, em 25 de fevereiro de 1961, que arrecadaram fundos para várias instituições de caridade locais, bem como para o Elvis Presley Youth Center, em Tupelo, Mississippi, cidade em que Elvis nasceu; e uma apresentação exatamente um mês depois, em 25 de março, na Bloch Arena, em Honolulu, que arrecadou fundos para construir um memorial aos marinheiros que haviam morrido no navio *U.S.S. Arizona*, afundado pelos japoneses em 7 de dezembro de 1941, ainda submerso em Pearl Harbor.

A ideia de reduzir as filmagens para possibilitar que Elvis fizesse turnês entre os filmes não foi levada muito a sério, embora Parker realmente tenha tentado fazê-lo e planejado uma grande turnê em 1962, esperando que fosse financiada pela RCA. No entanto, a gravadora, por fim, recusou o patrocínio, a turnê foi suspensa e o pensamento de fazer turnê não foi considerado novamente. Scotty é da opinião de que deixar Elvis continuar fazendo shows teria, na verdade, ajudado seu trabalho no cinema. "Se [Parker] o tivesse deixado fazer um daqueles filmes e depois deixado fazer quatro ou cinco shows, Elvis teria voltado ansioso para começar a rodar o próximo filme", disse ele. "Porque ele era muito bom no palco. Era a praia dele. Ele nasceu para o palco. Ele não gostava das músicas dos filmes, com exceção de algumas, e queria voltar a cantar para uma plateia. Esse era seu ponto forte. Ele amava os palcos."

Talvez o atrativo de fazer muito dinheiro com o mínimo esforço – os filmes podiam ser vistos por um público muito maior do que o que Elvis podia alcançar com suas turnês – era bom demais para deixar de lado. Mas, em meados da década de 1960, houve sinais claros de que os filmes e as trilhas sonoras não eram mais o negócio rentável garantido de antigamente. As vendas estavam caindo constantemente, e "Bossa Nova Baby", de 1963, do filme *Fun In Acapulco* [O Seresteiro de Acapulco], foi a última trilha a ficar entre as dez canções da parada de sucessos. Elvis não teria outro hit entre os dez principais até "Crying In The Chapel" – que não só era uma canção de filme, como havia sido originariamente gravada em 1960 – alcançar o terceiro lugar em 1965.

Por que Elvis Presley não insistiu em fazer filmes melhores ou não exigiu canções de maior qualidade? "Essa é a pergunta de 164 mil dólares!", diz Scotty. "Ele podia fazer qualquer coisa que quisesse; tudo que precisava fazer era se opor a Parker. E ele não faria isso." Gordon Stoker conta que os The Jordanaires também incentivavam Elvis a autoafirmar-se: "Uma vez, dissemos a ele: 'Se você não quiser fazer algo, diga ao Coronel que não quer fazê-lo'. Ele disse: 'Não, prefiro fazê-lo a discutir com ele'. É muito triste pensar que ele não se impunha".

Confronto nunca foi o ponto forte de Elvis. Quando surgia qualquer situação complicada, ele deixava seu empresário, ou seu pai, Vernon, resolver. Dadas todas as suas fraquezas, foi o incansável trabalho promocional de Parker nos primeiros anos que fez de Elvis um sucesso internacional. Embora as queixas de Elvis sobre seu empresário aumentassem ao longo dos anos, ele nunca abandonaria o homem que o havia levado a alturas inimagináveis. Era como se Parker fosse seu talismã da sorte.

E como apontou Jerry Schilling, que fazia parte da turma de amigos de Elvis, apelidada de "A Máfia de Memphis", Elvis estava fechado em sua carreira de uma forma que nem todas as pessoas de fora conseguiam compreender. "Testemunhei Elvis reclamando dos roteiros. Ele tentou fazer algo e falaram para ele: 'Faça assim ou não faça nada'", disse Schilling. "Algumas pessoas dizem: 'Mas ele era Elvis Presley, podia fazer o que quisesse de sua carreira'. E não era só o Coronel. Era o Coronel, era a gravadora – eles estavam todos juntos. Elvis não tinha ninguém para representá-lo como têm os artistas de hoje. Sempre achei que o Coronel teria ficado mais feliz se Elvis tivesse sido um Bing Crosby em vez de um astro do rock'n'roll."

Em vez disso, Elvis lidou com sua infelicidade ao longo da carreira de formas mais passivo-agressivas. Apesar de sua aversão às canções de seus filmes, ele se esforçava para transformá-las em uma boa apresentação. "Ele era realmente perfeito. Ensaiava bem e sabia sua parte", recorda Don Robertson, que compôs canções para filmes, tais como *Feitiço Havaiano* e *O Seresteiro de Acapulco*, e tocou piano e órgão na trilha sonora de *It Happened At The World's Fair* [Loiras, Morenas e Ruivas]. "E ele era muito bondoso com os músicos. Muitas vezes algo dava errado e tinham de interromper a gravação e começar tudo de novo. E era muito raro ser ele [o culpado pelo erro]. Normalmente, era um dos músicos que tocava uma nota errada ou seja o que fosse. E ele dizia apenas: 'Bem, vamos fazer de novo'. Sempre presenciei sua bondade e generosidade com as pessoas. Era um enorme prazer trabalhar com ele."

Mas, com o tempo, sua postura mudou sutilmente. Gordon Stoker vinha observando Elvis ficar "mais mal-humorado" ao longo dos anos e agora o via desenvolver uma atitude mais apática nas sessões de músicas de filmes. "Elvis não levava mais a sério", recorda. "As sessões começavam às 18 h e ele não chegava antes das 20 ou 21 h. E, então, ficava sentado, conversando, brincando, contando piadas, e coisas do tipo, até meia-noite. Era assim que ele fazia."

Elvis também começou a refugiar-se nas drogas. Há divergências sobre quando ele começou a fazer uso recreativo de fármacos, mas, em geral, acredita-se que não foi até sua entrada para o Exército, quando os soldados rotineiramente tomavam anfetamina para manter-se acordados durante a guarda. Scotty Moore observou pela primeira vez Elvis tomando remédios, quando estavam viajando para Miami para gravar um especial de TV de Frank Sinatra, em março de 1960: "Até então, eu não sabia que ele fazia isso", disse. Em meados da década de 1960, anfetaminas e sedativos eram comuns na vida de Elvis – e na de sua comitiva. "Vivíamos à base de anfetamina", disse Joe Esposito, que conheceu Elvis no Exército e fez parte de seu círculo interno até o fim de sua vida. Priscilla Beaulieu, namorada de Elvis e depois sua esposa, relata: "No fim, Elvis consumir remédios parecia tão normal para mim quanto vê-lo comer meio quilo de bacon com tortilha de batatas".

Como Elvis usava medicamentos sob prescrição médica, ele nunca se considerou um usuário ilegal de drogas. E, na indústria do entretenimento, o uso de drogas receitadas era geralmente visto como mais um auxiliador para a carreira da pessoa: tomava-se remédio para perder peso, por exemplo, ou sonífero para repousar o suficiente antes de uma filmagem na manhã do dia seguinte. "Na década de 1960, não sabíamos o que as drogas receitadas faziam com nossa saúde", disse Julie Parrish sobre sua própria experiência com drogas. "Eu não precisava de pílulas para emagrecer, mas tínhamos fácil acesso a elas – bastava pedir ao médico. Em *No Paraíso do Havaí*, eu saía com a equipe e o elenco depois das filmagens e íamos beber – não muito, mas o bastante. E como, na hora de dormir, eu estava meio agitada e tinha de acordar cedo no dia seguinte, eu tomava um sonífero. E pela manhã, se estava cansada, tomava um remédio para emagrecer." Esse é um exemplo de ciclo perigoso de uso de drogas, que acabaria tendo uma grave repercussão sobre a saúde de Elvis.

Ele também passou a ter interesse por questões espirituais. Em 30 de abril de 1964, Elvis conheceu Larry Geller, um cabeleireiro que havia sido chamado para cuidar do cabelo do astro em sua casa, em Los Angeles. Uma simples pergunta sobre os outros interesses de Larry gerou uma conversa de quatro horas sobre a busca pelo sentido da vida. Elvis reagiu com grande entusiasmo, dizendo a Geller, que ficou muito surpreso: "Larry, finalmente encontrei alguém que entende pelo que estou passando e com quem posso conversar" – e fez a oferta de contratá-lo em período integral.

No dia seguinte, Larry chegou munido de uma pilha de livros, incluindo *The Impersonal Life* [A Vida Impessoal], *Autobiography of A Yogi* [Autobiografia de um Iogue], *The Initiation Of The World* [A Iniciação do Mundo] e *Beyond The Himalayas* [Além dos Himalaias]. *A Vida Impessoal* passou a ser um dos livros favoritos de Elvis, que guardava um exemplar e, ao longo dos anos, presenteava os amigos com centenas de exemplares. Sua busca por uma resposta para a pergunta "por que fui escolhido para ser Elvis Presley?" levou-o a visitar regularmente a Self-Realization Fellowship, em Pacific Palisades [bairro de Los Angeles], e ocasionalmente se encontrar com o presidente da Fellowship, Sri Daya Mata, na sede da organização em Mount Washington, fora de L.A., para uma orientação mais profunda. Ele chegou a falar em desistir da carreira. Sri Daya Mata, com cuidado, o convenceu de que seu caminho era outro.

Apesar de suas preocupações, Elvis sempre estava com uma fisionomia boa para seu público. Diferentemente de outros astros de seu nível, ele fazia questão de parar para conversar com os fãs, que sempre ficavam nos portões de suas várias casas em Los Angeles e Memphis, e ocasionalmente virava amigo de alguns deles. Privado de fazer shows, essa era uma maneira de manter contato com seus seguidores mais fanáticos. Sandi Miller, que conheceu Elvis nesse período, foi uma fã que virou amiga. Sandi passou a ser fã de Elvis quando assistiu a *Estrela de Fogo*, na época em que morava em Minneapolis, Minnesota. Depois de ver o filme, na mesma hora, ela avisou a mãe: "Vou conhecê-lo um dia". E sua mãe lhe disse: "Querida, pessoas como nós não conhecem pessoas como ele". "E eu disse: 'Não! Vou conhecê-lo. E ponto final'", recorda. "Ou seja, eu não tinha nenhuma dúvida de que iria conhecê-lo."

Alguns anos depois, ao visitar uma amiga em Los Angeles, ela viu Elvis em frente à casa dele em Bel Air. Ela se mudou para a Califórnia no ano seguinte e, quando encontrou Elvis novamente em frente à casa dele, ficou admirada de saber que ele se lembrava dela, do breve encontro que tiveram no ano anterior. "A primeira vez que o vi, ele baixou o vidro da janela do carro, cumprimentou todo mundo, sorriu e foi embora", diz ela. "Tudo isso levou cinco segundos. E, no ano seguinte, quando voltei e fomos para a frente de sua casa, ele parou o carro, baixou o vidro da janela, apontou para mim e disse: 'Você é de Minnesota'. Ou seja, a memória dele era incrível. Era mesmo. Ao longo dos anos, notei que ele tinha uma memória extraordinária."

Logo depois, os amigos de Elvis convidaram Sandi e suas amigas para entrar na casa, mas a jovem não aceitou. "Não era Elvis que estava nos chamando, e sim os garotos", explica. "Eles diziam: 'Entrem!'. E nós: 'Não...'. Eles tinham uns 28, 29 anos e nós, 17, 18. E negávamos o convite: 'Não, não podemos entrar, pois não conhecemos vocês'. Não nos sentíamos à vontade para aceitar o convite. Certo dia, Elvis parou o carro e disse: 'Estamos fazendo um churrasco. Entrem'. Minha amiga disse: 'Não posso. Minha mãe me mataria'. E ele: 'Bem, vamos ligar para ela e pedir permissão'. Foi assim que aconteceu. A partir desse dia, sempre éramos convidadas a entrar. Contanto que você se comportasse e não fosse um maluco, eles sempre o convidavam e, uma vez que fizessem amizade, manteriam você por perto."

Até mesmo o bate-papo com os fãs em frente à sua casa revelava que Elvis não levava mais a sério sua carreira no cinema. "Realmente não havia muito o que falar sobre os filmes", diz Sandi. "As pessoas perguntavam: 'Sobre o que é o filme que você está fazendo agora?'. E ele dizia: 'Ah, estou dirigindo na rodovia e, do nada, surge uma grande orquestra'. Ou: 'Hoje eu disse para um cão...'. Ele zombava de si mesmo e dos filmes. De qualquer maneira, não eram conversas profundas, e sim basicamente conversas direcionadas pelos fãs. O que era totalmente diferente do que se passava dentro da casa. Na casa, isto é, seu território, conversava sobre atualidades, artistas, sobre o que estava lendo ou programas pelos quais se interessava. Ele queria saber mais sobre todos os seus convidados, sobre as diversas garotas – de onde eram, o que faziam – e sobre suas famílias. Ele era como você seria se convidasse para entrar na sua casa um bando de gente que você não conhecesse. Você passaria a conhecer um pouco sobre essas pessoas e contaria a elas um pouco de você e dos seus interesses. E ele não era diferente: fazia a mesma coisa."

Finalmente, em meio ao trabalho de trilhas sonoras, Elvis teve a oportunidade de voltar à música que tanto amava em maio de 1966, quando foi gravado seu segundo álbum religioso, *How Great Thou Art*. "Elvis sempre pedia para a RCA fazer músicas gospel e a gravadora sempre dizia: 'Não aplicamos todo esse dinheiro no seu contrato para você vir e fazer canções gospel'", conta Gordon Stoker. "Ele brigava com eles o tempo todo e eles brigavam com ele o tempo todo. O Coronel, obviamente, não queria, de jeito nenhum, que ele fizesse músicas gospel." No entanto, notou-se que o primeiro álbum religioso de Elvis, *His Hand In Mine*, havia vendido bem desde seu lançamento em 1960, alcançando a 13ª posição da parada de sucessos (terceiro lugar no Reino Unido). A canção "Crying In The Chapel", gravada nessas mesmas sessões, ficou entre as cinco canções de maior sucesso quando, finalmente, foi lançada como single, além de vender um milhão de cópias – seu primeiro milhão de cópias vendidas desde "Return To Sender", de 1962; ela também ficou entre as primeiras no Reino Unido. E, ainda que o novo álbum não tenha produzido um hit, esperava-se que ele animasse Elvis a voltar a se dedicar ao trabalho.

Como, de fato, aconteceu. Preparando-se para as sessões, Elvis repassava as músicas com Red West, que ele conhecia desde o ensino médio, em Memphis – Red ficou conhecido por ter evitado que Elvis apanhasse de alguns alunos que não gostavam de seu cabelo, mais comprido que o corte militar, padrão daquela época – e que se diversificava como ator e compositor, e Charlie Hodge, um músico que ele havia conhecido durante o serviço militar e que também fazia parte de sua turma. As gravações caseiras desse período mostram a variedade de materiais esboçados: "After Loving You", de Eddy Arnold; "Tennessee

Waltz" e "'Oh, How I Love Jesus", de Patti Page; e "Blowin' In The Wind", de Bob Dylan – todas posteriormente lançadas na coletânea de 1997, *Platinum: A Life In Music*. Elvis estava animado também porque, além dos The Jordanaires, o grupo gospel The Imperials havia sido escalado para as sessões – grupo fundado por Jake Hess, ex-integrante do The Statesmen, um dos grupos gospel favoritos de Elvis.

Outro fator importante das sessões de gravação foi eles terem apresentado Elvis a um novo produtor: Felton Jarvis. Jarvis (nascido Charles Felton Jarvis) havia produzido o hit de Tommy Roe, "Sheila", que chegou ao primeiro lugar das paradas, e também havia trabalhado com artistas como Gladys Knight & The Pips, Fats Domino e Willie Nelson. Ele virou fã de Elvis, quando foi a um show dele em 1955, e posteriormente gravou uma canção tributo a Elvis "Don't Knock Elvis", antes de se dar conta de que suas habilidades eram melhor utilizadas em um painel de controle que em um microfone. Em 1962, ele trabalhou com imitador de Elvis, o qual cognominou Vince Everett (em homenagem ao personagem de Elvis no filme *O Prisioneiro do Rock*), que desfrutou de um pequeno sucesso com o cover da canção "Such A Night", de Elvis.

Chet Atkins, o lendário guitarrista, que era coordenador da RCA, em Nashville, e havia trabalhado como produtor em algumas das sessões de gravação de Elvis, achou que a parceria de Felton e Elvis poderia dar certo. Os dois se deram bem e Elvis continuou com Felton como seu produtor para o restante da vida. "Ele e Felton trabalhavam muito bem juntos", diz Gordon. "Pois, sempre que Elvis propunha algo, Felton dizia: 'Isso, cara! Muito bom! Legal!'. Em outras palavras, Felton juntou-se a todos que foram contratados para ser assistentes de Elvis, como Charlie Hodge e os demais. Ele era apenas mais um deles. E acho que era disso que Elvis gostava."

Mas essa atitude também dava a entender que Felton não seria o tipo de produtor que forçaria Elvis a melhorar. "Elvis tinha de cantar uma canção do jeito que ele a sentia no momento de gravá-la", explicou Felton, sobre como trabalhava com o cantor. "Eu não poderia dizer a ele como ou quando fazer uma canção." Foi uma declaração inadvertidamente expressiva, que não considerou – ou desprezou – o fato de que, às vezes, Elvis poderia ter sido mais dirigido. Ele sempre dava o seu melhor quando enfrentava um novo desafio.

How Great Thou Art, lançado em fevereiro de 1967, não se destinava a revitalizar a carreira de Elvis durante um ano em que o maior sucesso de vendas era o grupo de pop rock The Monkees – cujo álbum, *More Of The Monkees*, ficou por 18 semanas na lista dos álbuns mais vendidos, da revista de música *Billboard*. Algumas canções não religiosas também foram gravadas nas sessões de *How Great Thou Art*, para ser lançadas como singles e para completarem a trilha sonora de *Spinout* [Minhas Três Noivas]. Dessas canções, a mais interessante era uma versão, dessas que não sai da nossa cabeça, de "Tomorrow Is A Long Time", de Bob Dylan, que o próprio Dylan não havia gravado. Elvis ouvira a canção no álbum *Odetta Sings Dylan*, de 1965. Qual teria sido a resposta do público, se o primeiro single lançado a partir das gravações de maio de 1966 tivesse sido a canção "Love Letters", em vez das várias que foram escolhidas na época? Embora "Love Letters" realmente fosse uma balada bastante agradável – o single alcançou a 19ª posição nos Estados Unidos e sexta no Reino Unido –, a notícia de que Elvis Presley havia gravado uma canção de um dos compositores mais aclamados da década de 1960 poderia ter contribuído muito para restabelecer um pouco da sua credibilidade. Em vez disso, uma das mais admiráveis interpretações de Elvis foi reduzida a tapa-buraco de uma trilha sonora – dubiamente descrita na imprensa como "Elvis no auge de sua forma" – que vendeu apenas 300 mil cópias.

Embora no filme *Minhas Três Noivas* o personagem de Elvis, surpreendentemente, evite qualquer compromisso com suas pretendentes, permanecendo um solteiro desimpedido no final do filme, ele tomaria um rumo muito diferente fora das telas. Um mês depois da estreia de *Minhas Três Noivas*, Elvis pediu em casamento sua namorada, Priscilla Beaulieu. Eles haviam se conhecido em setembro de 1959, quando Elvis prestava serviço militar na Alemanha. Nessa época, Priscilla, a enteada de 14 anos de um capitão da Força Aérea, foi apresentada a Elvis por um amigo em comum. Em março de 1963, Elvis conseguiu convencer a família de Priscilla a deixá-la ir morar em Memphis, onde ela terminou o ensino médio. Embora, "oficialmente" estivesse hospedada na casa de Vernon Presley e sua esposa Dee, na verdade, assim que chegou, a jovem mudou-se para a mansão de Elvis, Graceland, perto da casa do pai dele. Era um escândalo em potencial que a mídia, por qualquer razão, nunca soube – ou talvez simplesmente fez vista grossa. Elvis Presley, apesar de tudo, era a personificação do Sonho Americano, a clássica história de sucesso da pessoa que vence a pobreza por meio de muito esforço e persistência, o típico caso de um jovem que vence na vida.

Mas ainda tinha futuro como artista? Ele estava tomando uma atitude para tornar-se mais estável na vida pessoal, mas parecia que sua carreira também havia se tornado mais prejudicialmente "estável". As vendas de discos e a renda dos filmes estavam caindo, enquanto o próprio interesse de Elvis por sua carreira também diminuía. Algo teria de ser sacrificado.

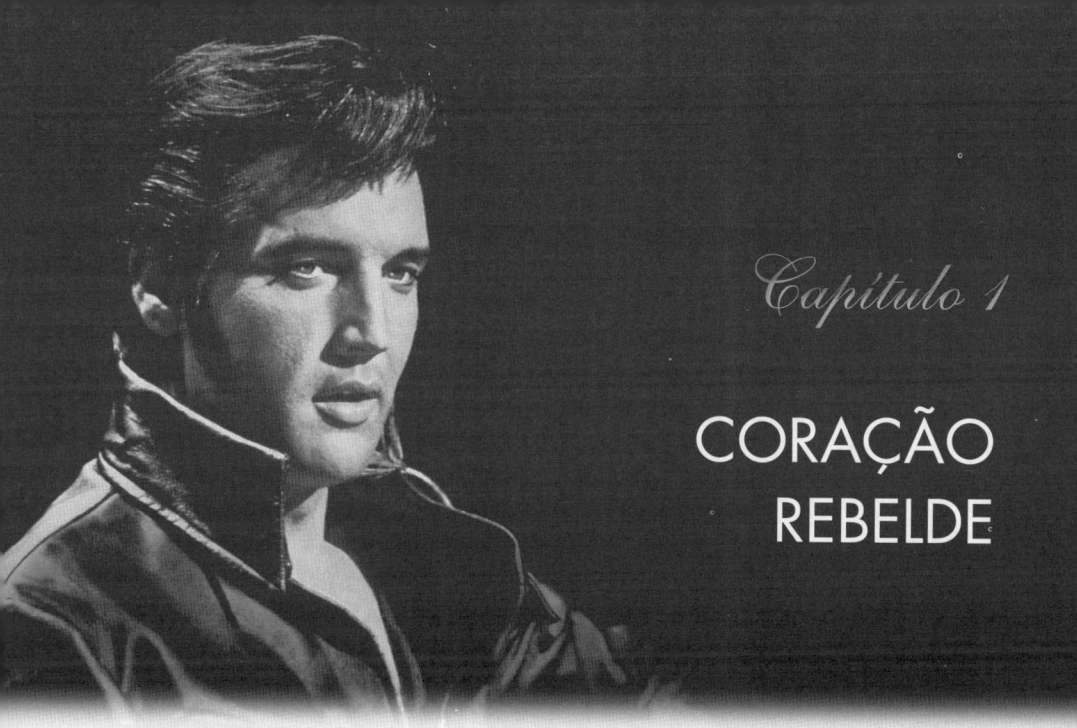

Capítulo 1

CORAÇÃO REBELDE

No início de 1967, Elvis Presley só pensava em uma coisa, e não era na situação de sua carreira: cavalos.

No mês anterior, ele havia comprado um cavalo de presente de Natal para Priscilla. Também comprou um para a noiva de Jerry Schilling, Sandy, para que Priscilla tivesse uma companhia para andar a cavalo. Depois, Elvis achou que o restante da turma também precisava de cavalos, bem como as namoradas ou esposas e ele próprio. "Sempre que ele se divertia com algo, queria que todo mundo se divertisse também", explicou Priscilla. Até o final de janeiro, ele comprou cerca de 20 cavalos.

O recém-descoberto interesse de Elvis por cavalos rapidamente tornou-se uma paixão arrebatadora. "Para ele, era impossível dizer: 'Já basta'", disse Jerry Schilling. "Ele devia achar que, se ter dez cavalos era bom, ter 20 seria melhor e ter 30 seria melhor ainda." "O que Elvis fazia com o mercado de cavalos no norte de Mississippi era inacreditável", observou o dr. E. O. Franklin, que trabalhava como veterinário em Graceland. "Se ele se interessasse por um cavalo de 300 dólares, quando as pessoas descobriam que talvez fosse para Elvis, o cavalo passava a custar 3 mil dólares!" O celeiro de Graceland foi reformado para abrigar os animais e, como o cavalo de Elvis se chamava *Rising Sun* [Sol Nascente], o celeiro foi, jocosamente, nomeado de "A Casa do Sol Nascente". Algumas construções menores da propriedade foram terraplanadas para que fosse criada uma área mais ampla de equitação.

E todos os cavalos – e seus cavaleiros – recebiam equipamentos e vestuários adequados.

Os fãs que constantemente ficavam em frente ao portão de Graceland tiravam várias fotos de Elvis e seus amigos andando a cavalo. Para a grande alegria dos fãs, ele ocasionalmente ia a cavalo conversar com eles e dar autógrafos e, geralmente, recebia em troca uma barra de chocolate Butterfinger – seu presente favorito de fã. Mas o terreno de Graceland não conseguia acomodar com conforto tantos cavalos. Elvis encontrou uma solução no começo de fevereiro, quando Priscilla e ele passaram por uma fazenda em Walls, Mississippi, na divisa com o Estado de Tennessee e a uns 16 quilômetros de Graceland. A propriedade de 160 acres, chamada Fazenda Twinkletown, era uma fazenda de gado em funcionamento e tinha outra característica que chamou a atenção de Elvis: uma cruz branca de 20 metros de altura ao lado de um pequeno lago – Sonny West, primo de Red West, dizia que se tratava, na verdade, de ponto de referência para um aeroporto local. Ao saber que a propriedade estava à venda, Elvis rapidamente adquiriu a fazenda por 437 mil dólares e a renomeou de Circle G (posteriormente, Flying Circle G), sendo o "G" de Graceland.

Priscilla, inicialmente, ficou animada com a compra, já que a sede da fazenda era uma casa pequena demais para acomodar a grande comitiva de Elvis e, então, ela imaginou que o lugar poderia ser um retiro privado para ela e seu futuro marido. Mas Elvis pensava diferente e continuou gastando sem moderação: comprou trailers, reboques, caminhonetes, tratores e outros equipamentos. "Ele comprou 22 caminhões em um dia", relatou Lamar Fike, outro amigo de Elvis. Além disso, começou a construir uma cerca de mais de 2 metros de altura em volta da propriedade para garantir um pouco de privacidade. Quando todos iam para a fazenda, passavam dias andando a cavalo e relaxando no campo. O entusiasmo de Elvis não diminuiu naquelas primeiras semanas. Ele levantava cedo para tratar dos animais e percorria a fazenda a cavalo com uma baguete debaixo do braço para ir beliscando. Para Ray Walker, dos The Jordanaires, que foi lhe fazer uma visita, Elvis nunca esteve tão bem: "Ele estava bronzeado e seus olhos brilhavam como diamantes".

Quando seu pai lamentou a quantidade de dinheiro que esse novo hobby estava custando – só as despesas de fevereiro totalizaram quase 100 mil dólares –, Elvis simplesmente replicou: "Estou me divertindo, papai, pela primeira vez em anos". Ele estava se divertindo tanto, na verdade, que, pela primeira vez na carreira, mostrou uma forte relutância em voltar ao trabalho – justo agora que era mais necessário, devido aos seus últimos gastos. A melancólica "Indescribably Blue", lançada em janeiro, vendeu apenas 300 mil cópias, ficando na 33ª posição (21ª no Reino Unido). *How Great Thou Art*, lançado em fevereiro, vendeu apenas 200 mil e, embora não fosse esperado ser um grande sucesso de vendas, era o tipo de trabalho que vendia bem ao longo dos anos, alcançando, respeitosamente, a 18ª posição (11ª no Reino Unido). No ano seguinte, foi o primeiro álbum de Elvis a vencer um Grammy, garantindo o prêmio de Melhor Performance Religiosa. Gostando ou não, Elvis tinha de fazer mais dinheiro.

E o primeiro item da pauta era trabalhar em seu próximo filme, *Clambake* [O Barco do Amor]. A história tinha Elvis no papel do filho rico de um magnata do petróleo, que troca de identidade com um instrutor de esqui aquático de um hotel na Flórida e que, ao longo da trama, também encontra tempo para vencer uma regata e conquistar Shelley Fabares – uma das coadjuvantes favoritas de Presley, fazendo sua terceira aparição em um filme dele. A produção havia sido programada para começar em 21 de fevereiro, mas, como Elvis não estava disposto a deixar a fazenda, a data de início foi adiada e, em vez da filmagem, foi marcada uma sessão de gravação no estúdio da RCA, em Nashville.

A falta de interesse de Elvis pela gravação ficou clara desde o começo. As canções gravadas em 21 de fevereiro, "The Girl I Never Loved", "How Can You Lose What You Never Had" e "A House That Has Everything" eram agradáveis, mas superficiais – nível ao qual as canções de filmes se rebaixaram. "Das primeiras canções para cinema, sempre havia duas ou três muito boas", diz Scotty Morre, que tocava guitarra nas gravações. "Depois parecia que Parker passou a pensar: 'Certo, não importa. Elvis pode fazer qualquer bobagem que eles compram'. E, então, começaram a usar compositores que produziam coisas péssimas, e foi um horror. Você sabe disso, eu sei disso e todo mundo sabe disso. Contanto que Elvis estivesse nas telas, estava ótimo. Foi quando comecei a sair para jogar baralho muitas vezes [durante as sessões] com os outros escudeiros que ficavam por ali." Até mesmo a gravação de "You Don't Know Me", de um dos artistas favoritos de Elvis, Eddy Arnold (primeiro cliente de Parker), foi difícil de ser concluída, embora a atuação de Elvis estivesse, pelo menos, mais comovente que nas outras canções.

Elvis estava tão desanimado com todo o processo que nem se preocupou em aparecer no dia seguinte: voltou para sua fazenda e deixou os músicos gravando o acompanhamento sem ele. Ele voltou em 23 de fevereiro para gravar o vocal, vestido de cowboy dos pés à cabeça, inclusive com chaparreira. O repertório não estava nada melhor e incluía "Clambake", canção título original do filme; "Confidence", que era cantada para um grupo de crianças; e "Hey, Hey, Hey", que exaltava as virtudes de uma espécie de cola chamada de "goop". Era bem diferente do que o cartaz do filme promovia: "Esse *sensacional* Presley arrasa". Mais tarde, voando de volta para Memphis, Elvis mandou o piloto sobrevoar Circle G para que ele pudesse admirar sua fazenda do alto.

Se Parker ficou irritado com o adiamento inicial do filme, ele quase teve um ataque quando soube que Elvis tampouco iria na nova data de início das filmagens de *O Barco do Amor*, dia 3 de março. Ele exigiu que Elvis apresentasse um atestado médico confirmando a alegação de que estava doente. Como o médico de Elvis estava indisponível, a namorada de George Klein (um DJ de Memphis que conhecia Elvis desde o ensino médio) recomendou o médico para o qual ela trabalhava, dr. George Nichopoulos. "Dr. Nick", como Elvis o chamava, atendeu o cantor na fazenda, medicando suas feridas causadas por selas de montaria. O médico ficou impressionado com o isolamento do mundo de Elvis, e posteriormente recordou: "Naquela noite, ele parecia meio deprimido e solitário. Ele só queria conversar. Apesar de todas as pessoas presentes, para mim, ele era uma pessoa solitária. Parecia que eles não tinham novidades para contar; tudo estava ultrapassado".

Elvis finalmente foi para Los Angeles em 5 de março, encontrando-se com os produtores e o diretor de *O Barco do Amor* no dia seguinte, além de se apresentar para fazer as provas de roupas. Apesar do seu estilo de vida de atividades na fazenda, ele havia engordado e, então, todo o seu figurino para o filme teve de ser ajustado. Ele também gravou sobreposições vocais para a trilha sonora nessa noite no Annex Studios. Mas, inesperadamente, o trabalho foi suspenso dias depois, quando na manhã de quinta-feira, 9 de março, Elvis saiu de seu quarto dizendo que havia caído no banheiro na noite anterior e batido a cabeça na borda da banheira. Médicos foram chamados e logo ficou determinado que, embora Elvis não houvesse se ferido gravemente, precisava descansar para se restabelecer totalmente. Parker usou essa brecha para recuperar o controle sobre seu cliente genioso e sua comitiva. Ele reuniu os amigos de Elvis e declarou que era hora de fazer algumas mudanças. Algumas pessoas teriam de ir embora, para reduzir as despesas. Joe Esposito foi nomeado o novo chefe da turma e todos deveriam passar a contar seus problemas a ele, e não a Elvis. Finalmente, todos deveriam cuidar melhor de Elvis, que, por sua vez, deveria concentrar-se no trabalho e não desperdiçar tempo refletindo sobre o significado da vida. Desse momento em diante, estava proibido levar para Elvis quaisquer livros sobre espiritualidade, e Larry Geller nunca mais ficou a sós com Elvis. "Assim que começou a temporada no Swami, os rapazes não fizeram nenhum esforço para ser discretos ou economizarem palavrões", relata Geller. Ele deixou o emprego na casa de Elvis logo depois, mas os dois retomaram a amizade durante a década de 1970. Na verdade, nenhum integrante da comitiva acabou sendo demitido. O discurso de Parker tinha mais a ver com reafirmar sua autoridade que se livrar dos amigos de Elvis. Para algumas pessoas, o mais preocupante era Elvis sentar ao lado de seu empresário, não dizer nada e apenas concordar com a cabeça. "Acho que ele havia chegado a um ponto em que não tinha mais vontade de oferecer resistência", disse George Klein.

A filmagem de *O Barco do Amor* finalmente começou em 22 de março. Coincidentemente, o filme de Elvis *Easy Come, Easy Go* [Meu Tesouro É Você] estreou no mesmo dia, e com tamanho insucesso que, inicialmente, não conseguiu nem ao menos equilibrar a receita com a despesa – o jornal *The New York Times* o classificou como "um fracasso colorido e enfadonho que deve ter sido rodado durante a hora do almoço". A "trilha sonora" do filme – um EP de seis canções – não fez sucesso nos Estados Unidos, vendendo apenas 30 mil cópias, enquanto que, no Reino Unido, "You Gotta Stop" foi lançada como single, alcançando a 38ª posição da parada de sucessos. *Double Trouble* [Canções e Confusões] foi lançado apressadamente apenas duas semanas depois, e a reação do público também não foi entusiasta. Sua trilha sonora alcançou a 47ª posição nos Estados Unidos (34ª no Reino Unido), enquanto o single "Long Legged Girl (With The Short Dress On)" não passou da 63ª posição nos Estados Unidos (49ª no Reino Unido), recebendo uma crítica certamente controversa da revista *Billboard*: "uma entrada de ritmo forte com vestígios de suas primeiras canções".

Talvez por reconhecerem quão ultrapassados os filmes de Elvis se tornaram, os próximos foram tentativas desastradas de atualizar a imagem do astro. Em *Meu Tesouro É Você*, Elvis, fazendo um ex-mergulhador da Marinha em busca de um tesouro afundado, finalmente se depara com a contracultura, quando participa de uma aula de ioga dada por ninguém menos que Elsa Lanchester. No dueto mais estranho de sua carreira no cinema, Elvis e a estrela de *Bride of Frankenstein* [A Noiva de Frankenstein] trocam versos na canção "Yoga Is As Yoga Does" – no pior dos versos, "serious" rima com "posterious". *Canções e Confusões* começa de maneira mais promissora, com Elvis se apresentando pela primeira vez em uma discoteca na era da Swinging London. Infelizmente, o "enredo" logo vai para a Bélgica, onde, lidando com contrabandistas de diamantes e os habituais conflitos amorosos, Elvis é rebaixado a cantar "Old MacDonald" para uma de suas pretendentes, na carroceria de um caminhão, cercados de gaiolas cheias de frangos. A revista *Variety* resumiu a atuação de Elvis ao observar que "[ele] dá conta do recado, apesar do papel que lhe foi atribuído".

Assim que terminaram de rodar *O Barco do Amor*, os planos para o casamento de Elvis foram colocados em prática. Ficou evidente que o evento estava sendo organizado por Parker quando o local foi escolhido: não a reunião familiar em Memphis que se esperava, mas a suíte do hotel de um dos amigos de Parker em Las Vegas, com uma cerimônia tão apressada quanto as realizadas nas várias capelas de casamento da cidade. Os convidados partiram de Palm Springs, às 2 h do dia 1º de maio, com Elvis e Priscilla no jatinho particular de Frank Sinatra para a ocasião. Por volta das 3h30, eles tiraram uma licença de casamento no Cartório de Clark County. Todos seguiram para o Hotel Aladdin, do amigo de Parker, Milton Prell, e a cerimônia foi realizada em uma suíte de Prell, no segundo andar, às 11h45, conduzida pelo juiz de paz da Suprema Corte de Nevada, David Zenoff. Falando com Elvis e Priscilla anteriormente, o juiz garantiu ao ansioso casal: "Farei tudo em dois minutos". A cerimônia durou um pouco mais – menos de dez minutos.

Infelizmente, o que deveria ter sido um dia feliz foi frustrado por confusão. Só depois de chegarem em Vegas é que integrantes da comitiva de Elvis souberam que não estavam autorizados a entrar na suíte, sob o pretexto de que não havia espaço suficiente, embora todos tenham sido convidados para a recepção que se seguiu. À parte da família, os únicos membros do círculo de amizades de Elvis que assistiram à cerimônia foram Joe Esposito e Marty Lacker, padrinhos do noivo. Isso causou profundo ressentimento na turma. Red West recusou-se a ir à recepção e, ofendido, voou de volta para Los Angeles. Priscilla depois lamentou por tudo ter sido tão corrido, admitindo: "Eu queria ter tido a braveza de dizer: 'Esperem. Este é o *nosso* casamento'". "Quando acabou, parecia que a cerimônia mal havia começado", observou ela. Logo depois dos juramentos, o casal foi levado às pressas para uma coletiva de imprensa e, em seguida, para um bufê de café da manhã, cujo cardápio era bem caseiro, como frango frito com ovos Minette, ostras Rockefeller e salmão escalfado e confeitado.

Antes de voltar para Memphis, o casal passou a lua de mel em Palm Springs. Em 29 de maio, eles fizeram uma segunda recepção em Graceland para agradar as pessoas que não puderam participar do casamento, e até mesmo refizeram suas roupas do casamento para a ocasião. Como Elvis teve algumas semanas de folga antes da pré-produção de seu próximo filme ser agendada, a viagem de volta para a Califórnia foi feita sem pressa, com a turma viajando em um ônibus personalizado, sendo que as esposas e namoradas foram autorizadas a viajar com eles. Nas vésperas da viagem, Priscilla ficou sabendo que estava grávida, o que causou uma mistura de sentimentos, já que ela esperava passar um tempo sozinha com o marido antes de assumir as responsabilidades de formar uma família. Ela chegou a pensar em aborto, já que Elvis disse que a apoiaria em qualquer escolha que fizesse, mas logo se deu conta de que era uma decisão da qual ambos se arrependeriam. Então, sua gravidez foi anunciada ao público e Elvis, todo feliz, distribuiu charutos no set de filmagem de seu próximo filme.

O filme era *Speedway* [O Bacana do Volante]. Em março, Parker, que raramente fazia alguma sugestão a respeito do conteúdo dos filmes de Elvis, ficou tão preocupado com a queda da renda dos filmes a ponto de escrever para a MGM recomendando que já era hora de haver alguma variação na fórmula de cinema de Elvis, expressando a esperança de que o estúdio criasse "histórias boas, fortes e vigorosas". *O Bacana do Volante* não satisfazia esses requisitos – Elvis interpreta, pela terceira vez, um piloto de corrida, que se vê em problemas quando seu parceiro de negócios deixa de pagar impostos –, mas foi o último filme desse tipo a ser rodado. Os filmes subsequentes de Elvis tentaram, ainda que sem sucesso, ter um ar mais contemporâneo. Sua coadjuvante em *O Bacana do Volante*, e par romântico, era Nancy Sinatra (no papel de uma agente da Receita Federal), cuja carreira de cantora havia decolado no ano anterior com sua canção número 1 nas paradas de sucesso, "These Boots Are Made for Walkin". Fazia pouco tempo que ela havia repetido esse sucesso, em um dueto com seu pai, "Somethin' Stupid". Como resultado, foi concedido a ela um solo em *O Bacana do Volante*, a provocante "Your Groovy Self", escrita por Lee Hazlewood, que também escrevera "Boots" – "Your Groovy Self" seria a única canção de filme de Elvis não cantada por ele.

As canções de Elvis eram a habitual série de materiais sem inspiração, gravadas em duas noites, 20 e 21 de junho, nos estúdios da MGM, em Hollywood. A canção do título era o tipo de pop animado que representava a maioria das músicas tema dos filmes de Elvis. "There Ain't Nothing Like A Song" havia sido pensada anteriormente para a trilha de *Minhas Três Noivas*, o que indica quão intercambiáveis eram as canções de filmes. Entretanto, ela era, pelo menos, mais veemente que "He's Your Uncle Not Your Dad", uma canção divertida sobre a necessidade de pagar impostos – o "tio" ("uncle", em inglês) do título se refere ao Tio Sam. Tanto "Your Time Hasn't Come Yet Baby" e "Five Sleepy Heads" foram feitas para ser cantadas para crianças. Esta última foi cortada do filme, mas apareceu como faixa bônus na trilha sonora. "Who Are You?" era uma linda balada com um suave ritmo de bossa-nova.

"Suppose" era uma balada na qual Elvis tinha grande interesse e que, originalmente, havia sido sugerida para a trilha sonora de *Meu Tesouro É Você*. A canção não foi selecionada, mas, como simpatizou com ela, Elvis gravou uma demo caseira e entregou ao produtor Felton Jarvis, que, por sua vez, havia feito sobreposições de outros instrumentos em uma sessão de gravação em março – essa versão foi, ao final, lançada em 1993, na coletânea *From Nashville To Memphis: The Essential 60s Masters I*. Elvis aproveitou as sessões de gravação de *O Bacana do Volante* para gravar a canção novamente e, embora tenha sido cortada do filme, ela saiu na trilha sonora. "Let Yourself Go" era outra faixa com mais consistência que o habitual, um sensual blues sobre sedução que logo seria usado em um cenário mais dramático.

As gravações para *O Bacana do Volante* foram concluídas em 21 de agosto e uma sessão de gravação de músicas que não eram para trilha sonora havia sido agendada para o dia seguinte nos estúdios da RCA na Sunset Boulevard, em Hollywood. Como o EP de *Meu Tesouro É Você* havia sido um fracasso, decidiu-se que as futuras trilhas sonoras tinham de ser lançadas em formato de álbuns completos, ainda que fosse preciso complementar o LP com material que não fosse de trilha sonora. Elvis sugeriu várias canções que ele gostaria de ensaiar, incluindo "From A Jack To A King", "Guitar Man", "After Loving You" e "The Wonder Of You". Mas a gravação foi cancelada antes de começar porque Richard Davis, um amigo da turma de Elvis, acidentalmente matou um pedestre quando dirigia um dos carros de Elvis. Parker mandou Elvis sair da cidade para evitar qualquer possível polêmica e, então, Elvis, Priscilla e uns amigos ficaram em Las Vegas por uns dias e depois voaram para Memphis. Mas várias canções que haviam sido consideradas para ser gravadas voltariam à tona em futuras sessões.

A sessão de gravação foi remarcada para 10 e 11 de setembro no estúdio de Nashville e esta seria, em um ano, a primeira vez que Elvis gravaria canções que não eram de trilha sonora. Elvis queria gravar a canção "Guitar Man", de Jerry Reed, desde que a ouviu no rádio no verão anterior – 1967 também viu o lançamento da canção tributo de

Reed a Elvis, "The Tupelo Mississippi Flash". Sua mistura de country e rock combinava com Elvis e sua letra parecia uma síntese da própria carreira do cantor. "A história é fictícia, mas trata do que a pessoa passa como guitarrista", explicou Reed. Quando os músicos de estúdio não conseguiam fazer o estilo de dedilhado característico de Reed, ele era procurado – geralmente o encontravam pescando no Rio Cumberland, fora de Nashville – e convidado a participar das gravações.

"Assim que tocamos as primeiras notas, vimos os olhos de Elvis brilharem – ele viu que sabíamos de cor", Reed recordou. A alegria de Elvis fica evidente até mesmo quando ele tropeça nas letras das primeiras gravações e, quando Felton Jarvis o incentiva dizendo: "Cante com a alma, El!", ele se solta a ponto de começar a repetir o refrão de "What'd I Say", de Ray Charles, no encerramento da música – essa gravação, com um novo acompanhamento instrumental, apareceria pela primeira vez no álbum *Guitar Man*, lançado em 1981, e a gravação original apareceu mais tarde na coletânea *From Nashville To Memphis*. Era um som animador e totalmente moderno que não se via nas gravações de Elvis desde o álbum *Elvis Is Back!*, em 1960.

A faixa seguinte, "Big Boss Man", de Jimmy Reed, foi memorável, com seu ar viril ressaltado pelo saxofone de Boots Randolph. Mas, depois se soube que a publicação de "Guitar Man" nunca havia sido aprovada e, com a canção já gravada, Jerry não estava disposto a ceder seus direitos autorais. Freddy Bienstock, representante da Hill & Range na sessão, disse a ele que, se não fosse feito um acordo, a música não poderia ser lançada, mas Reed manteve sua posição. Ele disse a Bienstock: "Penso da seguinte forma: você não precisa do dinheiro, Elvis não precisa do dinheiro e eu estou ganhando mais dinheiro do que consigo gastar no momento. Então, por que não esquecemos que gravamos essa droga de música?".

Ainda que, ao final, seria fechado um acordo, a postura de Reed foi um balde de água fria no restante da sessão – mesmo Reed tendo deixado o estúdio depois de sua conversa com Bienstock. "Mine" era uma balada que, originariamente, havia sido considerada para o filme *No Paraíso do Havaí*, mas acabou servindo de tapa-buraco na trilha sonora de *O Bacana do Volante*. "Singing Tree", outra balada, que começou a ser gravada na sessão de 10 de setembro, mas só terminou na noite seguinte, foi usada para completar a trilha de *O Barco do Amor*. "Just Call Me Lonesome", um melodrama country, também apareceu em *O Barco do Amor*. Não havia nada de errado com as interpretações das canções, mas elas não tinham o brilho vivo que ficou evidente em

"Guitar Man" e "Big Boss Man". A conclusão óbvia foi que não eram canções pelas quais Elvis se interessava. Mas os interesses de Elvis não eram a principal preocupação, e sim os contratos editoriais.

Quando as sessões continuaram na noite seguinte, os guitarristas Harold Bradley e Chip Young chamaram a atenção de Elvis quando começaram a tocar "Hi-Heel Sneakers", anteriormente um hit para Tommy Tucker. Era um material que ele mesmo escolheria e, por isso, mergulhou de cabeça, produzindo um vocal adequadamente enérgico, com a gaita de Charlie McCoy chorando – embora Bradley houvesse sido severamente advertido por Felton para não lançar nenhuma outra música. "You Don't Know Me" havia sido anteriormente gravada, em fevereiro, durante as sessões de *O Barco do Amor* – e depois apareceu em uma versão ampliada da trilha sonora lançada em 1994 –, mas não havia sido usada no filme. A nova versão, com seu acompanhamento musical contido (com um ritmo um pouco mais lento), tinha um som muito mais maduro, bem como uma interpretação mais forte e mais sincera por parte de Elvis.

Em seguida, vieram duas canções destinadas a compor ambos os lados do single de Páscoa do próximo ano, "We Call On Him" e "You'll Never Walk Alone". Esta última era uma das canções favoritas de Elvis, que, frequentemente, cantava em casa, e para a qual ele mesmo fez o acompanhamento no piano. Sua interpretação mostra um grande talento dramático: Elvis se atirando de todo o coração na interpretação, exibindo uma intensidade certamente vista por seus amigos nas sessões improvisadas em casa, mas que raramente havia sido demonstrada em seus últimos trabalhos em estúdio. A sessão acabou quando finalmente terminaram a canção "Singing Tree".

Com um material visivelmente mais competente que as trilhas sonoras que haviam sido montadas até então, "Big Boss Man" foi lançada às pressas como single no fim do mês, ainda que a RCA tivesse acabado de lançar um single em agosto – "There's Always Me", tirada do álbum *Something For Everyone*, de 1961. "Big Boss Man", substancialmente, fez mais sucesso que "There's Always Me" (38ª posição versus 56ª), mas não foi o grande sucesso que todo mundo havia esperado – nenhuma delas alcançou a parada de sucessos no Reino Unido. "Guitar Man", inicialmente, degenerou-se na trilha sonora de *O Barco do Amor*, que foi lançada em outubro, um mês antes do lançamento do filme. Sobre o álbum, a revista *Billboard* escreveu: "A última trilha de filme de Elvis deixa o cantor quilômetros atrás de seu começo no rock"; e o jornal *Los Angeles*

Times foi igualmente desdenhoso em relação ao filme: "As músicas de Elvis são pouco memoráveis como sempre e o filme, no geral, tem um aspecto espalhafatoso e atravancado".

A essa altura, Elvis já estava trabalhando em seu próximo filme, *Stay Away, Joe* [Joe É Muito Vivo]. O filme representou um grande avanço em relação à conhecida fórmula de cinema de Elvis, esforçando-se para ter o estilo das histórias mais "vigorosas" que Parker havia pedido. Baseado no romance de Dan Cushman, de 1953, o filme traz Elvis como Joe Lightcloud, um nativo norte-americano que é o tipo de adorável malandro que sempre está envolvido em alguma trapaça. No caso desse filme, ele se aproveita de um esquema do governo para dar trabalho à comunidade indígena, pegando uma cabeça de gado para criar. Elvis descreveu seu personagem ao *Los Angeles Herald Examiner* como "meio Hud, meio Alfie. Ele é um homem, não um garoto". Os coadjuvantes incluíam Burgess Meredith, mais conhecido na época por seu papel como Pinguim na série de TV Batman, e a veterana e satírica atriz Joan Blondell, que, apesar de seus 60 anos, vivia um dos pares românticos de Elvis.

O filme foi rodado em Sedona, Arizona, e Elvis convidou Sandi Miller e os amigos dela para irem visitá-lo de carro. "Não havia muito o que fazer no set", explica ela. "Ele nos passou seu endereço e nós dissemos: 'Bem, talvez iremos visitá-lo'. E ele disse: 'Certo! Vão, sim'. Como não disse para não irmos, nós fomos. Era diferente dos sets de filmagem de Los Angeles, que eram restritos a certos grupos de pessoas. Esse era ao ar livre, no meio do nada, e muitos habitantes do lugar ficavam por ali, acompanhando as filmagens. Você ficava longe do alcance das câmeras. Ele era muito bom nesse tipo de trabalho e não se importava."

Elvis estava particularmente feliz de filmar fora de Hollywood. "Ele gostava de fazer externas, em vez de filmar tudo em um set", diz Sandi. "Na verdade, ele tinha de ir para algum lugar. Por isso, adorava fazer filmes que se passavam no Havaí, pois tinha um motivo para ir para o Havaí. Ele ficava de bom humor quando estava filmando. Ficava com uma cara boa e brincava muito. Ele estava se divertindo." Mas, apesar do ar contemporâneo, as palhaçadas do filme beiravam o ridículo, com Lightcloud e seus companheiros passando a maior parte do tempo envolvidos em intermináveis lutas, quando não estavam ocupados bebendo. Ele refletia uma atitude transigente em relação à minoria que era retratada, como se via nos materiais promocionais do filme. Um cartaz de cinema falava de seu astro: "Ele faz um índio 'moderno' que prefere namorar a arrancar couro cabeludo!". Even Sandi, que gostou do filme, o descreve como "completamente bobo".

Outra mudança foi o filme apresentar apenas quatro músicas, incluindo a canção do título do filme, que, por confusão, foi chamada de "Stay Away", embora a canção "Stay Away, Joe" tivesse sido apresentada durante uma das várias cenas de festa do filme. No entanto, foram necessárias três sessões para gravar todas elas. A primeira foi realizada em 1º de outubro, em Nashville, de maneira bem tranquila. "Stay Away, Joe" era um musical alegre e engraçado que combinava com seu cenário de festa, enquanto "All I Needed Was The Rain" era um blues melhor que as habituais músicas genéricas de filme de Elvis. Embora cada canção durasse menos de dois minutos, elas apareciam outras vezes ao longo do filme. Mas a última canção da noite era muito possivelmente o nadir de todas as canções de filme de Elvis, a infame "Dominic". Quando o touro procriador de Lightcloud vira churrasco em uma festa particularmente barulhenta, um novo touro, Dominic, é adquirido para o propósito. Mas, quando Dominic se mostra relutante em acasalar com as vacas, Lightcloud passa a incentivar seu touro a tomar atitude, em uma canção que, felizmente, também dura menos de dois minutos. Em um raro momento de oposição, Elvis pediu para seu produtor não lançar a música em disco e, apesar de aparecer no filme, ela ficou seguramente resguardada até 1994, quando finalmente veio à tona em um dos relançamentos de trilha sonora, *Elvis Double Features* – talvez apropriadamente, seu primeiro lançamento não oficial foi no álbum pirata *Elvis' Greatest Shit!!*

As sessões seguintes foram realizadas em 15 e 16 de janeiro de 1968, em Nashville, com Jerry Reed de novo presente como guitarrista adicional. Elvis parecia estar agressivo – o que era raro – com as pessoas presentes. Enquanto antes ele tomaria cuidado para não falar palavrões em frente dos The Jordanaires, nesse dia "a coisa ficou feia. Parecia até outro idioma", recordou Gordon Stoker. Ele estava, em parte, frustrado pela falta de material decente que lhe era oferecido e ficou um tempo arremessando várias demos de acetato contra a parede. "Foi triste observar Elvis lutando do seu jeito contra o material de cinema pouco admirável que precisava ser feito", observou Jerry Schilling. Eles acabaram cedendo à "Too Much Monkey Business", de Chuck Berry, que não seria uma canção de cinema nem era uma candidata plausível para um single. Diferente do tom melancólico do original de Berry, a versão de Elvis tinha um ritmo mais acelerado, remodelando-se em uma veia country rock que era perfeita para ele, com trocadilhos inteligentes de Berry também recorrendo ao seu próprio senso de humor fora do comum – ele acrescentou um sutil tempero contemporâneo, por exemplo: em vez de ir lutar em Yokohama, Elvis substitui por Vietnã. Ele teve muito mais dificuldades com outra possível canção de filme, "Goin' Home", um canto às clareiras do Oeste onde se passava o filme. Elvis não conseguia finalizar a canção sem cair na gargalhada, com todos os músicos rindo junto, resultando em uma gravação demorada, de 30 tomadas.

A gravação na noite seguinte também demorou para começar, com "Stay Away", a canção que, na verdade, era título original do filme *Joe É Muito Vivo!*. Definida a melodia de "Greensleeves", as gravações iniciais foram demoradas e um pouco trabalhosas. O ritmo mais acelerado proporcionou à canção uma agradável dose de energia, embora não tenha animado nem um pouco Elvis para interpretá-la – ele levou quatro horas para gravá-la. As sessões ficaram paralisadas novamente por não encontrarem outras boas canções, fazendo um Elvis irritado gritar: "Alguém tem um maldito material que valha a pena ser gravado?". Por fim, Jerry Reed, a quem, intencionalmente, não havia sido pedido para oferecer material, foi convencido a ver se poderia arranjar alguma coisa. Ele respondeu tocando para Elvis sua "U.S. Male". O número engraçado, com referências ao Sul e um tom irônico, convinha a Elvis, mas sua concentração vacilou nas primeiras gravações e ele começou a cantar mal. Depois de outra tomada, quando errou a letra, ele deu uma bronca em si mesmo: "Ah! Você ferrou o homem dos Estados Unidos!", brincando com o título da canção. "Se você fizer mais duas dessas, Elvis, teremos um álbum totalmente 'partido'", reagiu Felton Jarvis, que antes havia gentilmente lembrado o cantor, quando cessaram as risadas: "Precisamos de mais dois lados". Felton não conseguiria esses dois lados, mas eles finalmente fizeram uma versão aceitável de "U.S. Male".

Como não haveria trilha sonora para o filme *Joe É Muito Vivo!*, as canções foram espalhadas em vários lançamentos: "U.S. Male" e "Stay Away" em um single; "Goin' Home" (que, por fim, foi cortada do filme) como um tapa-buraco da trilha sonora de *O Bacana do Volante*; "Too Much Monkey Business" e "All I Needed Was The Rain" no álbum de baixo orçamento *Flaming Star*; e "Stay Away, Joe" em outra coletânea de baixo orçamento, *Let's Be Friends*.

Além do material de baixa qualidade com que ele foi forçado a trabalhar, o estado de espírito de Elvis pode ter refletido um descontentamento maior. Seu trabalho em 1967 não produziu nenhum sucesso de vendas nem filmes lucrativos. Aliás, o baixo desempenho de *Meu Tesouro É Você* fez com que ele fosse o primeiro filme de Elvis a fracassar. Quase no fim do ano, quando Priscilla estava em seu sétimo mês de gravidez, ele surpreendeu sua esposa ao insinuar que eles precisavam de um tempo, dizendo a ela: "Não é você. É só porque estou passando por algumas coisas". Sem perguntar que "coisas" seriam essas, Priscilla concordou, mas Elvis nunca mais tocou no assunto. Nem Circle G o atraía mais. Vernon havia começado a vender, em agosto, os vários veículos e trailers da fazenda e mais equipamentos foram vendidos em leilão em novembro. Seria um pouco mais difícil se desfazer da fazenda propriamente dita. Ela foi vendida em 1969, mas, como os compradores não pagaram, a propriedade voltou para Elvis – e não houve um novo comprador até 1973.

O nascimento da filha de Elvis, Lisa Marie, em 1º de fevereiro de 1968, ajudou a animá-lo um pouco: "Ela é um pequeno milagre", disse ele, com orgulho, ao seu dentista. Enquanto isso, a RCA continuava com seu constante fluxo de lançamentos. "Guitar Man" finalmente foi lançada como single em janeiro de 1968, mas não passou da 43ª posição da parada de sucessos nos Estados Unidos (19ª no Reino Unido). "U.S. Male", lançada em fevereiro, alcançou a 28ª posição nos Estados Unidos (15ª no Reino Unido), sendo a colocação mais alta de um sucesso do cantor desde o single "Love Letters", de 1966, e vendendo substancialmente melhor que seus últimos singles. A maior coletânea de sucessos, *Elvis' Gold Records Vol. 4*, também lançada em fevereiro, igualmente superou a maioria de suas últimas trilhas sonoras, tanto em vendas como nas paradas de sucessos, alcançando a 33ª posição no Reino Unido, e sobre a qual a revista *Billboard* comentou: "Para levantar 'ouro' suficiente para lançar este LP, a gravadora teve de fazer um pouco de pesquisa". "You'll Never Walk Alone" foi lançada em março e, embora tenha alcançado apenas a 96ª posição nos Estados Unidos (44ª no Reino Unido), ela garantiu uma indicação ao Grammy na categoria Melhor Performance Religiosa.

Mas não se criou nenhum impulso com esse modesto impacto, e Elvis começou a trabalhar em seu próximo filme, em 4 de março – no mesmo mês, *Joe É Muito Vivo!* estreou com a indiferença de sempre, tendo a revista *Variety* dito que ele "apresenta um preconceito ultrapassado". Outra história conscientemente "moderna" havia sido adaptada para Elvis, com base no romance *Kiss My Firm But Pliant Lips*; o filme seria reintitulado *Live A Little, Love A Little* [Viva um Pouquinho, Ame um Pouquinho]. Elvis interpreta um descolado fotógrafo que concilia dois empregos: em uma agência de publicidade e na revista *Classic Cat*, uma publicação masculina de fotos sensuais. Ele também atrai uma artista de espírito livre (interpretada por Michele Carey), que, efetivamente, encarcera Elvis em sua casa com a ajuda de seu Great Dane, Albert – o cão, cujo verdadeiro nome era Brutus, na vida real era de Elvis. Havia outros dois elementos incomuns no filme: uma dolorosa tentativa de criar uma experiência "psicodélica" por meio de uma sequência de sonho e, embora Elvis e seu par romântico passem a maior parte do filme dormindo na mesma cama com uma resistente divisória de madeira entre eles, no final do filme, a divisória desaparece – sem acontecer o casamento. O pai de Elvis, Vernon, também fez uma participação no filme.

Apesar das mudanças na fórmula de cinema, ainda se acreditava que um filme de Elvis deveria ter músicas, ainda que poucas, e, então, quatro canções foram gravadas em duas sessões, em 7 e 11 de março, no estúdio Western Recorders, em Hollywood. A sessão foi supervisionada por Billy Strange, atuando como arranjador e diretor. Ele foi designado a desempenhar o mesmo papel da sessão de agosto de 1967, que havia sido cancelada. E, em vez de utilizar a mesma equipe de Nashville, que normalmente fazia as trilhas sonoras, Strange contou com um grupo de músicos de estúdio de Los Angeles. O resultado foi um som mais moderno, desenvolvido por um brilhante acampamento orquestral, ainda que as próprias canções deixassem a desejar. Elvis estava contente. "Lembro-me dele, lembro-me de nós no estúdio", diz Chuck Berghofer, que tocou contrabaixo na sessão, com Larry Knechtel no baixo. "Lembro-me da energia e da sensação. Eu me sentia à vontade perto dele. Ele era divertido. Tudo era motivo de risada e diversão. Nada era sério."

"Wonderful World", que tocou durante a sequência de abertura do filme, era bastante agradável de ouvir, embora a insossa interpretação de Elvis revelasse sua falta de envolvimento – a canção foi originalmente gravada por Cliff Richard, cuja versão ficou em terceiro lugar no páreo do Reino Unido no Festival Eurovisão da Canção de 1968. "Edge Of Reality", a canção usada durante a sequência do sonho, só chama a atenção por ser tão estranha: uma espantosa falta de combinação entre cantor e canção. Ele parece mais afinado em "Almost In Love", uma balada com um leve toque latino. Mas a joia subestimada da sessão foi "A Little Less Conversation". Depois de uma moderna introdução de percussão, o baixo compõe a melodia mais agitada que já havia aparecido em um disco de Elvis. A agitação aumenta conforme entram os instrumentos de corda e sopro, e Elvis dá conta da letra complicada.

A canção foi coescrita por Strange e um jovem compositor chamado Mac Davis, que logo contribuiria mais substancialmente com a carreira de Elvis. Nascido Scott Davis (nome que ele usou profissionalmente até lançar sua carreira solo), Mac cresceu em Lubbock, Texas, e mais tarde mudou-se para Atlanta, onde tocou em bandas locais e foi gerente regional da gravadora Vee-Jay Records. No fim da década de 1960, ele estava morando em Los Angeles, trabalhando para a Metric Music, o braço editorial da gravadora Liberty Records. Billy Strange passou para o compositor aspirante o roteiro de *Viva um Pouquinho*, e Davis achou que "A Little Less Conversation", uma canção que, originalmente, ele havia escrito pensando em Aretha Franklin, poderia dar certo em uma cena de festa. "Sinceramente, 'A Little Less Conversation' não era minha gravação favorita de Elvis", confessou mais tarde. "Não sei por quê, mas pensei que ela não fosse importante, por ter sido feita para um filme." Mas Parker ficou impressionado com o cantor-compositor e, ao encontrá-lo, pediu para tocar sua cabeça. Davis levou um susto, mas, como a comitiva de Elvis fez um sinal de positivo, ele consentiu. "Ele colocou a mão sobre a minha cabeça, como se fosse Oral Roberts, e disse: 'Você será um astro. Conte para todo o mundo que o Coronel tocou sua cabeça'", recordou.

O mês de maio trouxe o lançamento de "Your Time Hasn't Come Yet Baby", de *O Bacana do Volante*, e o álbum da trilha sonora completa. Nenhum dos dois teve bom desempenho, não passando das 71ª e 82ª posições, respectivamente – no Reino Unido, o single alcançou a 22ª posição e o álbum não fez sucesso. *O Bacana do Volante* estreou no mês seguinte, mal conseguindo equilibrar a receita com a despesa da produção. *The New York Times* depreciou: "Só mais um filme de Presley, que de forma alguma faz bom uso de um dos mais talentosos, importantes e remanescentes artistas de nosso tempo". E concluiu: "A música, a juventude e os costumes mudaram muito com Elvis Presley nos últimos 12 anos. Dos 26 filmes que ele fez desde que cantou 'Heartbreak Hotel', nunca teria sido possível imaginar isso". Mas é provável que Elvis nem tenha notado a falta de interesse pelo seu último filme. Agora ele estava envolvido em um novo projeto, que estava prestes a dar uma reviravolta em sua carreira.

Capítulo 2

LET YOURSELF GO

Às 21 h da terça-feira, 3 de dezembro de 1968, ia ao ar o especial de TV *Elvis*, transmitido pela NBC. A primeira cena era um close no rosto de Elvis cantando os primeiros versos de "Trouble", do filme de 1958 *Balada Sangrenta*, seu filme favorito de todos que fez. O olhar de Elvis é ameaçador, o topete estilo *pompadour* de seus últimos filmes se foi e, no lugar, entrou uma franja caindo sobre a testa, em um estilo premeditadamente casual. Quando ele chega no refrão, a câmera se afasta o suficiente para filmá-lo da cintura para cima, alinhado em um bem cortado figurino de calça preta e camisa preta brilhante, despojadamente aberta até a metade do peito, e, nos pulsos, braceletes de couro rústico preto com fivelas. O visual escuro é quebrado por um lenço vermelho carmim amarrado no pescoço que combina com a guitarra Hagstrom V-2 vermelha, pendurada no pescoço por uma alça de estampa vermelha.

No fim do refrão, ele fica imóvel enquanto a câmera se afasta mais e o mostra de corpo inteiro, parado em pé, com um enorme cenário ao fundo – uma grande armação de andaimes. Dentro de cada estrutura retangular, a silhueta de uma pessoa representando o cantor, cada uma com sua própria guitarra, fazendo uma série de poses diferentes, conforme a música passava de um sombrio R&B para um radiante country rock – ao menos o country rock que é possível se fazer com uma orquestra. Elvis está arranhando a própria guitarra e, antes de cantar o primeiro verso, dá um pequeno sorriso, exibe uma momentânea animação e um jeito confiante e divertido, mostrando que agora está totalmente no comando. E, assim, começa a canção "Guitar Man". Apesar de essa música sempre ter sido uma boa pedida para Elvis, agora ele a canta com uma intensidade renovada, com uma certa fúria, que sua versão de estúdio anterior não tinha. A tela de fundo do cenário fica vermelha enquanto Elvis canta a história do músico viajante, que buscava uma oportunidade, mas sempre era rejeitado.

E quando você pensa que não é possível ficar ainda mais animado, fica. Depois de um trecho instrumental, Elvis termina a canção, cantando bem rápido a última estrofe, que convida o público a ir ver o músico tocando em um bar, em Mobile, Alabama. Parece que ele está cantando sozinho na escuridão, até a câmera se afastar mais uma vez e mostrar que, na verdade, ele está entre as letras L e V de um gigante letreiro luminoso do seu nome, "E-L-V-I-S", composto de luzes vermelhas. Ao som dos metais, a canção chega ao fim com um desvanecimento gradual, enquanto Elvis faz a base na guitarra em uma batida cadenciada.

Foi uma dos momentos mais marcantes da carreira de Elvis. Se o público tivesse fechado os olhos quando Elvis ingressou no Exército, abrindo-os de novo somente quando esse especial foi ao ar, teria parecido um progresso totalmente natural; teria sido possível até imaginar que os anos de cinema nunca existiram. Só a sequência de abertura de três minutos e meio do que foi chamado de "Comeback Special" [Especial de Volta] já representou um momento não só de renascimento para Elvis, mas também de libertação.

Mas o especial não começou com o pensamento de que desempenharia um importante papel na ressurreição da carreira de Elvis. O programa, na verdade, originou-se quando o Coronel Parker se deparou com uma dificuldade inesperada para garantir seu cachê padrão de 1 milhão de dólares por filme de Elvis – ninguém estava interessado em pagar seu preço. Decepcionado, ele encontrou uma solução com a NBC, negociando um contrato por meio do qual o canal financiaria um especial de televisão e um longa-metragem (*Change Of Habit* – Ele e as Três Noviças, de 1969) por 1.250.000 dólares, garantindo, assim, uma remuneração de 1 milhão de dólares a seu cliente.

Em 12 de janeiro de 1968, Tom Sarnoff, vice-presidente da NBC da Costa Oeste, anunciou publicamente o especial e, em 18 de janeiro, saiu uma pequena notícia no *The New York Times*: "Elvis Presley fecha contrato do seu primeiro especial de TV". Seria a primeira aparição de Elvis na televisão desde 1960, quando foi a celebridade convidada do programa *The Frank Sinatra Timex Show: Welcome Home Elvis*, e cantou os dois lados do seu então disco – "Stuck On You", "Fame And Fortune" e um dueto com o apresentador, cantando "Witchcraft", sucesso dos Velhos Olhos Azuis, enquanto Frankie corajosamente cantou "Love Me Tender". Como o programa teve grande audiência, Elvis recebeu propostas para outro trabalho na TV, mas todas foram recusadas, embora Parker tenha passado a matutar a ideia de transmitir um show ao vivo em circuito fechado de televisão, o que acabou se concretizando em algo parecido, em 1973.

Parker partiu do pressuposto de que o programa de TV seguiria as linhas do especial de Natal de Elvis que ele mandava para as estações de rádio todo ano: Elvis cantando vários cânticos de Natal, intercalados por citações do cantor que permitiam o DJ fazer uma espécie de "entrevista" com Presley, encerrando com uma breve mensagem de Natal lida pelo astro. Bob Finkel, que viria a ser o produtor executivo do programa, pensava diferente, assim como o principal patrocinador, a marca de máquinas de costura Singer. Em uma reunião, em maio, o representante da Singer, Alfred DiScipio, sugeriu que o especial explorasse "a história de Presley como o precursor de um estilo de música que havia se tornado parte integrante de nossa cultura contemporânea". O próprio Elvis, em reuniões com Finkel, expressou seu desejo de que o programa não fosse uma recauchutagem do conteúdo de seus filmes. "Ele quer que todo mundo saiba o que ele realmente consegue fazer", o produtor anotou em um memorando.

A decisão chave – embora ninguém tenha se dado conta disso na época – foi a contratação de Steve Binder como diretor do especial. Binder, natural de Los Angeles, trabalhava na televisão fazia uma década, tendo começado como assistente na KABC, emissora afiliada da ABC. "Falaram-me que, conseguindo um trabalho de assistente em uma emissora, eu poderia conhecer lindas garotas", explicou. Ele foi promovido rapidamente e tornou-se diretor de programas, tais como *The Soupy Sales Show* e *The Steve Allen Westinghouse* – Jerry Hopkins, que escreveu a primeira grande biografia de Elvis, era um dos coordenadores de talentos do programa. Em 1964, ele dirigiu *The T.A.M.I. Show* ("Teenage Awards Music International"), um dos primeiros filmes de show de rock, que mais notavelmente destacava James Brown e The Rolling Stones. Também dirigiu o seriado de rock *Hullabaloo* da NBC, que foi criado para concorrer com o programa de estilo parecido da ABC, *Shindig!*

"Se você assistisse a algum episódio de *Hullabaloos* hoje, diria: 'Isso era um programa de rock'n'roll? Está brincando!'", diz Steve. "Era apresentado por George Hamilton. Para a época, era moderno." O programa também lançou as dançarinas de discoteca como tendência. As jovens de *Hullabaloo* dançando em gaiolas foram inspiradas em dançarinas similares da boate Whisky A Go Go, de Los Angeles. Steve também gerou polêmica com o programa ao colocar modelos no cenário durante as apresentações musicais para sugerir um voyeurismo subjacente. "Eu queria que as modelos estivessem lá não só para exibir sua beleza, mas também para representar os adultos, observando o que as crianças estavam fazendo", explica ele.

Mais recentemente, Steve ficou conhecido como um dissidente ao produzir um especial de televisão com a cantora inglesa Petula Clark, intitulado simplesmente *Petula*. Os patrocinadores do programa já haviam manifestado insatisfação com a escolha do artista convidado Harry Belafonte, e esse descontentamento chegou a um ponto crítico durante a gravação da canção antiguerra de Clark, "On The Path Of Glory", em que ela repousa a mão sobre o braço de Belafonte – um gesto sem importância que, no entanto, provocou polêmica naquela época em que pessoas de raças diferentes apareciam na televisão uma ao lado da outra, mas certamente não podiam se tocar. Steve enfrentou a emissora e os patrocinadores, recusando-se a excluir a sequência. "Fiquei um pouco chateado por ver que todo mundo prestou atenção no momento do 'toque' em vez de prestar atenção no programa", diz ele. "Por isso, acho que muitas pessoas ficaram com a impressão de que a cena não passava de um artifício publicitário, ou algo assim. A sequência certamente levou ao rompimento da barreira racial no horário nobre da televisão. Mas acho que o público aumentou a história no final e começou a espalhar boatos de que eles estavam praticamente fornicando no ar! O que não tinha nada a ver com a verdade."

O sócio de Steve na época era Dayton Burr "Bones" Howe. Bones nasceu em Minneapolis, mas cresceu em Sarasota, Flórida, onde sua carreira na música começou como baterista de bandas locais. Ele continuou tocando em bandas, enquanto estudava no Instituto de Tecnologia da Geórgia, em Atlanta, e pôde conhecer vários músicos que passaram pela cidade em turnês. Enquanto servia de guia turístico improvisado para o baterista Shelly Manne, Bones comentou que também se interessava por eletrônicos. Manne sugeriu, então, que ele unisse seus interesses e se mudasse para Los Angeles para ser engenheiro de gravação. "Foi como se uma luz se acendesse", recorda Bones. "Pensei: 'Certo. É isso que eu vou fazer'."

Seu primeiro emprego em estúdio, em Los Angeles, foi na gravadora Radio Recorders e, logo, ele estava trabalhando nas sessões de gravação de Elvis na década de 1950. Bones, na verdade, havia visto uma apresentação de Elvis em Sarasota, em 21 de fevereiro de 1956, no Florida Theater, enquanto Elvis também gravava para um filme de faroeste. "Ele era cantor de country e eu gostava de jazz. Então, eu o odiava!", diz Bones. "Era um espetáculo de country, até onde eu sabia, e eu não estava muito interessado na música." Outro dia, ele viu o nome de Elvis na marquise do teatro em Atlanta quando passava com alguns amigos. "Lembro que algum dos meus amigos disse: 'Elvis Presley. Que nome mais sem graça!'"

No entanto, quando ele finalmente trabalhou com o astro, Bones ficou impressionado com a maneira que Elvis conduzia as gravações. "Elvis ouvia um vinil e, se não gostava, fingia cortar o pescoço com o dedo e dizia: 'Cortem esse fora!'. Eu ia pondo as músicas para ele escutar até encontrar uma que gostasse e, então, ele fazia um sinal na cabeça e dizia: 'Mais uma vez desde o começo'. Depois a banda criava o arranjo. Mas Elvis escolhia as faixas e as melodias." Mais tarde, ele trabalhou com Elvis nas gravações da trilha de *Saudades de um Pracinha* e notou uma clara mudança em sua personalidade: "Ele parecia menos solto do que antes. Ele ainda fazia palhaçadas como sempre, mas parecia um pouco mais fechado. Quero dizer, para o padrão de Elvis".

Steve e Bones abriram uma produtora chamada Binder/Howe Productions. Bones estava produzindo para as bandas The Fifth Dimension e The Association e Steve estava tentando tirar do papel um projeto de filme com o produtor Walter Wanger, quando Bob Finkel os chamou. "Acho que Finkel, sabiamente, percebeu que o especial de Elvis estava indo pelo ralo, pois não conseguia fazer Elvis colaborar com nada", diz Steve. Finkel também explicou: "Eu não tenho uma relação próxima com Elvis. Ele me chama de sr. Finkel. Preciso encontrar alguém que converse com ele e o convença de fazer o especial".

Inicialmente, Steve não ficou interessado. "Minha intenção inicial era recusar, para ser sincero", recorda. "Sinceramente, nunca fui fã de Elvis. Eu curtia mais o som da Costa Oeste, com as bandas The Byrds e Crosby Stills Nash & Young, e coisas desse estilo. Quando comecei a acompanhar Elvis, foi mais por distração, para ver do que se tratava todo aquele alvoroço."

Mas, depois de discutirem sobre o assunto, os sócios concluíram que valeria a pena pelo menos conversar com o produtor, dada sua importância na NBC. "Pensamos assim: 'Se recusarmos, talvez ele nunca mais volte a nos chamar'", disse Bones. "No *show business*, nunca diga 'não', a menos que esteja ocupado demais para dizer 'sim'. Então, dissemos: 'Tudo bem. Topamos falar com ele'." Bones também achou que Steve se daria bem com Elvis e disse: "Steve, você vai conseguir. Você e Elvis vão se tornar grandes amigos. Você vai adorar trabalhar com ele e vice-versa. Não o rejeite".

Depois de conversarem com Finkel, eles concordaram em falar com Parker e um encontro foi marcado para 17 de maio. A dupla seria apresentada às estratégias de manipulação do modo de Parker fazer negócios, começando com a solicitação para que fossem providenciadas rosquinhas doces para a reunião das 7 h. Um saco de rosquinhas foi devidamente providenciado, embora tenha permanecido intacto sobre a mesa durante toda a reunião. "Nunca nos ofereceram nada, nem mesmo café ou nossas rosquinhas!", disse Steve.

Depois de serem levados pelo labirinto dos escritórios de Parker nos estúdios da MGM, observando a memorabilia de Elvis nas paredes, Steve e Bones foram conduzidos até uma grande cozinha para a reunião. "Parecia uma cozinha de fazenda, com uma enorme mesa redonda no centro", diz Bones. "Havia até um fogão superantigo! Era um estilo bem de fazenda." Todos sentaram à mesa, coberta com uma toalha de oleado, e se entreolharam atentamente – Steve achou que parecia o começo de uma partida de pôquer.

"O Coronel dominava a conversa", diz Steve. "Só falava sobre ele, sobre quão inteligente ele era e quão esperto era. Lembro que a primeira coisa que ele nos disse foi que todos os seus contratos eram de uma página, que Elvis vinha trabalhar a uma certa hora e ia embora a uma certa hora, e que ele estava à disposição durante esse período de tempo. Você poderia pedir para ele fazer praticamente qualquer coisa." Foi esse tipo de tomada de decisão que, na opinião de Steve, havia levado a carreira de Elvis ao estado lamentável em que se encontrava. Sem pedir nenhum tipo de aprovação de roteiros ou músicas (além de assegurar os direitos de publicação das canções), Parker, de fato, havia desperdiçado o talento de seu cliente.

Steve tampouco teve boa impressão com a ideia de Parker para a direção que o especial deveria tomar. Parker passou uma caixa para ele – "eu ainda tenho essa caixa", observou – com uma foto de Elvis na tampa, contendo uma fita e o roteiro do programa de Natal da rádio que havia ido ao ar no ano anterior, e disse: "Aqui está. Quero que você tenha isso, pois assim será o especial".

"Eu não tinha nenhuma intenção de fazer um especial de Natal, muito menos com Elvis", disse Steve. "Eu sabia que um especial de Natal seria um desastre. Eu não queria tratar Elvis como um fracote e obrigá-lo a fazer o que qualquer um poderia fazer. Eu era jovem o suficiente e presunçoso o suficiente para dizer: 'Vou fazer o que quero fazer. O que de pior podem fazer comigo? Me despedir'. E acho que o Coronel, no fundo, teria adorado me despedir em qualquer momento da produção. Mas, no decorrer do trabalho, sua reação instintiva foi pensar: 'Algo especial está acontecendo aqui. É melhor eu não me meter'."

Antes de se despedir deles, Parker levou os produtores ao "Snowman's Club", seu clube particular que celebrava a "arte do convencimento" e, talvez se permitindo uma proposta indecorosa de sua parte, garantiu-lhes que eles teriam uma "experiência de um milhão de dólares", se fizessem o especial – obviamente, uma experiência cujo benefício financeiro seria substancialmente menor para Binder e Howe. Mais tarde, naquele mesmo dia, eles receberam Elvis no escritório da Binder/Howe, na Sunset Boulevard, nº 8.833. "Elvis entrou e nos cumprimentamos assim: 'Oi, Steve', 'Oi, Elvis'", recorda Steve. "Então, nunca foi formal. E fomos para minha sala. Achei-o extremamente agradável e extrovertido."

A conversa rapidamente adotou uma franqueza que Elvis não encontrava havia um tempo. Quando Elvis perguntou ao diretor como avaliava o atual estado de sua carreira, a resposta de Steve foi bem direta ao ponto: "Que carreira?", disse ele, provocando uma risada apreciativa de Elvis. Ele continuou reiterando o que Elvis já sabia e também se queixou de sua comitiva, e até mesmo de seu empresário; de que fazia anos que ele não tinha um grande sucesso na música ou no cinema; e de que ele estava à beira de se tornar um artista insignificante. Mas esse programa daria ao cantor uma chance de mudar isso. "Se fizer este especial, na manhã seguinte, você será o maior sucesso do país ou o maior fracasso", Steve disse a ele. "A televisão dá resultados instantâneos. Os Estados Unidos decidirão se gostam ou se não gostam de você e, se não gostarem, você será conhecido como um artista que todos respeitaram na década de 1950, mas será o fim de sua carreira." Steve admitiu que era um risco.

"Acho que nossa primeira reunião estabeleceu o tom de tudo", diz Steve. "Como eu não estava tentando conseguir emprego, fui extremamente sincero com ele, dizendo que, até onde eu sabia, ele não era mais um astro do rock'n'roll. Ele vivia à custa de suas antigas façanhas e a nova geração que crescia o conhecia apenas como um nome do passado. E acho que esse tipo de conversa causou grande efeito. Ele até chegou a dizer que confiava em mim totalmente, pois eu estava sendo franco, mesmo tendo certeza de que ele estava cercado de outras pessoas que o agradavam o tempo todo."

Outro ponto importante da conversa foi quando Steve comentou que a banda The Association havia oferecido a canção "MacArthur Park", mas recusou a oportunidade de ser o primeiro a gravá-la, pois eles não poderiam assegurar os direitos de publicação – o ator Richard Harris esteve entre os cincos maiores sucessos com a canção. Steve quis saber se Elvis a regravaria. "Perguntei isso porque eu queria ver se ele estava vivendo na glória de seu passado ou se realmente pensava no futuro", explica Steve. "E, sem hesitar, ele disse: 'Eu a regravaria'". Essa resposta confirmou que, embora os direitos de publicação fossem o principal interesse de Parker, não era de Elvis – ainda que ele nunca ganhasse essa discussão com seu empresário.

Steve percebeu que uma das grandes preocupações de Elvis era não se sentir à vontade com a ideia de se apresentar na TV. Apesar do sucesso que suas aparições na televisão lhe renderam na década de 1950, algumas experiências deixaram um gosto amargo, como sua apresentação de 1º de julho de 1956, no programa *The Steve Allen Show*, em que ele teve de vestir um smoking e cantar "Hound Dog" para um cachorro. "Minha praia é o estúdio de gravação, não um palco de televisão", disse ele a Steve, talvez não se referindo ao seu trabalho no cinema. Steve respondeu: "Bem, por que você não faz uma gravação em estúdio e eu faço uma montagem com fotos?". Foi essa troca que convenceu Elvis a aprovar o projeto. Um dia, Elvis disse a Steve: "Sabe que foi aquela primeira reunião, em que você me disse para eu fazer uma gravação que você faria uma montagem com fotos, que realmente me acalmou. E eu soube que estava seguindo na direção certa com você".

❖

Elvis e Priscilla foram de férias para o Havaí no dia seguinte e Steve e sua equipe começaram a criar o especial. "Nunca acreditei na teoria do individualismo", diz ele. "No cinema e na televisão, para mim, o trabalho deve ser colaborativo. Você precisa ter uma equipe à sua volta que recebe todos os créditos (o produtor, o diretor, o artista), mas há centenas de pessoas que fazem colaborações importantes ao longo do trabalho, seja fazendo os efeitos especiais, segurando os cartazes de deixas para o artista ou executando o teleprompter. Então, gosto de reunir todo mundo em uma sala e dizer: 'Esqueçam o cargo que têm. Todos nós vamos começar a dar ideias'."

Dois membros da equipe eram redatores, Chris Bearde e Allan Blye. Chris, nascido no Reino Unido, cresceu na Austrália, onde começou a carreira escrevendo poesia com uma banda de jazz e acabou entrando para a comédia e para a TV como redator e artista. Ele emigrou para o Canadá, onde trabalhou para a emissora Canadian Broadcasting Corporation, fazendo os programas de comédia *Nightcap* e *Network*, além de especiais de música com bandas que variavam de Jefferson Airplane a Dionne Warwick. Enquanto trabalhava na CBC, Chris conheceu Allan Blye, um canadense que havia se estabelecido como cantor – substituindo o compatriota Robert Goulet no programa de TV *G.E. Showtime* – e também havia sido o "Capitão Blye" no programa de televisão infantil *Mister Rogers' Neighborhood*. Chris incentivou as habilidades de escrita de Allan e, em pouco tempo, ele estava trabalhando para a CBC também como redator. Ambos estavam interessados em ir para os Estados Unidos e fizeram um pacto: quem conseguisse uma oportunidade primeiro daria uma mão ao outro.

Por volta de 1967, ambos estavam inseridos no mercado norte-americano: Allan conseguindo um trabalho no *The Smothers Brothers Comedy Hour* e Chris escrevendo para *Laugh-In*, ganhando um prêmio Emmy por seu texto, depois de apenas três meses no país. Chris diz: "Foi muito surpreendente, pois eu estava no país fazia apenas 13 semanas, e lá estava eu no palco, com Frank Sinatra de um lado e Sally Field do outro, segurando esse grande Emmy nas mãos – foi a história mais incrível de Hollywood". Allan havia trabalhado no especial *Petula* e, quando foi chamado para trabalhar no especial do Elvis, sugeriu que Chris também fosse contratado.

"Minha reação imediata foi: 'É claro que aceito, pois quero muito conhecer Elvis!'", diz Chris. "Eu não sabia do que se tratava, mas queria conhecer Elvis." Desde o começo, os redatores estavam determinados a demarcar seu próprio território. "Eu estava no corredor quando Elvis chegou com sua comitiva", Chris recorda o primeiro encontro dos redatores com o cantor. "Ele parecia uma pantera enjaulada. Ele estava elétrico, totalmente elétrico. Depois vi uma pequena faísca em seus olhos. Pensei comigo: 'É melhor eu ser o Sr. Quietinho Nos Bastidores por enquanto'. Mas eu teria de arriscar quando tivesse de falar oi para ele, para ver se Elvis estava em uma posição na qual poderíamos nos comunicar, uma posição muito diferente da que ele havia estado. E, se eles fossem fazer um programinha santinho, eu teria recuado, tomado o dinheiro e sido o Sr. Redator Nos Bastidores."

"Acabei sendo apresentado: 'Este é Chris Bearde'", continua ele. "E eu disse: 'Muito bom conhecer você, Elvis'. E olhei para o Coronel e disse: 'Coronel, gostei muito do que você fez com Elvis. E também gostei de sua companhia'. Ficou um silêncio mortal. E pensei: 'Droga! O que vai acontecer? Falei alguma besteira? Que diabos fiz de errado?'. E, de repente, Elvis caiu na gargalhada. E, claro, quando Elvis ri, a comitiva inteira ri e, quando a comitiva ri, todo mundo ri, o que foi uma grande conquista para mim. Vi que esse cara tinha um enorme senso de humor e isso, para mim, era o máximo. Por ser da área de comédia e música, eu queria conseguir meu espaço, sendo alguém que poderia dizer coisas para Elvis que ele ouviria. Pensando em Allan e em mim, eu disse: 'Vamos chegar e dar nossa opinião, e não ser apenas dois garotinhos lacaios e canadenses que ficam nos bastidores'. E isso deu muito certo para nós."

Os dois ficaram ainda mais animados com a própria franqueza de Elvis. Em outra reunião, perguntaram o que ele queria fazer no especial e Elvis respondeu: "Bem, direi uma coisa que não quero. Não quero mais ser um santinho desprezível que canta mecanicamente". "Essas foram suas palavras", disse Chris. "Nunca vou esquecer essas palavras! Na mesma hora, aproveitamos a deixa e dissemos: 'Não, o que mais queremos é que você cante. Queremos que você cante 'Hound Dog'. Queremos que você arrase e faça do seu jeito'. Quando fechamos a porta e ficaram apenas o pessoal da criação e Elvis, pude ver o quanto ele adorou a ideia. Ele adorou que estávamos bem distantes de tudo que ele fez no passado e este era o novo grupo Young Turk. Todos nós estávamos naquele palco. Então, basicamente, foi assim que o programa começou."

O necessário para o programa era algum elemento unificador. "Com artistas da música, como Elvis e Petula, tratava-se de reunir todo o material deles, analisá-lo atentamente e ver o que se liga com o quê", diz Steve. "Normalmente há um tema por trás. Quando eu criava especiais, eu queria um tema e, então, perguntava: tem um começo e tem um final? Não se trata apenas de música, sets, cenário e figurino. Deve haver uma história. Porque as pessoas são envolvidas por histórias."

Os redatores já haviam ido à loja de discos Tower Records (ao lado do prédio onde ficava o escritório da Binder/Howe) comprar todos as gravações disponíveis de Elvis para ouvir e fazer as possíveis ligações. "Eu sabia que tudo que compramos, era como ouvir tudo de novo, mas era legal porque eram todas as gravações!", explica Chris. E o que Chris chama de "provavelmente a história chave para tudo" veio na noite de 4 de junho. Desde que voltou do Havaí, Elvis estava indo ao escritório da Binder/Howe com frequência, tendo ideias em ensaios informais para o programa. Em 4 de junho, estava passando em uma televisão do escritório o discurso de vitória do senador Robert Kennedy no Hotel Ambassador, em Los Angeles – o candidato democrata à presidência havia ganhado as eleições primárias na Califórnia. Minutos depois, Kennedy foi baleado (e acabou morrendo em 6 de junho), deixando perplexos todos que estavam na sala.

O assassinato de Kennedy provocou uma catarse em Elvis, principalmente por acontecer apenas dois meses depois de o líder dos direitos civis, o dr. Martin Luther King Jr., ter sido assassinado na cidade natal de Elvis, Memphis. "Desde que vimos a notícia, até o fim da noite, ficamos sentados naquela sala, ouvindo Elvis nos contar a história de sua vida e tocar guitarra o tempo todo", diz Chris. "Ficamos sentados escutando, fascinados. Ele nos contou todas as histórias da sua vida em Memphis, sobre sua mãe e seu pai, contou a história de como ele começou, e sobre as pessoas que costumavam atingi-lo porque queriam atingir Elvis Presley. E ele cantou todas essas canções. Foi quando Steve e todos nós dissemos: 'É assim que o programa será: você fazendo tudo isso'."

"Guitar Man" já havia sido identificada como a música tema do programa. "O tema principal era o músico que havia deixado suas raízes para buscar fama e fortuna", diz Steve. "E, por fim, se vê, depois de muito sucesso e de ter sido mais feliz do que nunca, um velho músico. De certo modo, fechando um ciclo. [A essência do enredo foi tirada da peça de Maurice Maeterlinck, *The Blue Bird* – O Pássaro Azul –, que fala sobre a busca de felicidade no próprio interior da pessoa, e não mundo afora.] Acho que o trabalho de produzir ou dirigir não é pedir para as pessoas: 'Certo. Criem o programa'. Acho que você tem que dar a elas um foco e uma direção e deixá-las preencher os espaços. Elvis era, simbolicamente, um músico. Isso é simples, básico."

Para os redatores, "Guitar Man" proporcionou uma forte ligação conceitual entre os dois lados de Elvis que queriam mostrar: "A história real de Elvis nos palcos e também uma espécie de história de fantasia de Elvis, pela qual podemos montar grandes musicais. Foi assim que surgiram os dois estilos do programa", explica Chris. "Guitar Man" precisava de algumas adaptações na letra para encaixar o enredo, incluindo um novo último refrão. Allan Blye, então, procurou Jerry Reed para pedir autorização para fazer as mudanças. "Eu não conhecia Jerry Reed e ele, com certeza, não me conhecia. Eu disse a ele que estava ligando para falar sobre "Guitar Man" porque eu queria mudar algumas palavras para usá-la em um programa de televisão. Ele foi muito relutante e me interrompeu, dizendo: 'Por que você gostaria de mudar minha letra?'. Disse: 'É uma letra fantástica. Só quero ajustar algumas coisas para que soe mais convincente em relação a Elvis'. Ele disse: 'Elvis?'. E eu: 'Sim, sim, Elvis Presley. Estamos fazendo um especial de Elvis Presley'. O que eu deveria ter falado no começo da ligação! E foi assim. Ele disse: 'Pode mudar!'", conta Chris.

Para a abertura, Allan sugeriu começar o programa com um close do rosto de Elvis e Chris na mesma hora reagiu cantando o começo da canção "Trouble". "Foi mágico. Tudo deu muito certo", diz Allan. A estrutura de andaimes foi inspirada no cenário usado, enquanto Elvis canta a canção título original em *O Prisioneiro do Rock*, o que Allan descreve como "o visual de caixa de pílulas". Allan, efetivamente, também "vestiu" o cenário, dizendo a Steve: "Não seria legal ter 100 Elvis atrás dele?" "Levei a ideia para Bob Finkel, mas nunca pensei que eu conseguiria convencê-lo", diz Steve. "O interessante é que até hoje as pessoas que aplicam dinheiro no cinema e na televisão costumam pensar que estão pagando pela quantidade, e não pela qualidade. Então, a primeira pergunta foi: 'Por quantos minutos você vai utilizá-los na tela?'. E eu disse: 'Provavelmente, não mais que um'. O que foi ainda mais difícil de convencer a NBC. Se aparecessem 100 Elvis duas ou três vezes durante o programa, não significaria nada. Mas como foi apenas na abertura do especial, até hoje as pessoas comentam sobre a cena, tentam imitá-la ou emulá-la." O letreiro luminoso "E-L-V-I-S" foi inspirado nas letras que formavam "J-U-D-Y", na abertura do *The Judy Garland Show*.

O número da abertura também apresentava o esquema de cores do programa, sendo o vermelho, o preto e o branco as cores predominantes. Elvis começaria com uma roupa preta e terminaria com uma roupa branca. Seu figurino foi desenhado por Bill Belew, outro veterano do especial *Petula*, que anteriormente tinha pouco interesse pelo trabalho de Elvis. "Acho que eu era uma das poucas pessoas que nunca havia visto nenhum filme dele", disse Bill. "Na verdade, eu não ouvi falar muito dele nem sabia muito sobre ele, até Steve me dizer que faríamos um especial com Elvis." Bill – ou Billy, como Elvis o chamava – tinha liberdade para criar suas roupas. "Steve era ótimo nesse sentido", diz ele. "Ele confiava em todo mundo que trabalhava em seus especiais para darem o melhor de si." As roupas de Belew para o especial eram particularmente eficazes em virtude da simplicidade. Na sequência de abertura, Elvis usou um figurino preto bem cortado de calça, uma camisa com os primeiros botões abertos, e apenas um toque de cor proporcionado pelo lenço vermelho amarrado no pescoço. "Pensei no lenço porque eu não queria que Elvis usasse gravata no figurino que criei", explicou Belew. "Gravata não fazia parte do visual que eu queria que ele tivesse naquela época. Eu estava experimentando coisas novas e, por acaso, ele aprovou essa ideia. Naquela época, sempre usávamos lenços. Então, adaptei um lenço ao figurino que fiz para ele."

Além de um bloco de show, foi planejado que haveria outros blocos explorando os gêneros musicais que Elvis interpretava e/ou pelos quais tinha interesse. Então, uma sequência gospel era uma inclusão lógica. "O bloco gospel tinha duas partes", explica Steve. "Em uma delas, seriam utilizados seus álbuns gospel, dando um jeito de combinar canções em um pot-pourri. Na segunda parte, como sempre adorei dança e dançarinos na televisão, eu queria encontrar uma forma de destacá-los. E esse era o bloco perfeito para fazer isso."

O bloco do pot-pourri gospel começa com uma breve apresentação de dança de Claude Thompson, um dos coreógrafos do programa (e outro veterano do especial *Petula*), com o hino religioso "Sometimes I Feel Like A Motherless Child". Thompson sai de cena, enquanto entra um grupo de mulheres vestidas de branco e homens vestidos de preto em uma espécie de cenário de igreja "moderna" e Elvis, vestindo um terno vinho, está em um palco acima de sua "assembleia de fiéis", formada por dançarinos que caminham em sua direção. Conforme ele canta "Where Could I Go But To The Lord", sobem ao palco, vestidas de branco, suas *backing vocals*, The Blossoms, um trio que havia feito o vocal de apoio de várias gravações de grupos femininos – inclusive como vocalistas principais da canção "He's A Rebel", cujo crédito, no entanto, foi dado ao grupo The Crystals – e havia aparecido no programa *Shindig!*. Cantando, Elvis e The Blossoms descem a escada até o palco principal e saem de cena, dando espaço para os bailarinos dançarem durante a transição para a canção "Up Above My Head". Mas o momento mais empolgante acontece quando, de repente, o pot-pourri bruscamente dá lugar a "Saved". A canção de Jerry Leiber e Mike Stoller era praticamente uma paródia do gênero gospel – assim como "Love Me" da mesma dupla de compositores, gravada por Elvis, em 1957, também zombava do country dos velhos tempos –, mas a interpretação franca e entusiástica de Elvis a deixa eletrizante.

A mistura racial do bloco também destacou o elemento de integração presente durante todo o programa. "Como eu havia acabado de viver aquela assombrosa polêmica com Petula e Belafonte, eu estava um pouco traumatizado nessa época", diz Binder. "Quando produzi o especial de Elvis Presley, eu tinha um coreógrafo negro [Claude Thompson], tinha um coreógrafo porto-riquenho [Jaime Rogers, que interpretou um integrante da gangue dos Sharks no filme *West Side Story* [Amor, Sublime Amor], eu tinha The Blossoms em cena, acompanhando Elvis na maior parte do especial [o trio era afro-americano], e todo o núcleo de músicos, figurantes e bailarinos formava uma verdadeira integração de todas as raças. Além disso, nenhum comentário foi feito em termos de raça durante toda a produção. Achei isso muito significativo: todo mundo se aceitou, independentemente da raça, e evitou qualquer tipo de polêmica sobre preconceito ou racismo ou qualquer coisa do tipo. Todo mundo apenas disse: 'Ótimo'."

Outro grande musical do programa foi criado para destacar o "Elvis fantasia". Em um cenário que poderia ter saído de um de seus filmes – e que, sem dúvida, pretendia ser uma paródia de todos eles –, Elvis é visto deixando as raízes humildes e atingindo a fama e a fortuna. "Elvis sabia que esse musical era uma sátira", diz Chris. "Ele entendeu que era nossa maneira de dizer: 'Esta é uma sátira de Elvis'. Você pode encarar dessa forma ou não precisa encarar dessa forma. Mas, se souber que o escritor do especial é um escritor de comédia, ou seja, eu, você entende que era isso o que estávamos fazendo. E também entende que, possivelmente, Elvis tenha entendido muito bem isso, tenha adorado e tenha tido uma postura irônica em relação a tudo."

A abertura trazia Elvis, vestindo jeans, andando por uma estilizada estrada de néon cantando estar perdido em "Nothingville" (onde a vida "é uma corrida de ratos a passo de lesma") antes de partir à procura de melhores oportunidades, com "Guitar Man" fazendo a ligação com a próxima sequência.

Sua primeira parada é um bordel, onde a canção "Let Yourself Go" é o acompanhamento sensual ideal. "Meu Deus! Ele estava no paraíso com todas aquelas garotas se rastejando por ele e tudo mais", diz Chris. Quando seu divertimento é interrompido pela chegada da polícia, ele vai parar em um parque de diversões de onde é pressionado a ir embora por um gângster ameaçador, a quem canta "Big Boss Man" em resposta. Ele tenta salvar a mulher do gângster, lutando com criminosos, enquanto canta "It Hurts Me", sem perder o ritmo. Ele, então, começa sua escalada musical, cantando "Little Egypt", de Leiber & Stoller, enquanto uma dançarina do ventre faz uma apresentação no palco do bar dançante. Em seguida, ele canta "Trouble", primeiro no bar de dança do ventre, depois em uma sucessão de melhores bares, com uma troca de figurino em cada um: paletó dourado e calça preta; figurino preto da sequência de abertura; um terno de veludo preto; e um traje de couro. A sequência termina com "Guitar Man", conforme Elvis pega a estrada de novo.

Elvis respondia positivamente a cada ideia apresentada para o programa. "Eu costumava brincar com ele dizendo: 'Tenho medo de fracassarmos, pois não estou recebendo nenhum não de você'", conta Steve. "Qualquer coisa que eu dizia, ele respondia: 'Vamos fazer, sim', 'Legal, vamos fazer isso'. E com a maioria dos astros com os quais trabalhei, sempre houve contradições em algum momento, quando testam sua convicção em alguma coisa ou sua resistência ou questionam: 'Por que você quer que eu faça isso?'."

Bill Belew encontrou a mesma reação condescendente. "Achei Elvis uma pessoa muito amável", disse ele. "E nos demos muito, muito bem. Pensei que eu fosse encontrar reações diferentes do que as que teve, mas, por algum motivo, ele depositou confiança em mim. Quando viu as esquetes e as ideias do que eu queria fazer, ele nunca disse uma palavra sobre nada." Houve uma notável exceção. No musical "Elvis fantasia", para a cena em que Elvis canta no bar enquanto a dançarina do ventre faz sua apresentação, Belew havia desenhado um traje que lembrava o terno de lamê dourado, criado por Nudie Cohn, que Elvis havia usado em 1959, na capa da coletânea de seus maiores sucessos, *50,000,000 Elvis Fans Can't Be Wrong*. Apesar de sua própria predileção por abusos de alfaiataria, desta vez, o complacente astro bateu o pé, dizendo: "Billy, tenho de ser sincero com você. Sempre odiei esse terno e não vou usá-lo". Belew nunca soube o que do terno incomodava Elvis e apenas imaginava que recusar usá-lo era uma forma de Elvis rebelar-se contra o Coronel – o livro *Elvis Fashion* observa que Elvis considerava o terno mais uma fantasia de carnaval do que moderno. Binder pediu para Belew chegar a um meio-termo e, então, ficou decidido que Elvis vestiria apenas o paletó dourado com uma calça preta lisa.

Fazia muito tempo que alguém de fora do círculo de Elvis o desafiava quanto ao isolamento de seu mundo. Um dia, durante os ensaios, Steve flagrou Elvis observando pela janela a movimentação da agitada Sunset Boulevard lá embaixo. Steve perguntou a Elvis o que ele achava que aconteceria se saísse na rua. Elvis rebateu perguntando a Steve o que ele achava que aconteceria. Depois de pensar por um minuto, Steve disse que achava que não aconteceria nada e que era o fim.

Dias depois, quando Elvis chegava para um ensaio, ele convidou Steve para ficarem na calçada e ver o que exatamente aconteceria. Não aconteceu nada. Carros e pedestres passavam sem prestar atenção neles. Elvis começou até mesmo a acenar para os carros que passavam, na tentativa de chamar a atenção, mas, da mesma forma, teve pouco sucesso. Por fim, ele sugeriu que entrassem para os estúdios.

Allan Blye provocou uma reação maior quando questionou a natureza rodeante e inútil da comitiva de Elvis. "Chris e eu ficávamos no escritório apenas com Elvis, Charlie Hodge e, às vezes, Steve", recorda Allan. "Vamos supor que estávamos envolvidos no trabalho e Elvis dizia: 'Tenho de ir ao banheiro'. Era ele levantar que cinco rapazes também levantavam na sala ao lado. Ele saía no corredor e eles o rodeavam e o acompanhavam até o banheiro. Entende? Parecia uma infantaria."

Allan notou que "apenas alguns deles realmente tinham uma função, como Joe Esposito que realmente era agente de shows. Mas, quanto aos outros caras, eu não entendia o que eles faziam". Um dia, ele puxou o assunto, perguntando a Elvis: "O que fulano faz?". "Ah, ele está disponível", respondeu Elvis. "E o que esse outro cara faz?", Allan insistiu. "Ele está disponível." "O que é 'disponível?'", perguntou Allan. "O que significa? 'Disponível?' Disponível significa disponível!", Elvis esbravejou. "Foi a única vez que vi Elvis perder seu senso de humor por dez segundos", Allan recorda. "Eu disse: 'Tudo bem'. E voltamos ao trabalho rindo e nos divertindo."

Duas semanas depois, em uma noite de sábado, Allan ficou surpreso quando a campainha de sua casa tocou às 21 h, e ainda mais surpreso quando abriu a porta e viu Elvis sentado no degrau de entrada. "O que está fazendo aqui?", Allan exclamou. "Vim ver você", Elvis respondeu sorrindo. "E cadê todo mundo?", perguntou Allan. "Ninguém mais está aqui. Eu vim sozinho", disse Elvis. "E entendi a mensagem", diz Allan. "Minha esposa ficou morrendo de medo!" Rapidamente, os vizinhos de Allan foram até sua casa. "Eles pensaram que talvez fosse um ladrão", diz ele. "E, quando entraram na cozinha, lá estava Elvis Presley com uma pequena bandana amarrada no pescoço! Peguei meu violão, ele sentou para tocar, e nos divertimos a noite toda. Ficamos até muito tarde e depois tivemos de levá-lo embora para casa. Eu sabia que Joe ficaria em pânico se soubesse que ele havia saído."

No entanto, embora Elvis estivesse de acordo com o programa, houve alguns contratempos em outras áreas. Steve tentou manter o foco. "Eu estava fazendo o melhor trabalho que podia, sem me preocupar com o restante", diz ele. "Eu não pensava nos interesses partidários nem no que estava acontecendo por trás das cenas. Eu me joguei no trabalho, fazendo o que achava que fosse a melhor coisa que eu poderia fazer para que o especial fosse o melhor possível."

Uma questão preocupante para Steve e Bones era a possibilidade de ser feito um álbum da trilha sonora do programa. Isso não havia sido mencionado no contrato com a produtora Binder/Howe Productions, e Bones, sendo um produtor com um crescente histórico de sucessos, começou a pedir informações a respeito. "Já havia me complicado muito. Eu me meti em confusão durante toda a minha carreira!", admitiu ele.

"O Coronel não queria reconhecer que Bones e eu éramos legítimos produtores musicais e que deveria nos conceder um royalty", explica Steve. "Isso se tornou um grande problema, mas como, na época, éramos representados pela Agência William Morris, já se sabia de quem o agente tomaria partido! Então, ficamos em uma posição um tanto quanto vulnerável para nos defender. Mas ameaçamos não fazer o programa, a menos que eles prometessem que, se fosse lançado um álbum, receberíamos royalties. E eles concordaram. O Coronel me chamou pessoalmente para dizer que nunca seria lançada uma trilha sonora do programa e que, então, não havia motivo para me preocupar." O que ninguém sabia era que, a essa altura, Parker já havia fechado um acordo com a NBC para que a emissora passasse as fitas do especial para a gravadora RCA para um possível álbum da trilha sonora.

Organizar as músicas para o programa, por si só, já foi uma dor de cabeça. Elvis havia pedido que Billy Strange fosse o arranjador musical e maestro do programa e Steve havia concordado, designando Billy Goldenberg para ser o diretor musical. Recentemente, Strange havia sido maestro e arranjador musical das sessões de gravação da trilha sonora de *Viva um Pouquinho, Ame um Pouquinho*, enquanto Goldenberg havia trabalhado com Steve em *Hullabaloo* e *Petula*. Mas Strange não entregou nenhum arranjo, deixando Goldenberg sem saída. Vendo que alguma coisa deveria ser feita, Steve decidiu demitir Strange e designar Goldenberg como arranjador do programa, enfrentando o descontentamento de Parker. Haviam dito para Steve que Elvis certamente desistiria do programa se o arranjador que escolheu, Billy Strange, não fosse usado. Mas, quando Steve explicou a situação para Elvis, ele simplesmente concordou, sem fazer nenhum comentário.

Além de Goldenberg estar um pouco inseguro de quão bem ele poderia se relacionar com Elvis e seu trabalho, rock'n'roll não era seu ponto forte e a notícia de que ele incluiria instrumentos de orquestra aos arranjos foi recebida com escárnio pelos companheiros de Elvis.

Mas lidar diretamente com Elvis provou não ser um problema. Certo dia, Billy chegou para os ensaios e encontrou Elvis ao piano, tocando "Moonlight Sonata", de Beethoven; sentou-se ao lado dele e os dois começaram a tocar a composição juntos. Esse momento quebrou o gelo entre eles. Como sempre, ao trabalhar com alguém que respeitava seu talento e lhe apresentava um novo desafio, Elvis reagiu com entusiasmo. Goldenberg descreveu o primeiro ensaio de Elvis com a orquestra: "Impressionante... Ele estava tão contente, tão envolvido e animado, com a voz carregada de emoção".

As sessões de gravação foram realizadas de 20 a 24 de junho nos estúdios Western Recorders, em Burbank. A NBC havia se oposto à escolha do local, reclamando das despesas e questionando por que as gravações não poderiam ser feitas nos próprios estúdios da emissora, usando os mesmos músicos que trabalharam em especiais de Bob Hope. Embora Steve e Bones não tenham feito nenhuma objeção a usar alguns músicos da NBC, eles salientaram que estavam trabalhando em um programa de rock'n'roll e queriam fazer uso da vasta fonte de músicos experientes em gravações que Los Angeles tinha para oferecer. A lista incluiria vários músicos do lendário grupo de músicos de estúdio The Wrecking Crew: os guitarristas Tommy Tedesco, Mike Deasy e Al Casey; os baixistas Chuck Berghofer e Larry Knechtel; o pianista Don Randi; e o baterista Hal Blaine. O trio The Blossoms fez o vocal de apoio. Ainda que, quando fosse possível, Elvis cantaria ao vivo no programa (com acompanhamento), as gravações de estúdios incluiriam vocais de Elvis, sobretudo para ser usadas nos musicais. Na sequência de abertura, por exemplo, Elvis canta "Trouble" ao vivo, mas usa playback de "Guitar Man" – ele também tocou a guitarra Hagstrom vermelha de Al Casey durante o musical. Elvis também quis usar playback no musical gospel, por causa de sua movimentação em cena, e Steve concordou com relutância. Ele achou que a sincronização labial não ficou boa no final.

As sessões ocorreram sem complicações. "Nothingville", "Let Yourself Go", "Big Boss Man" e "It Hurts Me" foram gravadas em 20 de junho; "Guitar Man", "Trouble", "Little Egypt" (todas do musical "Guitar Man") e "Where Could I Go But To The Lord", em 21 de junho; e "Trouble", "Guitar Man" (ambas para a abertura do programa), "Up Above My Head" e "Saved", em 22 de junho. Nas sessões, também foram gravadas várias músicas instrumentais que serviram para ligar sequências de cenas, bem como canções com vocais femininos, como a primeira estrofe de "Let Yourself Go" e "Sometimes I Feel Like A Motherless Child".

Nas novas versões, as canções revelaram suas forças ocultas – apenas "Trouble" havia sido anteriormente associada a um projeto de sucesso, o filme *Balada Sangrenta*. "Guitar Man" e "Big Boss Man" eram singles ignorados. "It Hurts Me" havia se degenerado no lado B do single de 1964 *Kissin' Cousins*. A atrevida "Little Egypt", de Leiber & Stoller, havia aparecido no filme de 1964, *Roustabout* [Carrossel de Emoções]; e "Let Yourself Go" havia acabado de aparecer em *O Bacana do Volante*. Em todos os casos, as novas versões das canções eram mais intensas no especial que em suas versões originais, com uma interpretação vocal mais rústica e vigorosa da parte de Elvis.

Elvis também havia gravado anteriormente "Where Could I Go But To The Lord", no álbum *How Great Thou Art*. Todos os musicais gospel mostraram um fervor que as gravações religiosas anteriores de Elvis não apresentavam. O mais próximo que ele havia chegado dessa demonstração de emoção foi quando cantou o pot-pourri "Down By The Riverside"/"When The Saints Go Marching In", no filme de 1966, *Frankie and Johnny* [Entre a Loira e a Morena]. "Nothingville" (escrita por Billy Strange e Mac Davis), "Up Above My Head" e "Saved" eram novas. Steve também ouviu outro som durante as sessões de gravação, o qual acabou utilizando no especial. Ao ouvir Tommy Tedesco e Mike Deasy improvisarem um ritmo agitado na guitarra, ele decidiu que tinha de usá-lo e, então, colocou esse instrumental no final da sequência de abertura "Trouble"/"Guitar Man", enquanto Elvis arranha a própria guitarra entre as letras do luminoso E-L-V-I-S.

O clímax das sessões deu-se, apropriadamente, no último dia de gravação com a orquestra, quando foi gravado o encerramento do programa. A questão de qual canção seria utilizada havia sido motivo de discussão por um tempo. Parker havia sido inflexível ao dizer a "Bindle" (apelido que deu a Steve Binder) que o programa tinha de encerrar com uma canção de Natal ou algo similar – uma sugestão foi "I Believe", um enorme sucesso de Frankie Laine, em 1953 –, visto que o especial pretendia ser um programa de Natal e parecia que nenhuma música desse tipo se encaixaria nos outros blocos. Binder estava determinado a evitar qualquer dica de música sentimental, principalmente porque ele havia desenvolvido uma nova estima pelo astro, enquanto trabalhava com ele nas últimas semanas. "Eu via Elvis como um cara que veio de um Estado do sul conhecido por seu racismo, mas que parecia não ter preconceito nenhum. O Coronel insistia que encerrássemos o programa com 'I Believe' e eu ficava quebrando a cabeça para encontrar uma forma de mostrar a todos quem era o verdadeiro Elvis Presley", diz Binder.

Steve explicou o que estava buscando para Billy Goldenberg e W. Earl Brown, o diretor musical do programa – oficialmente creditado por "Letras Especiais e Arranjos Vocais", também era o compositor de "Up Above My Head". "Faz semanas que vocês estão convivendo com Elvis", Steve disse a eles. "Nós já sabemos o que ele defende, qual é a filosofia dele. Transformem isso em palavras. Escrevam uma canção que conte o que já sabemos que ele é." Poucos dias depois, ele foi acordado em casa de manhã cedo por um telefonema de Brown, que lhe disse: "Steve, acho que conseguimos".

Steve correu para os estúdios da NBC e foi apresentado à letra de uma canção chamada "If I Can Dream", de autoria de Brown e Goldenberg. Os dois rapidamente "fizeram a audição" da canção, Earl cantando e Billy tocando piano, e Steve ficou convencido de que havia encontrado o encerramento do programa. Quando Elvis chegou, Steve pediu para ele entrar no estúdio e Earl e Billy tocaram a canção para ele, enquanto Parker esperava impacientemente do lado de fora, enfurecido. Depois de uma passada rápida, Elvis pediu para ouvir a canção de novo. E de novo. E de novo. "Eles a tocaram três ou quatro vezes", recorda Steve. "Elvis pensou um pouquinho, olhou para mim e disse: 'Farei essa'. Enquanto isso, Parker e Diskin [Tom Diskin, um dos assistentes de Parker] e todos da RCA estavam na sala ao lado, ouvindo o que acontecia lá dentro. E fiquei sabendo que o Coronel disse: 'Bem, só se for por cima do meu cadáver, ele vai cantar 'If I Can Dream'!'."

"Assim que Elvis disse que iria cantá-la, eu fui até a outra sala e disse: 'Ele vai cantá-la'", continua Steve. "E imediatamente a RCA quis os direitos de publicação. E o Coronel Parker ficou sentado, totalmente frustrado porque não queria desafiar Elvis na frente de todas aquelas pessoas. E a melhor parte de toda a história é que, depois que Elvis disse que a cantaria, Billy pegou uma borracha, apagou seu nome da canção e disse: 'Essa canção é de Earl, não minha. Não tive nada a ver com ela'. Isso provavelmente custou a Billy Goldenberg centenas de milhares de dólares em royalties. Mas a equipe que trabalhou nesse programa, na minha opinião, e eu fiquei amigo da maioria deles, era feita de artistas muito especiais, que se preocupavam com a integridade do produto mais do que com quanto ganhariam. Isso é uma raridade nos dias de hoje."

Brown, que morreu em 2008, contradisse a versão de Binder de como a canção foi escrita, afirmando em entrevistas que haviam lhe contado que uma melodia seria apresentada e para a qual ele deveria escrever a letra. Mas, como nada se materializou, ele decidiu escrever a canção inteira, pensando que, se Elvis não a usasse, Aretha Franklin poderia gravá-la.

Mas Binder manteve sua versão da história. "Conversei com Earl sobre sua composição de 'If I Can Dream' algumas vezes antes de sua morte", diz ele. "Sua versão é completamente fictícia. A única pessoa com quem ele se comunicou ou a quem pediu orientação fui eu durante toda a produção. Anos depois, ele admitiu que não se lembrava muito bem do que falou ou escreveu sobre a canção. Lembro-me muito bem de tudo e como descrevo é exatamente como aconteceu. A partitura, sem dúvida, levava o nome de Billy Goldenberg quando os dois chegaram de manhã na NBC para tocar a música para mim. Embora ele estivesse apagando seu nome, Billy me disse na frente de Earl que Earl realmente escrevera a canção sozinho, depois que eu pedi para eles irem para casa compor algo que expressasse os sentimentos de Elvis sobre o mundo ao seu redor em 1968 e que substituiria o tradicional e 'esperado' encerramento do especial com canção de Natal."

De qualquer modo, "If I Can Dream" tinha tudo que Steve havia idealizado. A dramática canção digna de ser ovacionada começa suave, lentamente evoluindo para um final majestoso e arrebatador. A letra era um apelo por tolerância, um desejo de uma fraternidade abrangente e universal, um sentimento oportuno em um ano que havia visto não só os assassinatos de King e Kennedy, mas também o aumento da discórdia no país por causa das discussões sobre direitos civis e a Guerra do Vietnã. Nas mãos de outro artista, a canção poderia simplesmente ter se tornado uma balada convencional, mas a abrasadora interpretação de Elvis fez dela uma comovente súplica que parecia vir do mais profundo de sua alma. Darlene Love, que considerou seu trabalho como *backing vocal* nessa gravação (com as outras duas do trio The Blossoms) um dos destaques de sua carreira, disse: "Qualquer pessoa que ouve 'If I Can Dream' e ainda chama o rock'n'roll de 'música do Diabo' está cometendo blasfêmia". "Elvis canta essa canção como um cantor gospel", diz Joe Moscheo, integrante do The Imperials, o grupo gospel que participou do álbum *How Great Thou Art*. "Ele parece completamente arrebatado pela mensagem, praticamente como uma pessoa em transe."

Os movimentos de Elvis no estúdio, quando a canção foi gravada em 23 de junho, correspondiam ao alto drama de seu vocal. "Ele terminou a canção de joelhos, de frente para as cordas", diz Bones. "Os violinistas não acreditavam no que estavam vendo. Eles ficaram pasmos olhando para esse cara dobrando os joelhos. O que ele fez foi simplesmente brilhante. Cantou daquele jeito que depois fez no palco. Imagino que os caras da banda, os caras da seção rítmica, já haviam visto tudo isso antes, mas os músicos dos instrumentos de cordas ficaram perplexos."

No entanto, Elvis não ficou completamente satisfeito e perguntou se poderia gravar o vocal de novo depois que os músicos fossem embora. "O estúdio era enorme, as cadeiras continuavam no lugar e todos os músicos haviam ido embora", diz Steve. "E, antes de ele começar a cantar, eu disse: 'Vamos apagar todas as luzes do estúdio'. Então, no escuro, Elvis cantou 'If I Can Dream'. Foi um daqueles momentos incríveis que ninguém pôde ver, a não ser algumas pessoas que estavam na sala de controle, assistindo pelo vidro daquele estúdio imenso. Vi Elvis literalmente no chão, em posição fetal, segurando o microfone e cantando a canção." Elvis ficou no estúdio por mais uma hora, ouvindo a canção repetidas vezes, claramente satisfeito e talvez surpreso, com a magnitude de seu trabalho. No dia seguinte, as sessões acabaram, com Elvis gravando os vocais de "Memories", uma composição nostálgica de Mac Davis e Billy Strange – embora tenha sido gravada ao vivo para o programa, foi essa versão de estúdio que saiu no álbum da trilha sonora –, e "A Little Less Conversation", gravando um novo vocal para o acompanhamento usado em *Viva um Pouquinho, Ame um Pouquinho* – essa versão da canção acabou sendo cortada do programa, mas teve um surpreendente renascimento 34 anos depois.

❖

A essa altura, a animação de Elvis com o programa ficava cada vez mais evidente para as pessoas ao seu redor. "Priscilla [depois] nos contou que ele estava feliz nesse período", diz Bones. "Ela disse que todo dia ele chegava em casa pulando de alegria. Ele estava muito feliz. Ele estava se divertindo muito." Quando os ensaios foram transferidos para os estúdios da NBC em Burbank, em 17 de junho, ele até se mudou para o camarim (outrora usado por Dean Martin), tão entusiasmado com o programa que simplesmente não queria ir embora do estúdio. Foi uma mudança que, inesperadamente, também daria a inspiração para a sequência mais empolgante do programa.

"Quando acabávamos o trabalho de palco do dia, ele ia para o camarim com seus companheiros", recorda Steve. "Basicamente, ele relaxava do dia puxado de trabalho e passava horas improvisando músicas com os caras e se divertindo. Em vez de assistirem televisão no camarim, ou coisa do tipo, eles tocavam por horas." Foi assistindo a uma dessas sessões de improvisações que Steve teve a ideia de que essa poderia ser a forma de mostrar o verdadeiro Elvis para o público. Um bloco de show ao vivo já havia sido planejado para o programa, mas o clima relaxado que Steve testemunhou no camarim tinha muito mais autenticidade.

"Eu não queria recriar isso", explica Steve. "Eu queria *fazê-lo*. Insisti muito com o Coronel que eu era capaz de levar para o palco uma câmera profissional e equipamentos de áudio para fazer a gravação. E o Coronel foi inflexível proibindo câmeras, captação de áudio e até mesmo fotos no camarim. Finalmente, acho que acabei vencendo a resistência dele quando me disse um dia, na minha milionésima tentativa de conseguir sua permissão: 'Bem, se você quer recriar isso, pode recriá-lo no palco, mas eu não prometo que você poderá usá-lo'. Mas não liguei para o que ele disse e foi assim que a improvisação aconteceu."

Para Steve, a sequência de improvisação seria o coração do programa. "O especial inteiro era para ter a cara do Elvis e a improvisação, que, para mim, era a parte mais importante de todo o programa, era uma espécie de espiada na janela de 'Quem é Elvis Presley?'. Ele era uma invenção da máquina de RP do Coronel Parker? Ou ele tinha mesmo essa coisa indefinível chamada talento? E, se alguém questionava por que Elvis Presley se tornou tamanho ícone, acho que o bloco de improvisação respondia. Mas poderia ter sido ainda melhor. De certo modo, o Coronel se prejudicou ao não me permitir levar câmeras para o camarim. Posso aceitar qualquer coisa de qualquer pessoa desde que me mostrem uma lógica para suas decisões. Com o Coronel, era sempre um egocentrismo de poder. A questão nunca era artística, nem mesmo dinheiro. Era tudo uma questão de controle. O Coronel era completamente louco por controle e não queria que ninguém o desafiasse ou se opusesse ao seu poder. Assim, embora a improvisação tenha ficado excelente com Elvis no palco, ainda era superficial, se comparada à situação real que vi por trás das cenas, no camarim."

Em vez de improvisar com seus amigos, foi decidido que os antigos colegas de banda de Elvis, Scotty Moore e DJ Fontana, deveriam participar no palco – o baixista original de Elvis, Bill Black, havia morrido em 1965. "Inesperadamente, ele me ligou e disse que estavam fazendo um programa de Natal entre aspas", diz Scotty. "Então, DJ e eu fomos até lá achando que ficaríamos em pé, apenas tocando, como fizemos no *Ed Sullivan* e em todos os outros programas de TV." Eles ficaram surpresos ao encontrarem algo muito diferente esperando por eles, uma espécie de apresentação que Scotty descreve como "o primeiro *Acústico*".

Ensaios informais foram realizados nos dias 24 e 25 de junho. Amplamente contrabandeados, esses vídeos foram oficialmente lançados em 2008, no *box The Complete '68 Comeback Special*. Allan Blye e Chris Bearde haviam esboçado um roteiro para o bloco, o qual, juntamente com apartes irônicos sobre sua carreira, retificou a descrição que Elvis fez sobre os papéis que havia interpretado: "Normalmente sou o 'santinho' que canta mecanicamente e sempre conquista a garota"; mas Steve queria que ele falasse mais de improviso. "Entre as canções, fale uma ou duas coisas", disse a Elvis durante o ensaio do dia 25. "Do contrário, o bloco inteiro acaba sendo um monte de músicas... Tudo bem para você contar um pouco de história?" "Eu precisaria de alguma coisa para continuar. Algo para me fazer lembrar", disse Elvis. Garantiram a ele que seriam providenciados lembretes e que, quando ele não tivesse mais nada a dizer, sempre poderia voltar a cantar. As orientações para o restante da banda eram igualmente ponderadas. "O diretor disse para fazermos o que quiséssemos fazer, menos falar palavrão!", recorda Scotty.

Bill Belew já havia desenhado um figurino para outra sequência de show planejada do programa, que teria Elvis se apresentando para um público junto com uma orquestra ao vivo. Steve havia pedido algo "excepcional" para Elvis vestir e, depois de considerar várias ideias, Bill observou: "Steve, a única coisa que consigo me lembrar de Elvis é que já o vi de jaqueta de couro, mas nunca vestido inteiro de couro. E se eu fizesse um figurino de couro?" "Seria ótimo!", replicou Steve. Bill, então, mandou seu alfaiate fazer um traje de couro. usando como modelo o figurino jeans que Elvis vestiu no musical "Guitar Man". Assim como o terno de lamê dourado da década de 1950 e os macacões dos anos de 1970, o traje de couro se tornaria um de seus figurinos mais icônicos, um visual representante de "Elvis" tanto quanto seu nome. Ironicamente, o figurino estava quase destruído quando amostras das roupas de Elvis foram incluídas no *box,* de 1971, *Worldwide 50 Gold Award Hits, Vol. 2*. O traje foi salvo por sugestão do funcionário da fazenda Circle G, de Elvis, Mike McGregor, que também trabalhava com couro.

Apesar de ter dado sua aprovação relutante, Parker ainda não estava feliz com a ideia da sequência de improvisações e, segundo Binder, ele tentou sabotar as apresentações. Parker exigiu que lhe entregassem todos os ingressos das duas apresentações para que ele mesmo os distribuísse. "Ele insinuou que iria distribuir ingressos por Memphis com umas loiras de olhos azuis e penteados bufantes e que diria: 'Venham ver um verdadeiro show de Elvis!'", conta Steve. "E eu caí. Mordi a isca. Fui falar com Finkel, com a NBC e com os patrocinadores e implorei para que eles me deixassem entregar todos os ingressos para o Coronel Parker. E eles concordaram. Então, entreguei todos os ingressos para ele.

"Mas ele não tinha intenção nenhuma de distribuir aqueles ingressos", continua Steve. "Eu fui ingênuo. Eu devia ter desconfiado. Quando eu estava indo embora da emissora, na noite anterior ao dia em que gravaríamos a primeira apresentação, o vigia me perguntou se eu precisava de alguns ingressos, pois havia uma pilha de ingressos na mesa da guarita. Eu perguntei: 'Onde você conseguiu esses ingressos?'. E ele disse: 'Ah, de manhã, um careca deixou aqui e disse para eu distribuir'. Foi quando me dei conta que o Coronel realmente havia usado de suas artimanhas para me sabotar." Ele conta que passou o dia seguinte inteiro tentando conseguir público, espalhando a notícia nas rádios, ligando para familiares e amigos e até mesmo perguntando aos clientes do restaurante Bob's Big Boy se eles queriam ingressos gratuitos para ver Elvis.

Entretanto, algumas pessoas que foram assistir às apresentações haviam conseguido os ingressos antecipadamente. Judy Palmer, presidente de um fã-clube de Elvis de Spokane, Washington, ficou sabendo do programa quando foi a Memphis com uns amigos e, então, escreveu para a NBC pedindo ingressos – ela foi às apresentações das 18 h do dia 27 de junho e das 20 h do dia 29 de junho. Sandi Miller também havia escrito para a NBC pedindo ingressos depois de ter visto o anúncio do programa na revista *TV Guide*. "Bastava escrever para os estúdios da NBC enviando um envelope preenchido e selado. Acho que eles limitavam seis ingressos por pessoa", diz a fã. "Então, escrevemos pedindo nossos seis ingressos. Na próxima vez que fomos à casa de Elvis, ele tinha um punhado de ingressos e estava espalhando entre todos que estavam lá naquela noite. Outras garotas que apareceram na noite seguinte também ganharam alguns. Ele estava morrendo de medo de ninguém aparecer. Todo dia ele perguntava para as pessoas: 'Vocês vão?', perguntava para todo mundo."

Evidentemente, Parker não havia conseguido apoderar-se de todos os ingressos. Darice Murray-McKay é outra fã que conseguiu antecipadamente seus ingressos para a apresentação de improvisações. Darice era fã de Elvis desde os 5 anos de idade e sua mãe a havia acordado para ver a apresentação de Elvis no *The Steve Allen Show*, dizendo: "Você precisa ver isso!". Desde então, ela passou a acompanhar a carreira dele, até mesmo conseguindo permissão do padre de sua paróquia para assistir aos filmes do cantor, o que uma "boa garota católica" não deveria assistir. "Ele disse: 'Ah, vá em frente. Isso não vai ferir ninguém. Não se preocupe. Não terá de confessar isso e não tem de se sentir mal. Vá, sim!'. Achei isso muito legal", diz a fã. Ela também admite que ficou "acabada", quando Elvis se casou com Priscilla.

Darice havia acabado de se formar no ensino médio e estava morando em San Diego, quando sua mãe viu uma propaganda no jornal da cidade sobre uma excursão para Los Angeles para ver as apresentações de Elvis na quinta-feira, 27 de junho. Elas compraram dois ingressos, mas, três dias antes da apresentação, foram informadas que a empresa de ônibus cancelou a viagem. Darice ficou decepcionada, mas não desistiu, e rapidamente ligou para os estúdios da NBC, em Burbank.

"A verdade é que esta era uma apresentação voltada para pessoas que estavam vindo visitar Los Angeles e pessoas que queriam conhecer os estúdios da emissora, assim como qualquer outro programa com plateia", diz ela. "Muitos ingressos foram concedidos porque as pessoas escrevem para a emissora dizendo: 'Quero conhecer os estúdios em Burbank. Vou estar por aí em tal dia', assim como fazem para ir ao programa de Jay Leno [*The Tonight Show*]. Não se sabe, na verdade, quem vai comparecer. Quando liguei, eles disseram: 'Não há mais ingressos. Está lotado para todas as filmagens. Não há mais vaga'. Como sou um tanto quanto assertiva, eu disse: 'Não, não acho que está certo. Eram 40 ingressos para as pessoas da excursão que foi cancelada, o que significa que devolveram 40 ingressos. Então, vocês têm 40 ingressos sobrando'. Dei todas as informações e eles me deixaram esperando na linha. Quando voltaram, disseram: 'Deixaremos um ingresso reservado para você na bilheteria'."

Darice pegou um ônibus para Los Angeles, foi até Burbank, e acabou fazendo amizade com dois adolescentes que estavam atrás dela na fila, que também eram de San Diego. "Eu sabia muito bem de quão histórico era isso", diz ela. "Eu havia ido a Los Angeles para ver muitos artistas. Nessa época, eu já tinha visto The Beatles, os Stones quatro ou cinco vezes, Dave Clark Five, Jefferson Airplane, Quicksilver Messenger Service. Eu havia ido até mesmo ao Festival Pop de Monterey, mas o artista mais importante da minha experiência musical eu ainda não tinha visto pessoalmente. Eu tinha muita vontade de finalmente vê-lo."

Ao entrar no estúdio, Darice e seus novos amigos ficaram surpresos com a montagem. A plateia ficaria sentada em volta de um pequeno palco quadrado, cercado por cordas, dando a impressão de um ringue de boxe, um efeito acentuado pelas arquibancadas que ficavam atrás desses assentos. "Ninguém fazia ideia do intimismo desse palco", diz ela. "Todo mundo achava que fôssemos para algum outro lugar, como o Teatro Ed Sullivan, e que ele fosse se apresentar no palco. Então, quando chegamos lá, pensamos: 'O que está havendo? Vamos ficar pertinho assim dessa lenda?'. E todo mundo ficou alegre e animado."

"Esse conceito ainda não era conhecido", diz Sandi. "Era algo totalmente novo: jogar um bando de fãs em um espaço minúsculo com um artista, jogá-lo em um palquinho no meio dessa plateia e dizer: 'Aproveitem'. Entende? Quero dizer, isso nunca havia sido feito antes."

Darice e seus colegas sentaram na parte superior das arquibancadas, mas ela foi levada para mais próximo do palco, para que Elvis ficasse rodeado de rostos de simpáticas garotas. "Meus dois colegas ficaram com raiva porque eram fãs incondicionais de Elvis, mas somente as garotas puderam ficar perto do palco, enquanto eles ficaram presos no alto das arquibancadas, vendo a apresentação!", diz ela.

Enquanto isso, nos bastidores, o astro estava ficando cada vez mais nervoso. Acumulando até o dia da apresentação, Sandi havia notado a crescente inquietação dele em suas conversas com os fãs na frente de sua casa. "Ele sempre estava nervoso!", conta. "Ele ficava nervoso de pensar: 'E se ninguém fosse? E se não gostassem dele? E se o programa não fosse bom? E se? E se?'." Um ensaio final às 15 h do dia da apresentação não o havia tranquilizado. "Você acha que vão gostar de nós?", ele havia perguntado ao DJ Fontana, cuja resposta – "Elvis, você só tem de fazer o que sempre fez e estará relaxado depois de umas três ou quatro músicas!" – não foi muito confortante. "Ele estava com medo, com muito medo", admitiu DJ. "Não sabíamos o que iria acontecer. Eles poderiam nos vaiar!"

Ainda assim, Steve levou um susto quando Elvis o chamou na sala de maquiagem minutos antes da apresentação e disse: "Steve, eu não consigo". "O que você está querendo dizer?", Steve disse perplexo. "Me deu um branco", declarou Elvis. "Não me lembro de nada que cantei ou disse e você quer que eu vá lá e improvise."

"Elvis, não estou pedindo, e sim *mandando*: você tem de se apresentar", respondeu Steve. "Não importa se você vai até o palco para dizer oi e tchau e voltar para os bastidores, mas você vai. Não vou aceitar você não ir lá."

"Então, tive que praticamente obrigá-lo", diz Steve. "O caso era que ele tinha pavor de palco. Quando voltei para a sala de controle, eu não tinha certeza. Eu havia falado com ele, mas não tinha certeza de que ele iria mesmo."

A plateia, obviamente, não fazia ideia do tumulto nos bastidores, posto que a expectativa dos fãs também aumentava: "O clima era eletrizante", diz Darice. Pediram para a plateia não ficar agitada demais durante a filmagem. "Eles falaram algo do tipo: 'Quando Elvis aparecer, todo mundo precisa permanecer em seus lugares. Lembrem-se de que estamos filmando. Então, isso é importante'", recorda Darice. "Era o mesmo que dizer: 'Não queremos 100 milhões de gritos de "Amamos você, Elvis!"'. Mas acho que todo mundo estava tão pasmo com a situação que não faria nada disso.

Por volta das 18 h, a banda de Elvis apareceu no palco. Além de Scotty e DJ (tocando com baquetas em um estojo de violão vazio, em vez de sua bateria), Charlie Hodge, o melhor músico da turma de Elvis, havia sido designado para tocar violão, com Alan Fortas, outro integrante da turma, em uma percussão extra (um violão deitado no colo). De última hora, Elvis também chamou Lance Legault, seu dublê nos filmes, para tocar pandeiro e, como não havia espaço para ele no pequeno palco, Legault ficou sentado nos degraus do tablado. Eles todos estavam de terno vinho, menos Legault, que estava todo de preto. Como todos no palco estavam sentados em cadeiras, essas duas atuações ficaram conhecidas como apresentações "sentadas".

Depois de a banda se acomodar, Elvis chega: anda tranquilamente pelo palco, resplandecendo em seu traje de couro preto, para, coloca as mãos na cintura e observa bem a plateia, que não para de gritar nem um segundo, com um largo e divertido sorriso no rosto. Talvez para assustar Steve, depois de se sentar, ele se inclina em direção ao microfone, dá um boa-noite e finge que vai se levantar e ir embora. Mas depois ele se acomoda na cadeira, passa a alça do violão pelo pescoço e diz: "Então, o que faço agora, amigos?".

Para Darice, o nervosismo de Elvis era evidente, e intensificado pelo palco intimista. "Era um público cativo em um espaço minúsculo em que não era possível fazer grandes gestos", observa ela. "Não parecia que ele estava no palco, e sim em uma sala de estar." Falando reservadamente e quase sempre olhando para baixo, Elvis, no entanto, faz algumas piadas durante seus comentários de abertura, quando, por exemplo, explica: "Esta deve ser uma parte informal do programa em que nós desmaiamos ou fazemos o que queremos fazer, principalmente eu". Depois apresenta Scotty como o guitarrista que ele tinha "quando começou a carreira, em 1912". Os músicos brincam de volta e o animam de forma que não há muitas pausas e ele finalmente apresenta a primeira canção, "That's All Right" (de seu primeiro single, pela gravadora Sun Records), simplesmente dizendo: "(...) e era assim".

Desse momento em diante, ele se saiu cada vez melhor. "Ele cantou os primeiros versos e viu que sabia de cor", recorda Bones. "Dá para ver que ele muda... pela expressão do rosto dele, por aquele sorriso peculiar." Incentivado pela salva de aplausos quando começa a cantar, no fim da canção, Elvis está praticamente pulando da cadeira. Em vez do vocal superagudo do original, agora sua voz tem uma atraente aspereza e a canção, tocada em um ritmo mais rápido, ganhou uma nova instância. Uma coisa era renovar canções improvisando com seus amigos, os quais, invariavelmente, deram um apoio incondicional, mas ficar de frente para uma plateia novamente provou ser o tipo de experiência revigorante que Elvis havia ficado sem por um tempo. No final, ele grita "Garoto, meu garoto!", um slogan dos filmes de W. C. Fields, que rapidamente é assimilado por Charlie Hodge.

"Assim que ficou de frente para essas pessoas, suas anteninhas ligaram – plim! – e ele ficou tranquilo", observa Chris Bearde. "Ele estava sensacional. No palco, o clima era perfeito e propício. Tudo estava sob controle e ele não tinha de fazer nada, além de ser ele mesmo. Ele confiou totalmente em todos nós e foi compensado por isso. Ele estava no paraíso. Sua confiança voltou na mesma hora. Não é que foi aumentando, ou algo do tipo. Ele sentou-se e pronto: entrou no clima."

"Ele estava bem nervoso", Sandi Miller concorda. "Além de repetir várias vezes que estava nervoso, estava na cara. Entretanto, uma vez que começou, acho que ele se saiu maravilhosamente bem. Se a reação era boa, ele relaxava e ficava à vontade. Suas apresentações dependiam muito do público – isso ficou bem claro em Vegas. Se o público era bom, a apresentação era boa. Se o público não era muito bom, ficava visível nele." O restante da apresentação limitou-se basicamente ao repertório da década de 1950 de Elvis. "E depois fizemos...", diz ele a título de apresentação da segunda canção, "Heartbreak Hotel", seu primeiro sucesso nacional. Ele faz a primeira de várias tentativas de se levantar, provocando exaltados gritos e aplausos da plateia, ri de sua dificuldade para lembrar a letra inteira e mal faz uma pausa antes da emotiva "Love Me". "Que feio!", diz ele em certo momento. Dando continuidade, Elvis troca seu violão acústico pelo mais chamativo Gibson Super 400, de Scotty – nos vídeos das apresentações sentadas, ele aparece na maior parte do tempo com o violão de Scotty, e não o seu. Ele, então, começa a tocar "Baby What You Want Me To Do", de Jimmy Reed, um jazz com ritmo pesado que Elvis costumava tocar em suas improvisações em casa. Aqui a canção funcionou como uma espécie de base para a sessão, um número que Elvis poderia falhar sem problemas, pois sabia que Charlie estava com ele, fazendo a harmonia.

A essa altura, sua apreensão se foi: Elvis se sente à vontade o suficiente para estabelecer o diálogo que ele temia que não conseguiria fazer. "Quero aquele papel, cara, para ver o que devo fazer agora", diz ele, perguntando sobre as anotações que lhe providenciaram para servir de base para suas anedotas. "Aqui diz: 'Elvis falará de sua primeira gravação'", ele diz em um tom sarcástico e monótono, provocando mais gozações por parte de sua banda. Tenta ficar sério por um momento, falando do atual cenário da música e de que gostava de bandas novas como "The Beatles e The Beards – seja qual for!". Chris Bearde achou que o comentário – "Primeiro, eu achei que ele quis dizer The Byrds" – foi a forma que Elvis encontrou para lhe agradecer: "Foi a forma dele de dizer: 'Obrigado, Chris'". Em seguida, Elvis explica sua teoria de que a música gospel está na raiz de qualquer rock'n'roll, mas logo fica perdido: "Não sei o que estou falando, sinceramente. Só estou resmungando, cara. Eles pedem para eu falar, então estou falando". E, assim, começa a tocar uma música, "Blue Suede Shoes".

Depois do número, ele habilmente retoma "Baby What You Want Me To Do", mas logo interrompe e levanta o lábio superior algumas vezes, dando o sorriso que era sua marca registrada, e comenta com ironia: "Esperem. Tem algo errado com meu lábio!". Depois das risadas e os aplausos cessarem, ele espera o momento certo para concluir a piada: "Boa notícia, *baby*: tirei 29 fotos assim!". Depois zomba de como seu rebolado provocava indignação por parte das autoridades de censura e, por isso, ele tinha de fazer show sem poder se mexer. "A única coisa que eu podia mexer era meu dedinho, assim", ele explica, balançando o mindinho, enquanto canta o primeiro verso de "Hound Dog". "Era como se fôssemos uma plateia que tivesse demonstrado estar muito interessada e, então, ele podia ficar à vontade conosco", diz Darice. "Era como estar cercado de um bando de pessoas que ele conhecia. Ele podia brincar, ele podia errar, ele podia tropeçar nas palavras que não tinha importância, pois estávamos todos no mesmo barco. Foi muito intimista."

Relaxado como está agora, Elvis tem um pouco de dificuldade para se entregar a uma intensa interpretação de "Lawdy Miss Clawdy", seguida por uma melodiosa "Are You Lonesome Tonight?", ambas as apresentações revelando o cantor mais expressivo que ele havia se tornado com os anos – embora não consiga deixar de fazer uma careta e falar o primeiro verso do monólogo que vem no meio de "Lonesome", para não estragar o clima, ele pula o monólogo e volta para a canção. Depois vem um trechinho de "When My Blue Moon Turns To Gold

Again", antes de ele se lembrar que deve encaixar uma canção de Natal no programa, quando, então, começa a cantar "Blue Christmas". Depois, recordando a época na gravadora Sun, com "Trying To Get To You", Elvis intensifica a tensão ao aumentar uma oitava em cada estrofe, antes de berrar o último verso.

Essa última interpretação prepara o terreno para o que, para Elvis, claramente é o núcleo emocional do programa, "One Night". Quando a canção foi lançada por Elvis como um single, em 1958, a letra havia sido alterada: "uma noite de pecado" virou "uma noite com você" e aqui Elvis mistura a letra original com a versão reescrita. Seu vocal é incendiário, positivamente escaldante, e, até mesmo quando ocorre uma pequena interrupção – de tanto ele se mexer o fio do violão acaba escapando –, Elvis retoma a canção rapidamente, torcendo até a última gota de emoção do número, batendo os pés no palco o tempo todo, tocando o violão com muito prazer. Um retorno a "Baby What You Want Me To Do" proporciona um resfriamento, mas Elvis não consegue deixar "One Night" se ir. Quando constatam que não há nenhuma correia para o violão de Scotty que permitiria Elvis tocar em pé, Charlie improvisa brincando: "Não há correia para você..." – com a melodia de "It's Now Or Never". Elvis se reanima e volta para "One Night" propriamente dita, finalmente se levantando e colocando uma perna sobre a cadeira para equilibrar o violão, enquanto um dos músicos segura o microfone para ele cantar.

É o momento mais catártico do programa: em uma manifestação de emoção desenfreada, Elvis revela o que Billy Goldenberg chamou de sua habilidade para "musicalizar a escuridão, as coisas animalescas, indomadas e selvagens". Para fãs de longa data, como Darice, isso mostrou como o Elvis da década de 1950 poderia ser reinventado para uma nova geração. "Não se trata de nostalgia, e sim de realidade, de alguém que está cheio de vida e pode envolver muito as pessoas", diz ela. "Ele fez e ainda consegue fazer isso, e é como se estivéssemos esperando que no futuro ele fosse capaz de continuar fazendo essas canções nessa grande concepção. Acho que suas novas versões eram diferentes das versões gravadas o suficiente para dizer: 'Não estou preso a um formato. Canto essas canções antigas, mas posso adaptá-las e posso inovar com elas'."

Depois de tamanho espetáculo, teria sido um anticlímax continuar com a banda. Então, "Memories", que Elvis canta com playback, apresenta-se como um encerramento perfeito. Estava planejado que Steve soltaria a música, quando achasse que a filmagem houvesse chegado ao fim, mas, na verdade, antes de cantar "One Night" pela segunda vez, Elvis havia anunciado que cantaria apenas mais uma canção e, por isso, "Memories" soou mais como um bis. Conforme a música começa, Elvis senta-se no primeiro degrau do palco, entre duas jovens que tentaram passar a impressão de indiferença em relação ao fato de estarem tão perto do astro. "Era como se houvesse uma eletricidade estática em volta dele", diz Darice. "Todo mundo estava muito animado, mas não nos mexíamos, pois tínhamos medo de que, se mexêssemos, eles suspendessem as filmagens. Mas, sem dúvida, era muito eletrizante." No final, Elvis volta para o palco para os aplausos finais e sai tão simplesmente quanto chegou.

Havia apenas uma hora de intervalo até a próxima apresentação sentada, às 20 h. Enquanto Steve se preparava para a segunda apresentação, Bill Belew veio correndo e gritando: "Você não vai acreditar!". A excitação de Elvis durante as filmagens havia alcançado níveis tão altos que ele chegou a ejacular. "Era verdade!", diz Steve. "Aprendi uma grande lição com isso: nunca fazer apenas um figurino. E isso sem contar o calor das lâmpadas, a transpiração, a adrenalina, a animação e tudo mais, ou seja, o traje de couro estava pingando de suor. Bill Belew disse: "Como vou conseguir resolver isso a tempo para a próxima filmagem?"." Uma equipe de camareiros e cabeleireiros foi rapidamente convocada, lavando e secando o traje para a próxima apresentação.

Algumas pessoas da plateia, como Sandi Miller, conseguiram ficar para ver a segunda filmagem. Elvis estava visivelmente mais relaxado desde o começo e, ao subir no palco, exclama: "Garoto, meu garoto! Quanto tempo não vejo você, Jack. Vou te contar!", enquanto se acomoda na cadeira. "Uns 15 minutos!", Charlie Hodge ironiza. Ele, então, faz a mesma brincadeira da apresentação anterior: dá um boa-noite, levanta-se como se fosse ir embora e volta a se sentar – uma indicação de que, em certa medida, o espírito das improvisações estava virando uma atuação sem espontaneidade.

Embora o repertório fosse praticamente o mesmo, a ordem das canções variava. Elvis começa com "Heartbreak Hotel", sem nenhuma apresentação, e faz pausas durante a canção brincando que está sem fôlego. Dessa vez, ele está muito mais solto em comparação à primeira apresentação: fala mais de improviso, mexe-se mais na cadeira e faz caras e bocas, provocando gritos da plateia, além de tossir e rir quando, novamente, esquece a letra. "Cara, nunca cantei essa música tão mal!", ele diz quando acaba. Talvez para recuperar a forma, ele começa a cantar "Baby What You Want Me To Do".

Conforme lê suas anotações, ele repete algumas piadas, por exemplo, referindo-se à suposta indecência de seu estilo de atuação: "Tocando mãos com corpo – tocando corpo com mãos, desculpe!". "Quero fazer uma pergunta", Charlie diz quando a conversa começa a vaguear. "O quê?", diz Elvis. "O que você quer cantar?", Charlie pergunta, induzindo Elvis a apresentar "That's All Right". "Are You Lonesome Tonight?" vem em seguida, com Elvis fazendo graça no primeiro verso, mas tocando praticamente a música inteira sem parar, apenas pulando a recitação do meio da canção – não obstante, certa hora, ele olha para as pernas e diz: "Cara, esta calça de couro é quente. Vou te contar!".

Depois de novamente trocar de violão com Scotty, ele volta para o refrão "Baby What You Want Me To Do", que parece adorar tocar mais que qualquer outra canção. Agora com um microfone melhor à disposição, ele pode se levantar sem problemas, apoiando novamente o violão na perna sobre a cadeira, enquanto canta "Blue Suede Shoes" e depois improvisa alguns versos de "MacArthur Park", com um agudo falsete antes de passar para "One Night", que, por vir mais cedo dessa vez, priva sua segunda apresentação de seu clímax mais impressionante. O fato de poder ficar em pé também difunde um pouco da energia, posto que Elvis pode se movimentar mais livremente. Não obstante, a apresentação não deixa de ser maravilhosamente cativante, fazendo pessoas da plateia darem gritos do começo ao fim.

Voltando a se sentar, Elvis passa para uma entusiástica "Love Me". Essa plateia é muito mais expressiva que a primeira, gritando até quando jogam um lenço para Elvis secar a testa – há um pequeno tumulto quando ele joga o lenço de volta para a fileira da frente. Claramente achando confuso seu discurso sobre a música atual/rock'n'roll e gospel, ele o encerra em menos de um minuto, finalizando assim: "É isso, *baby*. Isso é tudo que tenho a dizer". Ele passa, então, para "Trying To Get To You", que é seguida por uma igualmente abrasadora "Lawdy Miss Clawdy".

Depois de jogar outro lenço, arrancando mais gritos da plateia, Charlie divertidamente tira um fio de tecido do rosto de Elvis e o entrega para outra mulher da primeira fileira, que o guarda, com grande alegria, na bolsa. "Sempre me surpreendendo, *baby*. Vou te contar!", reage Elvis. Passando para as canções de Natal, ele toca "Santa Claus Is Back In Town", apesar de ter se esquecido da maior parte da letra, e emenda com uma interpretação mais genuína de "Blue Christmas".

Quando teria sido o momento perfeito para repetir "Baby What You Want me To Do", Elvis passa para a divertida "Tiger Man" (coescrita por Joe Hill Lewis e o primeiro produtor de Elvis, Sam Phillips, que usou o pseudônimo Sam Burns), cantando apenas duas estrofes da canção, mas em alta velocidade e repetidas vezes com o ímpeto de uma locomotiva. "Não há fim para essa canção, *baby*!", ele observa certa hora, mas, de qualquer maneira, consegue concluir o número. Ele faz uma versão mais longa de "When My Blue Moon Turns To Gold Again", lindamente harmonizando com Charlie no final, quando, então, Steve solta o playback de "Memories" para terminar o programa.

A primeira apresentação havia tido um desempenho maior, como Chris Bearde observa: "A primeira foi mais real. Foi elétrica e teve aquele momento de energia renovada". Na versão televisionada do programa, foram selecionadas mais canções da apresentação das 18 h que da apresentação das 20 h. No entanto, as duas apresentações foram uma experiência rejuvenescedora para Elvis, dando a ele um exemplo vivo de como seu público ainda o adorava simplesmente do jeito que ele era. "Esse cara sentou no palco e contou a história da vida dele", diz Chris Bearde. "E ele estava completamente relaxado e totalmente à vontade, podendo se levantar quando quisesse e cantar quando quisesse. Steve deu a ele a liberdade para ser exatamente o que ele queria ser."

De maneira tão importante quanto, as apresentações demonstraram a Elvis que sua música ainda poderia ser facilmente traduzida para públicos contemporâneos. Sendo um inveterado fã de música, como sua coleção de discos em Graceland revela – ainda que represente apenas uma fração dos álbuns que ele tinha –, Elvis conhecia bem a música que outros artistas faziam e estava muito – e penosamente – ciente de como sua própria música na década de 1960 muitas vezes deixava a desejar, não só em comparação ao trabalho de outros cantores, mas também às suas próprias gravações nos anos 1950. Agora ele viu que seus sucessos não eram meramente "anos dourados", e sim composições de rock'n'roll vitais e emocionantes que podiam reviver no palco.

Isso também se aplica às outras filmagens de apresentações ao vivo para o especial, no sábado, 29 de junho, novamente às 18 h e às 20 h. O cenário mais uma vez era um pequeno quadrado, ainda que não exatamente com a configuração de "ringue de boxe" das apresentações sentadas. Esse palco era formado por uma borda vermelha e quadrados iluminados de branco. Elvis, vestindo o mesmo traje de couro, estava sozinho, sem sua banda – uma orquestra, regida por Billy Goldenberg, ficou à margem, longe do alcance das câmeras. Como Elvis ficou o tempo em pé nas duas filmagens, elas são conhecidas como as apresentações "em pé".

Entre os jovens da plateia estava Chris Landon, acompanhando seu pai, Grelun. Chris havia conhecido Elvis quando tinha 5 anos de idade e seu pai trabalhava para a Hill & Range. Grelun havia levado Chris junto em uma viagem a Memphis em 1956, quando Elvis divertiu o garoto brincando de dardos com ele. "Quando eu olhava para a cara de Elvis, ele parecia ter mais de 7 metros de altura", recorda. Quando Grelun perdeu seu emprego na Hill & Range, Parker conseguiu com que a RCA o contratasse como publicitário e, assim, Chris acompanhou avidamente a carreira de Elvis enquanto crescia, embora tenha se decepcionado com o comentário de Elvis: "Os filmes de Schlock... Eu queria que ele pudesse ser livre. Tenho certeza de que ele também".

Agora, pai e filho sentados na plateia, sem saber muito bem o que iria acontecer. "Diante de tudo mais que estava acontecendo na época, com bandas como Jefferson Airplane e The Doors e tudo mais, eis esse cara fazendo um especial de volta, com ingressos esgotados", diz Chris. "Trazendo de volta a música genuína que ele genuinamente podia sentir, exteriorizar em forma de emoção e mostrar para o público. Era muita pressão. Ele estava se doando completamente e, se não tivesse sucesso, não sei, mas ele poderia explodir. Estou vendo do lado de dentro e meu pai também está preocupado. Isso vai dar certo? Era um grande risco."

Bob Finkel faz as apresentações, assim como havia feito para as outras apresentações: "Bem-vindos à NBC e ao Especial de Elvis Presley! Com vocês, Elvis Presley!". A plateia é muito mais expressiva que as plateias das apresentações sentadas. Elvis chega andando tranquilamente, sobe no palco, dá voltas acenando e sorrindo para o público antes de pegar sua guitarra, pigarrear e dizer: "Bem, como tenho de fazer isso mais cedo ou mais tarde, é melhor já fazer agora, *baby*". Ele, então, dá a deixa para a banda, que começa a tocar "Heartbreak Hotel". Entretanto, um problema técnico estraga o que começa como uma enérgica apresentação – o som desaparece. Se isso tivesse acontecido durante a primeira apresentação sentada, ele poderia ter ficado perdido, mas agora Elvis está totalmente no comando e, quando o som volta, está cantando "One Night", a qual ele encerra, e anuncia: "Agora podemos começar", e dá a deixa para a banda começar "Heartbreak Hotel".

Os arranjos de Billy Goldenberg funcionaram bem nessas apresentações, prenunciando a parceria de Elvis com uma orquestra em futuros trabalhos. À diferença da orquestra mais contida de suas primeiras aparições na TV, em *Stage Show,* na década de 1950, esse conjunto de músicos era mais vívido e mais impetuoso, incluindo também um reforço de músicos de rock, que deram à música um tom mais pesado – e um toque de blues com a gaita de Tommy Morgan. Elvis está totalmente seguro, esbanjando confiança desde o começo, incontestavelmente ajudado pelo fato de que essas apresentações se limitaram quase que exclusivamente a seus maiores sucessos, garantindo uma boa resposta da plateia.

A abertura acabou sendo um pot-pourri: depois de "Heartbreak Hotel", agora sem a guitarra, ele canta com um microfone de mão durante o restante do bloco, primeiro "Hound Dog", durante a qual fica de joelhos pela primeira vez, e, em seguida, "All Shook Up", com o cabelo que havia sido cuidadosamente penteado caindo outra vez sobre a testa. "Fazia muito tempo, *baby*!", ele diz ao final do pot-pourri, claramente satisfeito com seu trabalho.

"Can't Help Falling In Love" vem em seguida e a plateia aplaude entusiasticamente antes mesmo de a música terminar. De volta ao rock'n'roll com "Jailhouse Rock", Elvis mexe o corpo para enfatizar as batidas de percussão da música, ostenta ao máximo seu traje de couro, estica as pernas e contorce o corpo para trás, rebola, joga o braço para cima enquanto apoia um joelho no chão. "Garoto, meu garoto!", ele exclama antes de tomar fôlego para continuar com "Don't Be Cruel". Ele pega a guitarra de novo para cantar "Blue Suede Shoes", mas parece usá-la mais como um acessório, tocando apenas metade da música – para interpretar, ele é muito mais eficiente (e fica mais à vontade) sem a guitarra. Com "Love Me Tender", ele tem outra chance para recuperar o fôlego, com o trio The Blossoms fazendo um suave *backing vocal*. Depois, faz o "ritual do lenço" de novo, pegando um com uma jovem da plateia para enxugar a testa, enquanto membros da plateia ansiosamente lhe oferecem muitos outros.

Sandi Miller recorda a alta energia da apresentação, com Elvis "percorrendo aquele palco, de um lado para o outro sem parar – tragam uma cadeira para esse garoto!" Ela também admirava como ele reconhecia os fãs que já conhecia e que estavam na plateia. "Ele se aproximava, piscava para alguém que conhecia ou se sentava ao lado da pessoa e cantava com ela", conta. "Ninguém mais saberia se ele já conhecia essas pessoas ou não, mas acho que foi especial para todo mundo. Obviamente, sabíamos que ele conhecia essas garotas, o que foi especial para nós. Foi legal vê-lo sendo simpático com essas pessoas. Nem sei se você perceberia isso, a menos que soubesse o que observar."

A canção seguinte foi gravada para ser usada no musical "Guitar Man" e destinava-se a dar ao bloco um encerramento surreal. A sequência de cenas em que Elvis aparece interpretando "Trouble", em uma sucessão de melhores bares, termina com ele cantando a canção nessa apresentação em pé. A canção termina com a recém-reescrita estrofe final de "Guitar Man" em que o músico se dá conta de que a trajetória que ele pensava que terminaria ao se tornar um astro ainda não terminou e de que ele nunca seria mais do que é: um "pequeno músico animado". Ele, então, sai do palco e caminha pela mesma estrada de néon por onde começou sua trajetória na primeira cena.

Todavia, houve problemas para gravar essa seção. No primeiro ensaio, Elvis erra na estrofe de "Guitar Man". Como eles deixam para gravá-la durante a segunda apresentação, fazendo um intervalo, Elvis pega sua guitarra e começa a tocar seu clássico de confiança, "Baby What You Want Me To Do". A banda fica a postos para improvisar com ele e Elvis dá uma volta no palco com uma aparente tranquilidade antes de começar a cantar.

Em seguida, ele dubla com o playback de "If I Can Dream". Ainda que ela tinha acabado não sendo usada no programa – Steve diz que pediu para Elvis cantá-la apenas como um ensaio para a versão final que seria filmada no dia seguinte –, Elvis usou vários dos mesmos movimentos que usaria na versão que foi ao ar, jogando o braço esquerdo para a frente e para trás durante a última parte da canção, deixando-o suspenso na altura "de fundo preto do cenário" e terminando com ambos os braços esticados. "Oh, meu Deus! Era como se todo mundo estivesse segurando a respiração", diz Sandi sobre a interpretação. "Quero dizer, você ficava sem ar de tão profundo que era." Assim que a canção termina, ele sai do palco, devagar e curvando-se conforme passa pela plateia para agradecer os aplausos.

Tal como as apresentações sentadas, a primeira das duas apresentações em pé é a mais intensa. Mais uma vez, na segunda apresentação, há um problema com "Heartbreak Hotel", quando Elvis perde a deixa e, mais uma vez, seu cabelo cuidadosamente penteado cai sobre a testa no final do pot-pourri de abertura. Ele está visivelmente mais solto, alterando a letra da canção, antecipando "Hound Dog", mas se saindo muito bem, fazendo um grunhido exagerado antes de "All Shook Up", brincando com a plateia, quando, inesperadamente, fica de joelhos de frente para a primeira fileira de jovens mulheres, que gritam histéricas o tempo todo. É como se, por ter demonstrado ser bom nas primeiras apresentações, agora ele pudesse zombar de si mesmo na segunda oportunidade, parodiando, de fato, seu próprio estilo de interpretar.

As mesmas canções são apresentadas na mesma ordem, embora ele faça mais piadas do princípio ao fim. Antes de "Don't Be Cruel", ele levanta o pedestal do microfone como se fosse uma lança e grita: "Moby Dick!". Ele dá uma risadinha ao começar a cantar "Love Me Tender" e brinca com as palavras: "Você tornou minha vida uma ruína", ele canta e, na mesma hora, balança a cabeça e substitui "uma ruína" por "completa" – como a letra original – e ri novamente. Outra vez, ocorre algum problema com a gravação de "Trouble"/"Guitar Man". "Você está pronto?", Steve Binder pergunta quando terminam de discutir sobre a sequência. Como se estivesse prevendo os problemas que teria, Elvis responde: "Não, mas vamos tentar de qualquer maneira". "Vamos lá! É rock'n'roll", Steve responde o incentivando.

A primeira tentativa é frustrada, visto que ainda estão ajustando o figurino de Elvis. Ele não tem o microfone preparado para a segunda tomada. Ele ri durante a terceira tomada, brincando: "Meu lábio ficou pendurado no microfone!". Isso funciona como um pretexto para ele levantar o lábio superior e, novamente, fazer a mesma piada: "Tirei 29 fotos assim, *baby*!". A quarta tomada parece ter ficado boa, mas Elvis diz: "É melhor fazermos de novo. Fiquei enroscado aqui na guitarra", referindo-se ao momento no final, quando ele pendura a guitarra enquanto sai do palco – os aplausos da plateia sugerem que os fãs não se importariam de ver Elvis refazer a sequência diversas vezes mais. Enquanto esperam a gravação começar de novo, uma mulher grita: "Elvis, conte-nos sobre sua filha". "Bem, ela é pequena", ele diz, indicando com as mãos o tamanho da filha, e depois volta a fazer outras improvisações divertidas, cantando trechos de "Tiptoe Through the Tulips" e "MacArthur Park". A quinta tomada é, finalmente, a versão final.

Durante a pausa, antes de começarem "If I Can Dream", Elvis conversa de novo com a plateia, explicando como ele acha difícil ficar "ligado" instantaneamente. "Com o pouco tempo que tenho nessa parte, fica difícil se entregar totalmente", ele diz e, como a plateia não concorda, ele insiste: "Não, é verdade!". Como se fosse para provar que ele estava errado, a plateia o aplaude de pé depois que ele dubla o playback de "If I Can Dream". Ao contrário da apresentação anterior, depois dessa interpretação, ele permanece no lugar por um tempo e simplesmente diz: "Obrigado. Boa-noite, muito obrigado. Boa-noite", e sai do palco.

❖

Se Elvis tinha dúvidas de sua competência como cantor ou de como uma plateia reagiria a ele depois de tantos anos sem shows ao vivo, as apresentações sentadas e em pé acabaram com essas dúvidas para sempre. Na verdade, no futuro, ele receberia tamanho apoio nos shows ao vivo que continuaria fazendo até um mês e meio antes de sua morte. Ele estava animado para saber o que acharam das apresentações, quando passou pelas fãs em frente à sua casa. Uma delas lhe entregou um tigre de pelúcia de presente, em alusão à canção "Tiger Man" [Homem Tigre].

"Como eu estava?", perguntou às fãs. "Vocês acham que fui bem? Vocês acham que, no geral, vai ficar bom? Acham que outras pessoas vão gostar, mesmo se não forem fãs? Qual foi a parte favorita de vocês? Do que vocês não gostaram?" "Santo Deus! Parecia um adolescente ansioso pelo baile ou algo do tipo", diz Sandi. "Dissemos a ele: 'Ouça, foi muito bom, havia muita energia no ar e até mesmo quem não for fã vai curtir'. Lembro que minha amiga lhe disse: 'Pessoas que não são fãs vão assistir, porque você é lindo!'. E ele ficou vermelho como um pimentão."

As fãs perguntaram a Elvis o que ele havia achado do programa. "Estou feliz. Acho que ficou bom, mas não sei o que as pessoas vão achar", disse ele. "Quero que as pessoas gostem." "É tão estranho, pois, mesmo sendo Elvis Presley, ele fala: 'Mas quero que as pessoas gostem'", diz Sandi. "Dissemos a ele: 'Não se preocupe, pois elas vão gostar... ou as matamos!'."

Havia sido uma semana cheia para Elvis. Uma coletiva de imprensa sobre o especial havia sido realizada em 25 de junho. As filmagens para os outros blocos do programa começaram em 27 de junho e foram até 30 de junho. Em meio a todas as atividades, foi realizada uma festa de aniversário para o Coronel Parker no set de filmagem, em 26 de junho, quando o empresário de Presley completou 59 anos. Chris e Allan haviam preparado uma surpresa: uma adaptação da letra de "It Hurts Me", satirizando as constantes queixas de Parker sobre o programa, desde o aumento do orçamento até a falta de alguma canção de Natal. Elvis cantarolou a canção para Parker com uma perfeita sinceridade fingida, para a diversão do elenco e da equipe. A folha com a letra original, mais tarde, foi leiloada pelo acervo de Presley.

"Foi só para brincar, era uma coisa descartável", diz Chris. "Sinceramente, quando fizemos a adaptação, não imaginamos que ela daria o que falar por tanto tempo." Nem que Parker gostaria da piada. "Não", concorda Chris. "O Coronel não tinha senso de humor. Não mesmo. Ele não entendeu o que estávamos fazendo. Ele ficou com um pé atrás e não entendeu nada do que estávamos fazendo, para ser bem sincero. Mas isso não importava e, esperto do jeito que o Coronel era, ele não reagiria mal, pois via quão feliz Elvis estava e quão certo estava dando o programa. E, então, seu sexto sentido lhe disse: 'Não faça nenhuma besteira. Deixe as coisas como estão'."

As filmagens dos outros blocos do programa começaram dia 27 de junho com "Big Boss Man" e "It Hurts Me". Em uma combinação interessante de sagrado e profano, a sequência gospel e "Let Yourself Go" foram filmadas em 28 de junho. No dia 30, foram filmados o restante do musical "Guitar Man" ("Nothingville" e a sequência de diferentes bares, conforme Elvis vai conquistando fama), a abertura do programa e os blocos de encerramento.

"If I Can Dream", também filmada em 30 de junho, proporcionaria ao programa seu momento mais emocionalmente poderoso, dando ao especial um final dramático. Elvis em pé, com o letreiro E-L-V-I-S ao fundo, deslumbrante em um terno todo branco – uma cor escolhida por Bill Belew para representar "a ideia básica de pureza", bem como para fazer um contraste com o figurino todo preto da abertura do programa – quebrado com um lenço vermelho no pescoço. Ele faria um vocal ao vivo com acompanhamento.

Na primeira tomada, ele se antecipa demais e a filmagem é interrompida. Durante as duas tomadas seguintes, seu desempenho está cada vez mais refinado. No começo da segunda tomada, ele mexe demais no fio do microfone; na terceira tomada, ele simplesmente segura o microfone na sua frente e o inclina em direção à boca para cantar. Mas o canto no final da terceira tomada não é muito potente e ele se esquece de falar no microfone ao término da canção para dizer boa-noite.

Na quarta tomada, tudo dá perfeitamente certo. No início da música, Elvis está de cabeça baixa, refletindo, mas a intensidade logo começa a aumentar, com Elvis se curvando no final da primeira estrofe, estendendo a mão direita, enquanto canta que precisa saber por que seu sonho de fraternidade não pode se tornar realidade. Ele sabe exatamente quando se mover e exatamente quanto. Quando canta o sofrimento no mundo, seu corpo se curva praticamente ao meio como se sentisse intensa dor, mas, quando canta a libertação e a liberdade, ele volta o corpo para trás, com a palma da mão direita para cima. Na última estrofe, quando canta que há uma vela acesa na escuridão, ele estica a mão direita como se pudesse tocá-la; e durante os últimos versos, com os pés firmes no chão, ele balança o braço direito para a frente e para trás, criando um impulso que quase o derruba. Depois que termina de cantar, no acorde final da canção, ele joga os braços para cima, para o céu, e permanece assim até soltá-los totalmente. "Obrigado", diz com uma voz um pouco rouca e sem fôlego e finaliza: "Boa-noite".

CAPÍTULO 2 LET YOURSELF GO

Houve pouco tempo para avaliar o que ele havia alcançado no especial. Após o intervalo de uma semana, Elvis vai para o set de filmagem de seu próximo filme, *Charro!*, enquanto Steve começa a montar o programa. Primeiro, ele tentou deixar o programa mais comprido do que havia sido solicitado inicialmente. "Originalmente, editei o programa para 90 minutos", diz ele. "Depois tentei convencer a Singer e a NBC a liberarem mais meia hora. Não. Eles acharam que eu estava louco."

Sua próxima dor de cabeça foi por causa da chamada "sequência do bordel", quando Elvis canta "Let Yourself Go". A cama de metal do cenário havia levado um executivo da NBC a declarar: "Parece um bordel!", despertando preocupações de que a sequência poderia ser maliciosa demais. Pediram para que Steve fizesse um figurino menos ousado para as mulheres e ele concordou, embora pedindo uma garantia de que, contanto que fizesse as alterações, a sequência não seria cortada. "E, depois de reavaliarem o ensaio do musical, disseram: 'Certo, lhe damos um sinal verde. Pode fazê-la'", ele conta. "Mas eles mentiram para mim. Quando acabaram as filmagens, disseram: 'Você tem de excluir isso do programa'. E eu me recusei."

"Assim, no inimitável sistema de trabalho deles, em vez de alguém ter coragem de tomar a decisão, eles recorriam a um cara da General Electric [que era proprietária da NBC] para ser o árbitro final", continua Steve. "Então, fui até a sala de edição para conversar com esse cara, que estava de sapatos marrons, terno e gravata. E pensei comigo mesmo: 'Estou em apuros'. Quando entrei na sala, ele estava sentado, rindo e assistindo ao seriado *The Dean Martin Show* em outra máquina. A cena era com Dean Martin, Phil Harris e uma loira de arrasar com quase 2 metros de altura e um decote muito mais ousado que o figurino das garotas do programa de Elvis. Eles estavam basicamente fazendo uma piada suja sem revelar a parte final nesse pequeno ato cômico. O cara da General Electric ria sem parar, achando a coisa mais engraçada que já tinha visto. Então, pensei: 'Talvez haja esperança'. Ele, então, se dirige a mim e diz: 'Certo, me mostre o que tenho de ver'. Coloquei o vídeo para ele ver e, assim que acabou, ele foi categórico: 'Não, inaceitável, exclua isso do programa'."

Embora inegavelmente ardente, a sequência é, na verdade, mais burlesca que sensual. As mulheres, vestidas com um figurino rosa, justo e de barriga de fora, se contorcem ao redor de Elvis, inicialmente, de maneira sedutora – e em uma série de pequenos cortes, uma enfia uma cereja na boca brilhante de batom vermelho, enquanto outra passa uma faca sobre os lábios de forma insinuante. No entanto, em outros momentos, elas brigam umas com as outras; durante um trecho instrumental, de repente, começam a dançar ao estilo *flapper* com uma melodia de vaudeville dos anos 1920; e na última estrofe, são vistas sentadas, lendo revistas, entediadas. Ironicamente, Steve havia tentado mostrar como o personagem de Elvis era atraído pela pureza até mesmo em meio à depravação. "O que eu tentava mostrar era que, entre as garotas da noite e a ingênua em seu primeiro dia no bordel, Elvis se sente atraído por ela, e não por nenhuma outra", ele diz. "E antes de qualquer consumação, eles são surpreendidos pela polícia e ele sai correndo. Então, eu estava tentando mostrar a inocência dele." A sequência foi, no entanto, cortada de sua exibição inicial (assim como a sequência "It Hurts Me"), ainda que reintegrada a posteriores exibições e lançamentos de vídeo/DVD.

Tão logo essa crise foi resolvida, surgiu outra. "Ligaram-me para dizer que eu tinha de ir até o escritório, pois o Coronel Parker estava se recusando deixar televisionarem o programa", recorda Steve. "Então, fui até a sala da direção do programa e todos estavam lá, desde Finkel a Sarnoff, o presidente da NBC, e assim por diante. E lá estava o Coronel. O clima estava muito tenso."

"Estamos com um problema, Steve, e parece que você é a única pessoa que pode resolvê-lo", um dos executivos começou. "Qual é o problema?", perguntou Steve. "Estávamos vendo seu vídeo do programa e nos chamou a atenção o fato de não haver nenhuma canção de Natal. O Coronel está insistindo que deve haver uma canção de Natal no programa; caso contrário, ele não nos deixará televisioná-lo." "Mas não gravamos nenhuma canção de Natal e o Coronel sabia disso quando fizemos o programa", replicou Steve.

Todos ficaram momentaneamente espantados. "Eles ficaram morrendo de medo de mim, e ponto final", diz Steve. "Pois eu havia lutado pela edição do bordel. Eu havia lutado e perdido essa batalha. Todo mundo ficou olhando para mim, esperando eu resolver o problema. De repente, dei-me conta de que, nas improvisações, Elvis havia cantado um refrão e meio de 'Blue Christmas'. Então, eu disse: 'Bem, fizemos uma canção de Natal, mas, enquanto Elvis está cantando, uma voz de fundo diz: 'Fale palavrão! Fale palavrão!'. Não tem como excluir isso da gravação'. Houve uma certa hesitação na sala. E o Coronel disse: 'Bem, quero que a inclua de qualquer forma'. Então, eu disse: 'Tudo bem'. Na verdade, eu adorei. Então, foi o que fiz e foi assim que o Coronel conseguiu sua única canção de Natal no programa, com 'fale palavrão!' de fundo."

A edição final do programa ficou da seguinte forma: a abertura com "Trouble"/"Guitar Man"; "Lawdy Miss Clawdy" da segunda apresentação sentada; "Baby What You Want Me To Do" da primeira apresentação sentada; o pot-pourri "Heartbreak Hotel"/"Hound Dog"/"All Shook Up" e "Can't Help Falling In Love" da primeira apresentação em pé; "Jailhouse Rock" e "Love Me Tender" da segunda apresentação em pé; "Are You Lonesome Tonight?" da primeira apresentação sentada; o musical gospel; "Baby What You Want Me To Do", "Blue Christmas", "One Night" e "Memories" da primeira apresentação sentada; o musical "Guitar Man" e "If I Can Dream".

Uma vez concluída a edição, Steve convidou Elvis para uma sessão privada. "Assistimos ao vídeo com todos na sala conosco, sua turma e os demais", diz Steve. "Ninguém comentou nada. Todos estavam esperando Elvis falar algo. Elvis, na verdade, não teve muita reação. Quando acaba, como em qualquer tipo de exibição como essa, garanto que qualquer diretor do mundo começa a sentir uma dor de estômago, pensando: 'Foi um fracasso!'. Elvis, então, pediu para todos saírem, pois queria assistir mais uma vez só comigo. Quando todos saíram da sala, ele se soltou. Ele adorou. Era como se ele estivesse assistindo a outra pessoa atuando naquela tela de televisão. Ficou sentado, aplaudindo-se o tempo todo e dizendo que havia ficado excelente. Acho que assistimos duas vezes seguidas, só nós dois. Assim, vi que ele adorou."

Para Elvis, deve ter parecido como se sua carreira estivesse renascendo. Ficou claro que seu talento e suas habilidades como artista, vergonhosamente, não haviam sido explorados pelos triviais filmes e canções que ele havia sido pressionado a fazer na última década. Como ele já sabia fazia algum tempo, eram as oportunidades que lhe eram oferecidas que estavam fazendo falta, não ele. Elvis estava tão animado com a possibilidade de um inesperado futuro brilhante que exclamou: "Steve, nunca mais vou cantar uma música na qual eu não acredite, nunca mais vou fazer um filme no qual eu não acredite". Sendo assim, deve ter sido um pouco frustrante quando Steve disse: "Acredito na sua intenção, Elvis, mas não tenho certeza de que você será forte o suficiente na hora".

Embora Steve realmente gostasse de Elvis e o respeitasse, ele duvidava de sua capacidade de se manter firme em sua decisão de ter mais voz sobre o rumo de sua carreira. "Vi em várias ocasiões, pelo menos em confrontações com o Coronel, ele voltando atrás muitas vezes", diz ele. "Mas, sempre que ele tinha coragem de manter sua opinião, contrariando o Coronel, o Coronel não o desafiava. Era isso que eu enfatizava a Elvis: 'Você tem de assumir o controle de sua vida e enfrentá-lo'. Porque ele era muito fraco na hora de encarar e tomar decisões para ele mesmo. Seja qual fosse o vínculo deles, no fundo, ele pensava: 'O acordo original que fiz com o Coronel era de que ele tomaria as decisões e eu apenas faria o que me dissesse para fazer'. Era um vínculo tão forte que era muito difícil para Elvis rompê-lo. Acho que, nesse momento, eu funcionei como uma espécie de janela de ar fresco para ele, quando, de repente, ele começou a ver mais além."

Uma festa pós-exibição havia sido planejada na casa de Bill Belew. Steve convidou Elvis para ir à festa, achando que ouviria: "Não, nunca pude fazer isso". Agora, ainda se sentindo por cima depois de finalmente ver o especial e talvez por querer ganhar ponto com seu diretor, inesperadamente, ele disse: "Certo, vou fazer isso". "O que você vai fazer?", perguntou Steve, surpreso. "Vou com você à casa de Bill Belew comer pizza e tomar cerveja", disse Elvis. "O que foi como uma grande decisão na sua vida", diz Steve. Os dois, então, foram para o apartamento de Belew em Hollywood e, ao chegarem, não havia ninguém.

"Era inacreditável. Não dava para acreditar", diz Steve. "E pude ver a expressão de decepção e rejeição na cara de Elvis. Então, descemos até seu carro, onde ele tinha um telefone. Ligamos para Bill e ninguém atendeu ao telefone. Elvis, então, disse: 'Bem, não era para ser', passou-me seu número de telefone para eu ligar para ele e se foi embora. Em menos de um minuto, Bill Belew e Gene McAvoy [diretor de arte do programa] e um grupo de pessoas chegaram com pizza e cerveja – eles haviam ido buscar as pizzas. Foi muito triste ele não ter vivenciado isso."

Foi a última vez que Steve Binder viu Elvis. Apesar de ligar para o número que Elvis havia lhe passado e de Billy Goldenberg (que foi diretor de música e compôs a música do último filme que Presley fez, *Ele e as Três Noviças*) lhe contar que Elvis havia perguntado dele, Steve nunca mais conseguiu se comunicar com ele. "Elvis não fez mais nenhum tipo de contato comigo", diz Steve. "Eu deixei de ser bem-vindo no mundo de Elvis."

Steve ficou mais aborrecido pelo fato de a equipe de Binder/Howe não ter recebido nenhum crédito, ou royalties, sobre o álbum da trilha sonora, quando ficou evidente que, no final das contas, seria lançado. "Não tínhamos recursos para enfrentar William Morris, o Coronel Parker, os advogados e tudo mais", explica ele. "Assim que terminamos o especial, recebi um cheque pelo correio no valor de 1.500 dólares, que era o pagamento total de nossos direitos como produtores musicais do álbum, com uma carta do Coronel dizendo quão sortudos éramos. Enviei a carta e o cheque de volta para ele, dizendo: 'Agradeço, mas não, obrigado'. Consequentemente, não ganhamos nem dinheiro nem royalties. Nunca! Não recebi nem pelos direitos sobre a transmissão do programa. Nada. Nenhum centavo." O produtor Bob Finkel tirou um pouquinho mais de Parker. Os dois haviam pregado peças um no outro durante toda a gravação do especial, e Finkel havia conseguido fazer Parker prometer que lhe daria sua bengala se Finkel o surpreendesse. Quando terminaram as filmagens, Parker voltou para sua casa em Palm Springs em uma noite e se deparou com o letreiro E-L-V-I-S instalado no gramado da frente, ligado a um gerador que mantinha as luzes acesas. Finkel, como devido, recebeu a bengala de Parker e a pendurou na parede como uma lembrança.

O restante do elenco e da equipe técnica viram o especial em uma exibição privada em um bar local. "Foi a primeira vez que vi a versão final", disse Bill Belew. "Para ser sincero, pensei que fosse outro trabalho. Eu queria que fosse um grande sucesso, mas tive minhas dúvidas. E todos nós adoramos. Gostamos muito. Achamos sensacional."

A primeira canção lançada do especial passou despercebida; a versão de "Tiger Man" interpretada na segunda apresentação sentada foi guardada para o pot-pourri da coletânea *Singer Presents Elvis Singing Flaming Star And Others*, lançada em outubro. O álbum reuniu uma estranha seleção de canções de sessões do começo dos anos 1960, incluindo algumas faixas não lançadas anteriormente, entre elas a versão de janeiro de 1968 de "Too Much Monkey Business", e, inicialmente, estava disponível apenas nas lojas da Singer. Reintitulado *Elvis Sings Flaming Star*, o álbum foi lançado pela RCA no ano seguinte.

Depois veio o lançamento de "If I Can Dream", no início de novembro, seguido pelo lançamento do álbum de trilha sonora *Elvis* algumas semanas depois, com uma foto de Elvis na capa, cantando "If I Can Dream" – como um sinal de sua renovada atenção à carreira, Elvis havia pedido que fossem feitas algumas alterações na matriz final antes do lançamento do álbum. "If I Can Dream" alcançou a $12^{\underline{a}}$ posição ($11^{\underline{a}}$ no Reino Unido), o que foi um pouco decepcionante tendo em vista sua interpretação de peso, conforme a revista *Billboard* observou: "Potente e oportuna mensagem lírica com uma produção excepcional". Foi o single mais bem vendido de Elvis desde "I'm Yours", em 1965, vendendo mais de 800 mil cópias, sua melhor vendagem em anos. *Elvis* alcançou a oitava posição, seu primeiro álbum entre os dez maiores sucessos desde o álbum *Harum Scarum,* de 1965 (segundo lugar no Reino Unido), vendendo mais de 500 mil cópias – seu primeiro disco de ouro desde *Elvis' Golden Records Vol. 3,* de 1963. De acordo com Steve Binder, ele e Bones Howe receberam os créditos como os produtores dos singles do especial na lista das revistas *Billboard, Cash Box* e *Record World,* mas seus nomes foram rapidamente retirados a pedido de Parker.

Quando o especial foi ao ar, recebeu críticas positivas e negativas: além de elogios – "Há algo mágico em ver um homem que havia se perdido encontrar seu caminho de volta para casa", escreveu Jon Landau na revista *Eye* –, houve difamações – o *Los Angeles Times* criticou a aparência suada de Presley. Darice Murray-McKay foi uma das pessoas que acharam que Elvis parecia "um pouquinho artificial" durante os musicais: "Um pouco parecido com Barbara Stanwyck, em uma daquelas cenas em que ela está contando os degraus. Pediram para eles fazerem algo que não é natural. Ele não havia feito filmes de caratê ainda, o que seria a única coisa que poderia fazer no palco que seria tão extravagante quanto. Não gostei dos musicais, pois eram superproduzidos. Apreciei as improvisações e a música que ele havia feito para nós, as apresentações intimistas. Não gostei do aspecto arrumadinho das coisas, pois era como se ele estivesse atuando. Das sequências de abertura e de encerramento, eu gostei muito. Você tem de se lembrar que se trata de televisão, ou seja, você só vê uma vez".

Ainda assim, ela reconheceu que o especial exibiu um artista a ponto de retomar seu poder. "Se Elvis queria ter sucesso com sua volta, reunir multidões de novo e fazer apresentações, ele tinha de fazer algo desse tipo", diz ela. "Acho que ele conseguiu cativar o público e nos mostrar que podia ser enérgico e fazer as antigas canções, além de produzir novas canções e podia evoluir com o tempo. Acho que foi um divisor de águas de sua carreira, e acho que ele foi bem-sucedido. Ele superou o desafio."

"Foi maravilhoso" diz Chris Landon. "Ele justificou porque eu gostava de Elvis. Como, naquela época, todo mundo estava usando drogas, escutando The Doors, quão legal é Elvis? Bem, agora ele é legal!"

Foi o tipo de ressurreição que seu público havia almejado. Pamela Des Barres, autora de *I'm With The Band,* havia ficado "completamente fanática" por Elvis desde que comprou o single "Don't Be Cruel" em um bazar de garagem. Ela marcou, com cuidado, os dias em que ele estava no serviço militar em um calendário especial e o acompanhou em sua "fase ruim de filme". "Eu tinha pena dele", diz ela. "Eu sabia que ele estava fazendo coisas que estavam abaixo dele, mas tinha fé nele, de que ele iria superar aqueles dias difíceis. E ele superou. Eu não

CAPÍTULO 2 LET YOURSELF GO

cabia em mim de tanta emoção assistindo ao programa. Sim! Eu sabia. Eu sabia. Nossa! Ele escolheu o figurino certo: Elvis parecia muito à vontade com o traje de couro. Ele parecia muito relaxado no traje de tal forma que lhe permitia cantar livremente. O destaque do programa foi quando ele sentou com os amigos e tocou. Sem dúvida, esse foi o destaque do programa para mim e para todo mundo. Quando voltou, ele estava mais imponente, mais alegre, mais audacioso, mais desinibido, mais voraz que nunca."

Além disso, ninguém podia discordar dos índices de audiência. *Elvis* foi o maior sucesso da temporada da NBC – quando o programa foi ao ar de novo em agosto de 1969, notou-se que mais mulheres entre 18 e 49 anos de idade haviam assistido a *Elvis* que qualquer outro especial de TV em 1968 –, e imediatamente depois que o programa foi ao ar começaram surgir propostas para mais exibições. Steve Binder tinha razão: da noite para o dia, Elvis ficou sabendo exatamente o que o público pensava dele. O programa chegou a ganhar um prêmio Peabody para o produtor Bob Finkel, mas, para desgosto de Steve, nunca foi indicado a um Emmy porque ninguém havia pensado em inscrevê-lo. "Eu era tão ingênuo naquela época", diz ele. "Eu sabia o que era 'índice de audiência', eu sabia como os patrocinadores avaliavam sucesso ou fracasso, mas nada disso tinha importância para mim. Eu só pensava em fazer o especial e ponto final. Eu nem pensava nos resultados."

Até mesmo os figurinos causaram uma impressão imediata. Suzanna Leigh, coadjuvante de Elvis em *No Paraíso do Havaí*, depois contou a Bill Belew que, após o especial ir ao ar, o produtor do filme em que ela estava trabalhando, *Subterfuge*, entrou no set e anunciou: "Quero que descartem essas roupas imediatamente! Quero Suzanna com um traje de couro marrom e Joan Collins [coadjuvante do filme], couro preto! Assisti a um especial ontem à noite muito lindo. Não importa o que façam, providenciem figurino de couro para eles!". "Você não faz ideia do efeito que vocês e Elvis tiveram sobre o público naquela época", Leigh disse a Belew. "Literalmente toda Londres, todo mundo estava descartando seus jeans e dando um jeito de comprar a maior quantidade de couro preto que conseguisse."

Em pouco tempo, o verdadeiro título do programa, *Elvis*, foi esquecido. Quando o programa é mencionado, geralmente é chamado do "Comeback Special" [Especial de Volta]. E, de fato, Elvis havia voltado: de volta às paradas de sucessos, de volta aos índices de audiência, de volta aos olhos do público, de volta à relevância contemporânea. Se Elvis não tivesse se mostrado à altura das circunstâncias, todas as suas queixas do passado sobre o material de trabalho que lhe era oferecido teriam sido sem sentido. Ele ter provado ser um artista tão brilhante quanto em seu surgimento no cenário da música na década de 1950 foi uma prova para o fato de que seu talento inato nunca o havia deixado. "Sim, acho que ele ficou satisfeito", diz Sandi Miller. "Acho que ele ficou muito satisfeito consigo mesmo e muito satisfeito com a reação. Acho que ele sabia que havia feito algo que realmente iria sobreviver. O que era uma ótima oportunidade para ele depois de todos aqueles filmes bobos."

"Você pode montar o melhor cenário do mundo e pode fazer a melhor música do mundo", diz Chris Bearde. "Mas, se você não tiver a pessoa sobre a qual é o programa compreendendo tudo, e não apenas fazendo o que você quer, e sim superando todas as expectativas, foi o homem que fez o programa, e não o programa que fez o homem. Essa foi boa, não foi? Porque é assim. É assim. Tudo que fizemos foi apenas um suplemento para o fato de que Elvis queria muito voltar e mostrar para todo mundo: 'Este sou eu, amigos. Este sou eu, e não o santinho mecânico. Este sou eu. Este é *Elvis*. Este sou eu. Esta é a soma do que eu sou'. E é por isso que essa frase perdurou ao longo dos anos como a última declaração de Elvis. Essa foi sua declaração, que é válida até hoje. E, graças a Deus, ele foi capaz de chegar a um nível em que as pessoas permitiam isso dele."

"Os filmes, as baladas e as gravações de sucesso podem tê-lo transformado em um grande astro", Robert Shelton escreveu em sua resenha sobre o especial na edição de 4 de dezembro de 1968, do *The New York Times*. "Sr. Presley conseguiu se fazer artista de novo, ao voltar para casa, para o Sul preto e branco, onde tudo começou." E, embora Elvis ainda não soubesse, em apenas um mês, era exatamente isso que ele faria: voltar para o lugar ao qual um dia pertenceu.

Capítulo 3

A LITTLE LESS CONVERSATION

Na segunda metade de 1968, antes de o "Comeback Special" ir ao ar, a carreira de Elvis estava em uma espécie de modo de espera. Não havia como saber que tipo de impacto o especial teria sobre a carreira de Elvis. Sendo assim, por enquanto, voltaram para os negócios como de costume.

Em julho de 1968, haviam começado a rodar *Charro!*, um filme que tentou competir com os "bangue-bangue à italiana", como o filme *A Fistful of Dollars* [Por um Punhado de Dólares], de Clint Eastwood. Elvis faz o papel de um fora da lei regenerado forçado a trabalhar com sua ex-gangue, quando o incriminam injustamente por roubo e assassinato. A fim de obter uma aparência suficientemente desleixada, Elvis deixou a barba crescer e sua comitiva fez o mesmo.

"Competiram entre eles para ver quem ficaria com a melhor barba em menos tempo", diz Sandi Miller. "E Elvis perdeu. Ele perdeu feio. A barba dele cresceu toda desigual. Era ruim. Eles tiveram que preenchê-la. Tenho fotos que tirei dele em sua casa antes de rodarem o filme e depois, quando estavam filmando. Ele tinha apenas uma barbicha."

Enfatizando o fato de *Charro!* ser um filme sério, foi o único a trazer apenas uma canção (homônima do filme), embora os produtores tivessem considerado a possibilidade de Elvis cantar "Let's Forget About The Stars", em uma cena em que seu grande amigo, o xerife local, morre. Felizmente, o bom senso prevaleceu. "Por fim, acharam que ficaria sentimental demais e decidiram tirá-la do filme", diz Lenore Bond, que era casada com James Almanzar, que fez o xerife.

Ainda que a oportunidade de fazer um papel bem dramático devesse ter agradado a Elvis, o roteiro era chato e pouco estimulante e, por isso, ele achou o filme tão insatisfatório quanto os outros. Conforme *The New York Times* observaria, "[Presley] parece determinado a não exigir demais de si mesmo em um papel que poderia ter usado uma personalidade mais forte para preencher as lacunas da história e os vazios dos diálogos". Entretanto, ele estava de bom humor nas filmagens. Durante os intervalos, James Almanzar tocava violão no set e Elvis e seus amigos o acompanhavam cantando. A coadjuvante Ina Balin também achou Elvis "uma pessoa adorável, afetuosa, radiante, agradável... Acredito que, um dia, ele poderia ser um excelente ator se lhe dessem a oportunidade e as orientações adequadas".

Algumas externas foram filmadas em Apache Junction, Arizona, onde Bond conheceu Elvis quando ela foi visitar o marido. "Certa noite, meu marido e eu havíamos saído", ela recorda. "Voltamos para o hotel por volta da meia-noite. Estávamos passando pela área da piscina, quando avistamos um vulto sentado na escuridão. Quando viu pessoas se aproximando, ele se levantou e começou a se retirar. Depois viu que era Jim e voltou: era Elvis. Era o único momento em que ele podia sair do quarto ou ficar em um lugar onde não seria perseguido pelas pessoas. Foi muito emocionante conhecer Elvis, mas também achei muito triste vê-lo tão nervoso pelo fato de as pessoas o perseguirem. Ele não tinha privacidade nenhuma e eu fiquei com pena dele."

Por mais que ele sentisse a necessidade de se livrar da "perseguição", Elvis e sua comitiva, no entanto, receberam elogios do jornal local, *The Superior Sun*, que observou: "A população está gostando de Presley, Coronel Parker e sua turma, não só porque eles são celebridades, mas também porque são simpáticos". Ele também foi simpático com Sandi Miller e suas amigas, quando foram visitá-lo, brincando com elas ao dizer que a cidade era mal-assombrada.

O trabalho em *Charro!* foi concluído no fim de agosto. Em setembro, houve o lançamento de "A Little Less Conversation" para promover seu próximo filme *Viva um Pouquinho, Ame um Pouquinho*, mas o single alcançou apenas a 69ª posição (não fez sucesso no Reino Unido) e vendeu apenas 100 mil cópias. O filme não foi nada melhor, tendo escrito a revista *Motion Picture Herald*: "O público pode ficar um pouco cansado de estudos psicológicos sobre frigidez". Houve mais notícias

CAPÍTULO 3 A LITTLE LESS CONVERSATION

ruins para Elvis em sua vida pessoal com a morte do DJ de Memphis, Dewey Phillips, em 28 de setembro, aos 42 anos. Dewey havia colaborado no lançamento da carreira de Elvis, sendo o primeiro DJ a tocar o primeiro single de Elvis, "That's All Right", na rádio, em 1954. Elvis fez uma rara aparição pública para ir ao velório e falar com a viúva de Dewey, Dorothy.

Duas sessões foram realizadas em outubro para gravar as canções do último e do próximo filme de Elvis. Em 15 de outubro, ele compareceu ao Samuel Goldwyn Studio, em Hollywood, onde filmou dois musicais. "Charro!" era apropriadamente contemplativa, mas, por outro lado, pouco marcante, como até mesmo admitiu seu compositor, Mac Davis. "Let's Forget About The Stars" era uma balada de ritmo médio que, visivelmente, não conseguiu atrair nenhum interesse da parte Elvis – foi mais tarde lançada no álbum de baixo orçamento *Let's Be Friends*, de 1970.

A próxima sessão, realizada em 23 de outubro na gravadora United Artist Recorders, em Hollywood, foi para um filme intitulado *Chautauqua*, com referência aos festivais itinerantes de educação e entretenimento promovidos nos Estados Unidos no início do século. Por acharem que o termo era muito antiquado, o filme acabou sendo reintitulado *The Trouble With Girls (And How To Get Into It)* [Lindas Encrencas: As Garotas]. Elvis é um líder de uma companhia de Chautauqua que se envolve em um mistério de assassinato, bem como tenta lidar com uma contenciosa sindicalista dos trabalhadores. Embora Elvis seja aparentemente o astro, o filme é mais uma espécie de atuação coletiva, dando a ele menos tempo em cena do que o habitual. Que ele ainda desejava ser reivindicado no cinema foi evidenciado por um comentário que fez a uma de suas coadjuvantes: "Gostaria de fazer um bom filme antes de partir. Sei que esta cidade está rindo de mim".

Este foi um dos poucos filmes de Elvis sem uma canção título, tendo, no lugar, uma fanfarra tocando nos créditos de abertura. Tanto "The Whiffenpoof Song" como "Violet" eram composições de época com menos de um minuto – "Violet" tinha a melodia de "Aura Lee", a mesma melodia usada para a canção do título em inglês (*Love Me Tender*), do primeiro filme de Elvis, *Ama-me com Ternura*. "Almost" é uma balada simples que mal tem a chance de se destacar, sendo executada em menos de dois minutos. "Signs Of The Zodiac" é o tipo de canção simplória, com muita letra, que se poderia imaginar em um musical da Broadway – infelizmente, os melhores versos foram dados à coadjuvante de Elvis, Marlyn Mason. Duas canções eram melhores que o esperado: "Clean Up Your Own Backyard", que divertidamente criticava a hipocrisia, coescrita por Billy Strange (que também compôs a música do filme) e Mac Davis, e "Swing Down, Sweet Chariot", uma versão animada da canção gospel que Elvis havia gravado anteriormente, em 1960, para o álbum *His Hand In Mine*. As filmagens de *Lindas Encrencas: As Garotas* começaram em 29 de outubro e foram concluídas em 18 de dezembro.

Nessa altura, o especial *Elvis* havia ido ao ar e, de repente, o futuro era algo pelo que Elvis podia aguardar ansiosamente de novo. Ele já vinha pensando que sua próxima sessão de gravação precisava ser diferente – algo com que ele se divertisse fazendo –, sendo seu trabalho de trilha sonora um pouco mais que uma mera distração indesejável nesse momento. Quando estava fazendo o especial, ele convidou Scotty Moore e DJ Fontana para jantarem em sua casa e, em uma sala à parte, conversou em particular com eles. "Ele nos perguntou: 'Vocês não gostariam de fazer uma turnê pela Europa?'", diz Scotty. "Respondemos: 'Bem, claro que sim. É só falar'. Então, ele me perguntou: 'Você ainda tem o estúdio? [Music City Recorders, em Nashville, onde Scotty trabalhava] É possível fechá-lo por algumas semanas para usarmos?'. Eu disse: 'Claro, sem problema. É só me dar um toque antes'. Mas nada disso chegou a acontecer. Não faço ideia do que ele pretendia fazer no estúdio, se queria fazer algumas experiências ou algo do tipo, mas isso tudo foi barrado pela gerência."

Seus planos de trabalhar com Scotty e DJ não deram certo, mas Elvis ainda não estava disposto a voltar para o estúdio da RCA em Nashville, quando Felton Jarvis foi até Graceland, no começo de janeiro de 1969, para discutir os detalhes da sua próxima sessão de gravação. Conversando sobre o assunto com Jarvis e seus amigos, sugeriu-se que ele procurasse um estúdio que, recentemente, havia feito nome em Memphis – American Sound Studios. Embora pequeno e localizado em um bairro muito pouco recomendável no norte de Memphis, o American estava prestes a testemunhar 122 gravações feitas no estúdio alcançarem as paradas de sucessos pop ou R&B até o fim de 1972. "Revistas como *Billboard* e *Cash Box* tinham listas diferentes de maiores sucessos e nós estávamos em todas elas em uma semana, exceto na categoria Clássico", observa com orgulho Bobby Emmons, um dos músicos de estúdio do American. Vários amigos de Elvis já tinham vínculos com o American. Red West trabalhou com o estúdio como compositor e cantor; George Klein, que havia criado um pequeno selo, levava seus artistas para gravarem lá; e Marty Lacker, que havia fundado a Pepper

CAPÍTULO 3 A LITTLE LESS CONVERSATION

Tanner Company, que produzia jingles publicitários e dirigia um selo chamado Pepper Records, gravava seus áudios no American e, mais tarde, tornou-se gerente do estúdio.

O principal produtor do estúdio era Lincoln "Chips" Moman. Natural de LaGrange, Geórgia, Momanjá tinha um currículo considerável antes de o American abrir as portas. Ele havia ido para Memphis na adolescência, pedindo caronas, e acabou tocando violão com Warren Smith, da Sun Records, depois fez turnê com Dorsey & Jimmy Burnette e foi parar em Los Angeles, onde trabalhou como músico de estúdio no Gold Star Studios – onde Eddie Cochran havia gravado "Summertime Blues" e The Beach Boys mais tarde gravaria "Good Vibrations". Foi quando trabalhava no Gold Star que ele descobriu quanto adorava trabalhar em estúdio: "Era o que eu mais gostava de fazer: a gravação em si. Gosto de canções, gosto de som". Depois de sofrer um acidente de carro enquanto fazia turnê com Gene Vincent, ele voltou para Memphis, onde ajudou a fundar a Stax, produzindo o primeiro sucesso do selo, o single "Gee Whiz", de Carla Thomas.

Ele acabou brigando com os proprietários da gravadora, movendo uma ação judicial contra eles. Com o dinheiro da decisão judicial, fundou o American, em 1964, em sociedade com Seymour Rosenberg, o advogado que moveu a ação contra a Stax – Wayne McGinniss também ficou sócio, e tanto ele quanto Rosenberg, mais tarde, teriam suas partes compradas por Dan Crews. Para instalar o estúdio Stax em Memphis, Moman havia encontrado uma antiga sala de cinema na McLemore Avenue; agora, para o American, ele escolheu um antigo supermercado na Thomas Street, nº 827 (no mesmo quarteirão em que o pai de Rosenberg tinha uma loja de autopeças). O nome American foi escolhido para aparecer nas primeiras páginas da lista telefônica.

The Ovations foi o primeiro grupo a ter um hit gravado no American, quando seu single "It's Wonderful To Be In Love" alcançou a 22ª posição na lista de sucessos de R&B da *Billboard*. "Keep On Dancing", dos The Gentrys, foi o próximo sucesso, ficando em quatro lugar na parada pop. Depois disso, continuaram surgindo hits – até mesmo a secretária do estúdio, Sandy Posey, fez sucesso com "Born a Woman". Artistas como The Box Tops, Merrilee Rush, Wilson Pickett, Solomon Burke, Dionne Warwick e Dusty Springfield, entre outros, faziam peregrinação ao estúdio para fazer uso dos talentos de Moman (que também era compositor e coescreveu "Do Right Woman", de Aretha Franklin, entre outros sucessos) e de seus músicos de estúdio, logo apelidados de The 827 Thomas Street Band.

A banda era formada por veteranos de longa data do cenário da música de Memphis. A primeira banda do guitarrista Reggie Young foi o grupo de rockabilly de Memphis Eddie Bond & The Stompers, que fizeram sucesso regional com "Rockin' Daddy". Mais tarde, ele entrou para a The Bill Black Combo (banda formada pelo primeiro baixista de Elvis em 1959) e depois foi contratado como músico de estúdio pela Hi Records, em Memphis. "Soava mais importante do que era", diz ele. "Não havia salário. Quando gravávamos algo no estúdio, havia uma tabela do sindicato. Se fazíamos apenas uma canção e eles a autorizassem, tínhamos de pagar apenas 15 dólares. Era o único lazer na cidade e acho que a única razão pela qual tocávamos."

Certa vez, houve uma discussão para que a taxa fosse reduzida a dez dólares. Não houve redução, "mas nunca me esqueci disso", diz Reggie. "E eu disse: 'Na primeira oportunidade que surgir, eu saio daqui'." A oportunidade surgiu bem rápido. Reggie também tocava em outras sessões na cidade, inclusive no American, e ele, Chips, e o baixista Tommy Cogbill, de vez em quando, tocavam juntos fora da cidade. "Íamos para Nova York trabalhar para Jerry Wexler na Atlantic Records", conta. "Íamos até lá para receber cem dólares por dia para tocar para artistas como Solomon Burke e também tocávamos em Nashville. Um dia, nós três decidimos: 'Vamos parar de viajar. Vamos ficar só aqui'. Esta era a ideia de Moman: se não vamos para nenhum lugar, tentamos fazer todo mundo vir para o estúdio dele. É claro que ele se beneficiaria com isso e nós também, pois não teríamos de ficar viajando."

A estratégia logo começou a compensar. "Lembro que fui para Nashville e gravei com um artista de R&B, chamado Joe Tex, uma canção chamada 'Show Me'", diz Reggie. "Foi um sucesso. Para as próximas sessões, eles queriam que eu fosse para Nashville. Eu disse que não poderia, pois o único lugar em que eu estava trabalhando era Memphis. Disse também que, se eles quisessem usar nossos serviços, poderíamos organizar uma seção rítmica para eles virem até Memphis. E foi o que fizeram. Então, nós nos fechamos em um grupo. Não trabalharíamos para ninguém mais. Se alguém nos quisesse, tinha que vir até aqui. Um por todos, todos por um – esse tipo de coisa."

Depois Reggie trouxe o tecladista Bobby Emmons para a banda, que também era músico de estúdio na Hi – e, assim como Reggie e Chips, havia tocado na The Bill Black Combo. "E Tommy conseguiu trazer [o baterista] Gene Chrisman do Sun Studio", diz Reggie. "Então, esse era o núcleo da nossa seção rítmica: Tommy Cogbill, Gene Chrisman, Bobby Emmons e eu. Chips era o engenheiro. Ficamos tão ocupados que precisamos de outro tecladista. Foi quando chamamos Bobby Wood para nos integrar – ele também estava no Sun Studio. Tommy virou produtor logo depois disso e, precisando de outro baixista, conseguimos Mike Leech. Nós nos conhecíamos porque todos tocávamos em diferentes sessões pela cidade e tocávamos em pequenas bandas de bar. Como Mike era nosso amigo, ele também se juntou a nós. E Tommy ficou por trás da banda, produzindo muita coisa."

"Tommy agora ocupava a cadeira de produtor e eu, a de baixista", Mike Leech explica. "Entretanto, Tommy tocava de vez em quando, apenas se achava que poderia contribuir com algo bacana e exemplar para, então, tocar com segurança. Eu passava o baixo para ele, ele assumia e tocava alguma coisa. Não tínhamos nenhuma animosidade entre nós. Se eu achasse que poderia fazer algo melhor que ele ou diferente do jeito dele, eu tomava o baixo e tocava – o mesmo tipo de coisa. Mas, normalmente, ele se eximia de tocar e eu acabava tocando baixo o tempo todo no American. Então, foi assim que fizemos."

O nome 827 Thomas Street Band veio do nome da rua do American, mas, depois que os músicos se mudaram para um novo local em Nashville na década de 1970, eles foram rebatizados de The Memphis Boys. "Fazia anos e anos que estava em Nashville", diz Reggie. "Alguém estava falando de nós, o nome de um de nós foi citado e alguém disse: 'Ah, sim. É um daqueles garotos de Memphis'. E já fazia 25 anos que eu estava aqui! O tipo de associação difícil de se perder. Fico feliz que é assim em vez de 'Nashville Boys'. Nada de errado com Nashville, mas ainda estou muito ligado a Memphis, à música de Memphis que fazíamos. Então, mudamos nosso nome para The Memphis Boys, pois era assim que nos chamavam por aqui."

Em contraste com Nashville, onde os músicos tocavam em sessões de diferentes estúdios da cidade, estúdios de Memphis, como American e Stax, tinham seus próprios músicos internos, criando seu próprio som característico, dando aos estúdios uma identidade exclusiva. "Nashville era mais country e Memphis era blues e rock'n'roll", diz Bobby Emmons. "R&B. Chamam esse som de R&B e era isso que fazíamos. Era assim que todo mundo nos chamava e era assim que nos chamávamos. Então, por que não?"

Os músicos também tinham uma maior autonomia do que tinham tido em qualquer outro lugar. "Fazíamos nosso próprio repertório e criávamos nossos próprios arranjos", diz Reggie. "Trabalhávamos juntos fazia tempo o bastante para todos nós pensarmos parecido. Por isso, éramos um grupo interno. Alguém tinha uma ideia: 'Bem, vamos tentar isso'. 'Tudo bem.' E não havia limite de tempo, era tudo muito livre. Como banda, éramos 'músicos produtores'. Na minha opinião, oferecíamos um pouco mais que se fôssemos músicos individuais. Era uma banda criativa, todos tinham ótimas ideias. Enrolávamos bastante enquanto tocávamos, pois não tínhamos restrição de tempo. Em Nashville, a sessão era de três horas. O que também é uma coisa boa, pois a cada três horas você é pago por outra sessão, ao passo que em Memphis era bem indefinido. Tínhamos tempo de trabalhar bem os arranjos."

Era o tipo de clima que criava um forte senso de camaradagem. "Chips é um grande produtor e a banda acabou virando um daqueles grupos de pessoas em que todos pensam igual", diz Bobby. "Então, formamos uma equipe. Não tínhamos de fazer esforço a cada dia para nos sentir bem. Todo mundo havia seguido uma direção e a soma das direções era muito melhor que qualquer um de nós sozinho. Assim, fizemos boas gravações. Tínhamos excelentes canções e fizemos algumas boas gravações com elas."

Gravar passou a ser menos trabalho e mais diversão. "Quando terminávamos alguma coisa, pensávamos: 'Vamos sentir saudade'", disse Chips. "Ninguém queria ir embora! Acho que eu ficava no estúdio umas 28 horas seguidas", diz Bobby. "Não me lembro de ter me envolvido com outra coisa por aproximadamente três anos. Eu via meus filhos crescerem apenas quando ia para casa vê-los!" "Se não me divirto fazendo uma sessão, não deveríamos ter feito a sessão", Chips observou em outra ocasião.

Com o histórico de sucessos do American e o incentivo de seus amigos, Elvis logo se entusiasmou com a ideia de gravar no estúdio. De sua parte, Chips já havia demonstrado interesse em trabalhar com Elvis, tendo perguntado a Marty Lacker e George Klein certa vez: "Quando Elvis gravará boas canções, cara? Quando ele vai deixar de gravar essas porcarias?". Ao ser informado da possibilidade de uma sessão, Chips, sem demora, adiou uma sessão de Neil Diamond para permitir a Elvis começar a trabalhar imediatamente – em troca, disseram a Diamond que tentariam fazer com que Elvis gravasse uma de suas canções. Felton Jarvis também participaria das sessões como produtor secundário.

Da parte deles, os músicos que trabalhavam no American compartilhavam da mesma opinião de Chips em relação ao recente trabalho de Elvis. "Eu gostava muito do primeiro Elvis", diz Glen Spreen, que tocava saxofone nas sessões. "Depois, fiquei muito decepcionado." Quanto ao "Comeback Special", ele comentou: "Era um pouco mais real... mas ainda não ouvi nenhuma canção como as de antigamente, o tipo de canção que realmente me animava quando eu era mais jovem".

Mike Leech e Wayne Jackson (trompetista que fazia parte de um grupo de músicos de estúdio conhecido como The Memphis Horns) achavam que Elvis não havia sido bem orientado em Nashville. "Eles o '*mickeymousearam*'", diz Wayne. "As gravações pareciam muito simples e muito bonitas, mas certamente nem um pouco criativas ou inovadoras."

"Eu não gostava de muitas canções gravadas em Nashville", concorda Mike. "Eu não achava que eles estavam à altura dos padrões de Elvis, ainda que algumas canções fizessem sucesso. Acho que o trabalho com os The Jordanaires – todo aquele estilo – o levou por uma direção que pessoalmente não era meu forte. Eu gostava mais das coisas que ele fez no começo e, claro, eu gostava das coisas que fazíamos – naturalmente!"

Embora nenhum deles tivesse trabalhado com Elvis, alguns dos músicos haviam tido encontros com ele ao longo dos anos. Young havia tocado nos mesmos programas que Elvis na década de 1950, na época em que tocava com Eddie Bond & The Stompers. Além disso, um dia em que estava visitando a estação de rádio WMPS, em Memphis, com um amigo, Elvis apareceu por lá. "Meu amigo, Elvis e eu fomos a uma loja de preço único na Main Street", recorda ele. "Elvis estava paquerando a garota do caixa. Eles vendiam uns anéis baratos e ele comprou um, que provavelmente custou uns 25 centavos, colocou no dedo dela e lhe disse: 'Agora estamos comprometidos'. Eu sempre quis saber se ela ainda se lembrava disso! Na época, ela não sabia quem ele era.

Bobby Emmons também se lembrou de quando Elvis passava por 'nossa pequena estação de rádio de mil watts no Mississippi' em suas primeiras viagens. Bobby Wood havia conhecido Elvis na gravadora Sun na década de 1950 e, alguns anos depois, Elvis o convidou para ir com ele e seus amigos ao Memphis Fairgrounds, o parque de diversões local que Elvis costumava alugar – Chips também participou dos encontros no Fairgrounds. Wayne Jackson diz que Elvis também frequentava bares de Memphis para ouvir os The Mar-Keys, a banda de músicos do estúdio Stax, para quem Jackson tocava: "Ele ficava no estacionamento nos ouvindo pelo exaustor – sabe aquele grande buraco por onde sai a fumaça dos edifícios? Ele também ouvia nossa música no carro. Ele ficava sentado em sua grande limusine Cadillac com alguns amigos, fumando cigarro e escutando nossa música. Em nosso intervalo, íamos em bando para o estacionamento e ficávamos em pé, em volta do Cadillac, conversando com Elvis".

Entretanto, assim como Elvis era um grande astro, a 827 Thomas Street Band também havia trabalhado para conceituados artistas por alguns anos. "Para ser sincero, nessa época, éramos uma espécie de 'especialistas em celebridades'", diz Bobby. "Muitas pessoas importantes entravam e saíam de lá, pessoas que você havia escutado a vida toda. Depois de um tempo, começamos a nos chamar de 'banda da ressurreição', pois grandes artistas que haviam deixado de fazer sucesso gravavam conosco e voltavam a fazer sucesso. Eu sabia que Elvis era o Rei do Rock'n'Roll e concordava com isso, mas ele estava sem graça, pois estava fazendo filmes sem focar a música. Como eu não havia ficado sabendo da volta de 1968 [o programa de TV], não sabia que ele estava de volta. Então, não sabíamos o suficiente sobre o programa para ficarmos nervosos."

"No começo, ele era muito popular, só se falava em Elvis", diz Reggie. "Mas depois ele teve aquela fase de gravar apenas trilha sonora de filmes e esse tipo de coisa, da qual eu não me lembrava! Se não estou enganado, alguém disse que, quando chegou no American, havia uns oito anos que ele não fazia sucesso. ['If I Can Dream' não alcançou a 12ª posição até o início de 1969.] E nós, meu Deus, tínhamos um hit atrás do outro nas paradas de sucesso. Não sei quantas canções tínhamos entre os 40 maiores sucessos, quando ele nos procurou. Por isso acho que nenhum de nós ficou muito surpreso."

Com grande habilidade, Reggie desenterrou a guitarra Gibson Super 400 CES, de Scotty Moore, que havia sido usada nas gravações de Elvis na década de 1950 e agora pertencia a Chips – Moore trocou a guitarra por um violão clássico, um conjunto de vibrafones que Moman tinha e mais 80 dólares. "Pensei: 'Bem, como Elvis virá gravar aqui, vou tocar aquela guitarra", diz ele. "Como já havíamos trabalhado com ela, seria possível tocá-la muito bem. Assim, quando Elvis foi ao estúdio, eu toquei a guitarra na maioria das canções que gravamos com ele." Moman, mais tarde, vendeu a guitarra na casa de leilões britânica Christie's por 58 mil libras. Talvez porque Elvis houvesse perguntado se poderia usar o estúdio de Scotty, este último esperava ser chamado para as sessões no American, mas Chips estava apenas interessado em usar seus próprios músicos, uma decisão da qual ele se arrependeu depois, dizendo: "Se eu pudesse fazer tudo de novo, [Scotty] seria convidado para a sessão".

Então, na noite de 13 de janeiro, cinco dias depois de completar 34 anos de idade, Elvis chegou ao American para sua primeira sessão de gravação em Memphis em quase 14 anos. As tensões raciais em Memphis havia aumentado depois do assassinato do dr. Martin Luther King e a polícia (homens e cães) fazia patrulha nos arredores do edifício – até mesmo um vigia armado foi colocado de sentinela no telhado. Além disso, o estúdio estava em condições precárias: ouvia-se o ruído de ratos por todos os lados.

Reggie Young e Mike Leech estavam sentados no estúdio quando Elvis chegou, por volta das 19 h – durante todo o período das sessões, Elvis chegava na mesma hora e gravava até o fim da manhã. "Estávamos todos sentados batendo papo, quando pela porta do fundo do estúdio surge Elvis com sua turma Máfia de Memphis e tudo mais", conta Mike. "As primeiras palavras que saíram da boca de Elvis foram: 'Que estúdio mais original!'. Lembro muito bem disso. A próxima coisa em que reparei foi o clima de festa: todos os rapazes de sua comitiva contavam piadas, brincavam, pregavam peças uns nos outros e coisas do tipo. Não era um clima muito sério, nem nada disso."

Os músicos logo viram que o excesso de zelo para com Elvis por parte dos amigos era um tanto irritante. "Quando Elvis foi ao estúdio pela primeira vez, ele levou sua comitiva junto", conta Reggie. "Se colocava um cigarro na boca, surgiam uns quatro isqueiros para acendê-lo. Eles também saíam para buscar coisas para ele e blá-blá-blá. Era muito difícil se aproximar dele, pois sua comitiva ficava em cima." Glen Spreen acrescenta: "Eu já não estava muito animado para gravar com ele e, quando aqueles três isqueiros saltaram à sua frente, desanimei de vez. Eu não ia para aquelas sessões com muita vontade."

No entanto, eles tiveram de admitir que também sentiram o peso de um astro como Elvis. "O engraçado é que, antes de ele chegar, pensei: 'Muito bem. Vamos gravar com Elvis agora e depois com outro artista'", diz Reggie. "Mas, quando ele chegou, todos nós ficamos perplexos. Fiquei maravilhado e pensei: 'Cara, o Elvis!'. Ele tinha aquele carisma e eu acho que todos nós ficamos admirados e pensamos: 'Minha nossa!'. Então, levou um tempo para nos soltarmos, pois ele tinha uma cara de astro. Você notava a presença dele assim que entrava. Como dominava a área, não tinha como não notar sua presença. Todos nós simpatizamos muito com ele. Fiquei um pouco nervoso nas primeiras canções que fizemos e tenho certeza de que os demais também ficaram. Eu estava ansioso para que tudo desse muito certo. Então, em algumas das primeiras coisas que fizemos, eu tremia um pouco! Talvez por me esforçar demais."

"Quando Elvis entrou, ele dominou o edifício, as luzes, o ar – tudo", concorda Wayne Jackson. "Era Elvis! Ele estava magnífico e em sua melhor forma naqueles dias. Então, estávamos no estúdio com um astro de primeira linha de Memphis que havia ido gravar conosco e isso era o máximo. Foi o máximo para nós quando nos demos conta de quem estava no estúdio conosco. Fazia anos que não o via. Este foi um daqueles momentos 'uau!'."

Entretanto, rapidamente ficou visível que os músicos não seriam, nas palavras de Reggie, "homens de sim". Depois de todos ouvirem as demos que haviam sido enviadas, Elvis virou para Reggie e perguntou: "Gostou dessa música?". "Não, não muito", replicou Reggie. "E cara, Felton ficou bravo!", recorda Reggie. "Elvis também perguntou a Bobby Wood: 'Você gosta dessa música?'. Bobby foi mais curto e grosso do que eu: 'É uma... É horrorosa!'. Felton, então, chamou Bobby e a mim de canto e disse: 'Vejam bem: já temos todas as canções escolhidas! Todas já foram adquiridas na editora de música Hill & Range. Não queremos causar nenhum problema'. Eu disse: 'Bem, ele que perguntou. Eu fui sincero. Não gostei da canção'. Ainda não gosto! Mas acho que Elvis gostava que fôssemos sinceros assim." Chips igualmente desdenhava o material da Hill & Range, dizendo: "Não quero nem falar o que achei de algumas dessas canções!".

Uma vez escolhida uma canção, Elvis gravava um vocal guia com a banda, enquanto eles criavam um arranjo. "As demos eram muito básicas e, então, nós tomávamos nossa própria direção", explica Reggie. "Era mais ou menos assim que fazíamos naquela época. Era uma maneira mais criativa, em vez de ter de copiar algo. E essa banda em particular era um bando de músicos muito criativos. Todos participavam da produção de um disco, como músico e como pessoa criativa, em vez de apenas ser contratado como violonista, vir, tocar e ir embora para casa. Nós nos envolvíamos um pouco mais, com todo mundo com quem trabalhávamos no American."

"Às vezes, todos nós tínhamos uma ideia geral de direção de quais eram os pontos fortes da canção e depois nos dirigíamos para a sala de controle e começávamos a trabalhá-la", diz Bobby. Muitas vezes, havia mais que uma ideia e, então, Chips sempre era nosso voto de desempate. Se houvesse duas opções, ele falava no microfone da sala de controle: 'Sigam o que Reggie está fazendo' ou 'Sigam o que Bobby está fazendo'. Era dessa forma que ele nos dirigia. Ou ele nos fazia parar e dizia: 'Não querem tentar isso ou aquilo?'. Normalmente era selecionado de uma ampla variedade de coisas em andamento: 'Continue fazendo esse som na bateria, mas toque-o com o prato e toque a parte do pedal com a caixa', ou algo do tipo. Chips estava sempre tentando fazer um som novo e inovador."

"Chips é um cara muito musical e um produtor muito talentoso", diz Wayne. "E, quando faz comentários sobre a música ou a letra, sempre está certo. Ele é um músico muito preciso."

❖

A sessão começou com "Long Black Limousine", composta por Bobby George e Vern Stoval em 1962 e, mais recentemente, um sucesso country de Jody Miller. O tanger duro e fúnebre dos acordes de piado da abertura da canção (salientado mais adiante pelo acompanhamento de badaladas de sino) define um tom funesto para essa reflexão moral de grandes sonhos que acabam com um súbito e trágico final. O narrador é um homem que havia perdido o amor duas vezes: primeiro quando ela sai de casa pela promessa de uma vida glamorosa na cidade grande e, para sempre, quando ela morre em um acidente de carro. Sua promessa de voltar para a cidade em um "carro pomposo" se cumpriu de forma terrivelmente irônica: acabou sendo o carro funerário que a leva para o túmulo.

A canção traz um dos vocais mais comoventes de Elvis, intensificado pela maneira sutil em que se revela. Em vez de uma interpretação exageradamente dramática – que teria combinado com o melodrama da canção –, "Limousine" começa com poucos instrumentos e vocais de apoio no primeiro minuto. Um suave rufar dos tambores introduz os outros instrumentos e, a partir desse ponto, a canção aumenta em intensidade lentamente, mas sem cessar. Na metade da canção, entram os metais e, na última estrofe, com Elvis lamentando que seu coração e seus sonhos ficarão para sempre enterrados com seu amor, a dor de sua perda é quase fisicamente tangível.

Se Felton não havia ficado contente com a franqueza dos músicos do American, ele não ficou nem um pouco mais feliz com a maneira que Chips trabalhava com Elvis. No começo das sessões, diz Mike Leech: "Chips falou no microfone da sala de controle para Elvis fazer de novo, pois havia desafinado um pouco. Felton se aborreceu e disse para ele não falar desse jeito com Elvis. Chips o ignorou. É claro que Elvis não se importou nem um pouco, dizendo: 'Tudo bem. Faço de novo, sem problemas'. Acho que Felton ficou muito assustado, pois ele nunca havia falado desse jeito com Elvis".

"Esse era Felton", diz Reggie. "Felton havia sido produtor de Elvis por muito tempo e, por assim dizer, o agradava e satisfazia suas necessidades e era isso que ele queria fazer, imagino eu. Não sei, pois nunca estive presente quando ele gravava Elvis, mas suponho que era isso que acontecia, pois era como se ele estivesse pisando em ovos e não quisesse causar nenhum problema, como nos contou. E Moman não era nada perecido. Ele era prático e dizia a Elvis quando ele estava cantando desafinado e também propunha: 'Vamos experimentar isso' ou 'Quer tentar dessa forma?'. Provavelmente, nunca ninguém havia falado com ele desse jeito. Era uma coisa boa e acho que Elvis gostava muito disso, de ter alguém o tratando como ser humano."

De sua parte, Chips disse que não via problema em trabalhar com Elvis sozinho. "Obviamente, [Elvis] não era dirigido havia muito tempo", observou ele. "Se ele fosse, não acho que teria feito todo esse lixo de gravações que fez... Ele aceitou numa boa ser dirigido, mas tenho certeza de que [ele] não gostaria de ser dirigido por monitores, quando 50 pessoas me ouviriam dizer que ele estava desafinado. Isso tomaria proporções exageradas. Mas se fosse feito discretamente, apenas diretor e artista, não havia nenhum problema." Chips logo percebeu que a melhor forma de lidar com Elvis era sair da sala de controle e falar com ele diretamente no estúdio.

Em qualquer caso, isso não impediu o progresso da sessão. Em seguida, veio "This Is The Story", uma canção deprimente, sobre o fim de um relacionamento, que facilmente poderia ter virado um sentimentaloide em mãos menos habilidosas. Entretanto, a interpretação de Elvis dá à canção uma espécie de suavidade nostálgica, enquanto o acompanhamento (incluindo os instrumentos de corda sobrepostos) é mais contido do que nunca antes em uma canção usada para um dos filmes de Elvis. Ela foi finalizada rapidamente, em duas tomadas.

Um acompanhamento instrumental foi gravado para a canção de ritmo médio "Come Out, Come Out", da qual Elvis pretendia gravar o vocal mais tarde, mas nunca gravou. A última canção trabalhada naquela noite, "Wearin' That Loved On Look" (a primeira das três canções de Dallas Frazier e Arthur "Doodle" Owens, que Elvis gravaria na sessão), recuperava a melodia emotiva de "Long Black Limousine", acrescentando um elemento de graciosidade em conflito com o tema da canção de suspeita de infidelidade. Seu acorde de abertura no teclado nos leva a pensar que talvez seja outro hino de amor ou canção gospel de Elvis.

As notas agudas da introdução deram trabalho para Elvis nas primeiras tomadas, fazendo o cantor rir e xingar quando sua voz falhava.

CAPÍTULO 3 A LITTLE LESS CONVERSATION

"Uma vez me perguntaram se eu achava que Elvis tinha alma", diz Mike Leech. "E eu disse: 'Com certeza'. E a pessoa questionou: 'Por que você acha isso?'. Então, respondi: 'Se você pede para alguém como Pavarotti cantar um nota bem alta, ele vai alcançá-la sem nem tomar fôlego, conseguindo na primeira tentativa. Mas Elvis tinha de se esforçar para alcançar essas notas altas. Às vezes, pensava-se que não conseguiria, mas ele acabava conseguindo. Na minha opinião, é isso que lhe dava tanta alma, pois ele se esforçava muito para conseguir alcançar essas notas'."

Elvis também estava resfriado naquela noite, o que deu à sua voz um toque de rouquidão. Na verdade, isso trabalha a favor da canção, acrescentando um bem-vindo elemento de valentia. Assim que a bateria eleva o ritmo da canção, o vocal melancólico de Elvis evoca um clima de leve resignação, e não de conflito, conforme ele enumera as várias infrações de sua parceira, unindo-se, de vez em quando, aos "shoop shoops" do refrão, com suas *backing vocals*.

Elvis fez 15 tomadas seguidas e, quando a sessão finalmente acabou às 5 h, sua garganta estava bastante irritada, mas ele estava satisfeito como o rendimento da noite. "Cara, foi muito bom", comentou com o amigo enquanto dirigia, voltando para Graceland. "Não consigo descrever o quanto me sinto bem." "Fazia muito tempo que eu não via aquela expressão de felicidade e satisfação na cara dele", Marty Lacker observou.

Todos os músicos acharam que a sessão tinha sido boa, ainda que continuassem um pouco surpresos com o estilo pessoal de Elvis. "Ele usava uns colarinhos enfeitados. Não sei explicar, ficava com um visual como se usasse uma capa", diz Mike Leech. "Era assim que ele ia vestido para o estúdio. A maioria dos outros artistas ia de camiseta e calça jeans. Elvis ficava no estúdio como se estivesse sendo filmado, como se estivesse expondo sua imagem. Acho que não era de propósito, era simplesmente o jeito dele. Ele gostava de se vestir assim. Acho que ficava bem em Elvis e era um estilo exclusivo. Neil Diamond era um dos caras. Elvis se destacava por causa de sua... Não sei dizer. Ele era o Rei do Rock'n'Roll. Quer mais o quê? De qualquer forma, era assim que eu o via." De fato, as fotos de Elvis na sessão mostram o cantor mais bem arrumado que os outros músicos, com um lenço amarrado no pescoço como havia usado no especial *Elvis*.

No entanto, havia um consenso sobre a qualidade de seu trabalho. "Fiquei abismado com seu profissionalismo, seu talento como vocalista e sua percepção como artista", diz Bobby Emmons. "Elvis estava lá para trabalhar. Ele estava trabalhando mais pesado. Parecia um garoto de 16 anos que nunca havia gravado um disco, mas queria muito. Ele trabalhava como um campeão. Era o líder da banda, como deveria ser." Na avaliação de Chips: "Ele chegou e estava com tudo, cara. Estava mesmo".

No entanto, havia alguns problemas vindo à tona. Tanto Chips como os músicos acharam que os acompanhantes de Elvis causavam muita distração. "Quando começamos, a comitiva dele era grande demais. Não havia espaço para todo mundo", diz Bobby. "Mas, como sabíamos que tínhamos de fazer um disco, permitimos os visitantes e esse tipo de coisa." "Seria quase como se ele achasse que tinha de fazer um show para eles", Chips observou. "Por exemplo, dizer algo legal, fazer alguma graça, fazê-los rir."

Mais problemática era a ameaça subjacente de disputas de direitos de publicação. Quando Chips tocava canções da própria equipe de compositores do American para Elvis, "todos os empresários ficavam de olho", diz Bobby, preocupados com o dinheiro que perderiam se a canção de alguém fosse usada. "Então, começaram a dizer para Chips e os compositores do que eles teriam de abrir mão para fazer as gravações." Reggie acrescenta: "Um dos membros da RCA chamou Moman de lado e disse que eles tinham todas as canções escolhidas – as quais haviam produzido – e, se nós gravássemos qualquer material externo, eles tinham de ter direitos de publicação sobre ele."

Chips não suportaria tais exigências. "Já tínhamos gravado algumas coisas e eu disse: 'Pegue tudo que fizemos até agora, fique à vontade. Agora saia do meu estúdio porque não haverá mais sessões!'", recorda ele. "Acho que ficaram um pouco chocados quando os enfrentei. Provavelmente, nunca ninguém havia os mandado saírem do estúdio, mas mandei e acho que acabou sendo melhor para Elvis." A questão foi resolvida quando o vice-presidente de RCA, Harry Jenkins, se manifestou em defesa de Moman, mas o ressentimento permaneceu.

Depois que os "visitantes" foram afastados, o clima melhorou. "Eles foram obrigados a se retirar depois do primeiro dia de gravação", diz Reggie. "Havia gente demais no estúdio. Depois que eles saíram, Elvis pôde conversar conosco. Sentamos para papear e me lembro de que recordamos os velhos tempos em Memphis, os diferentes bares e os distintos músicos e cantores, e coisas do tipo. De qualquer forma, ele se enturmou e rompeu as barreiras. E ele levou isso a sério."

Elvis, como de costume, ficou longe das disputas comerciais e voltou para o estúdio no dia 14. A primeira canção a ser gravada foi "You'll Think Of Me", de Mort Shuman, que havia coescrito várias melhores canções de Elvis na década de 1960 com Doc Pomus, incluindo "Viva Las Vegas" (canção título do filme de mesmo nome) e ambos os lados do single "(Marie's The Name) His Latest Flame"/"Little Sister". A canção tinha uma abordagem lírica interessante. Apesar do título, o narrador canta sobre a época em que sua ex-namorada não mais pensará nele – Shuman a descreveu como sendo "influenciada por Dylan e os estilos de San Francisco".

O melancólico vocal de Elvis é musicalmente complementado pela cítara de Reggie Young, que usou o mesmo instrumento ao tocar "Cry Like A Baby", dos The Box Tops, e "Hooked On A Feeling", de B. J. Thomas. "Não sei como surgiu, mas ela estava lá, no meu arsenal de truques!", ele brinca. O clima é agridoce, Elvis canta que, embora ame sua namorada, ele deve partir, pois seu "coração está angustiado", um sentimento ecoado tanto pelo pesaroso *backing vocal* quanto pela sugestão da letra de que, enquanto a namorada está destinada a encontrar um novo amor, o cantor aparentemente não está.

A próxima foi "A Little Bit Of Green", da equipe de compositores Chris Arnold, Geoff Marrow e David Martin, que também haviam composto "This Is The Story". Embora essa canção também seja um tanto insignificante (previsivelmente, o "green" do título refere-se a ciúme), de novo, a interpretação de Elvis faz a canção parecer melhor do que é. Como havia pouca coisa que poderia ser feita com a canção para deixá-la mais interessante, sua gravação foi concluída depois de três tomadas (diferentemente de "You'll Think Of Me", da qual foram feitas 23 tomadas).

Depois de um intervalo para o almoço, o ânimo claramente aumentou, quando voltaram ao trabalho às 14 h com "I'm Movin' On", um grande sucesso de Hank Snow, em 1950 – Snow havia sido um dos primeiros clientes de Parker. Elvis fez uma versão animada, claramente se divertindo com a letra, fazendo improvisações ("Move on, baby!") e parecendo estar alegre ao dispensar sua namorada – a sobreposição dos metais dá um vigor a mais à canção. Depois de um começo em falso, a música foi finalizada em uma tomada.

"Gentle On My Mind" também era musicalmente mais alegre, embora uma leitura cuidadosa da letra revele que a canção tem um traço sombrio imprevisto, totalmente de acordo com a maioria das canções gravadas nas sessões no American. A canção havia feito pouco sucesso com a versão country de seu compositor, John Hartford (produzida por Felton Jarvis), e um sucesso maior com a versão de Glen Campbell, que ganhou três Grammys. A letra começa celebrando a satisfação de ter um relacionamento sem compromisso, livre de qualquer vínculo legal, mas, na última estrofe, descreve-se um cenário muito mais triste: o narrador tomando sopa em uma estação ferroviária deserta, imaginando que a xícara morna que segura é seu amor. O fato de o vocal de Elvis, porém, ser um pouco esperançoso deixa a cena ainda mais comovente.

No final da sessão, a garganta de Elvis estava atrapalhando ainda mais e, então, foi decidido que ele deveria ficar em casa por uns dias para recuperar a voz. Sendo assim, o trabalho continuou sem ele, conforme a banda definia os acompanhamentos de "Don't Cry Daddy", "Poor Man's Gold", "Inherit The Wind" e "Mama Liked The Roses" (uma das canções de propriedade de Moman, pela qual houve uma disputa de direitos de publicação) no dia 15 e "My Little Friend" no dia 16.

Quando Elvis voltou para o American no dia 20, trabalhou em duas novas canções, sendo uma delas o destaque da sessão: "In The Ghetto". A canção era de Mac Davis e havia sido enviada em uma fita demo de 19 canções para as sessões, incluindo "Poor Man's Gold" e "Don't Cry Daddy" – esta última o próprio Davis havia tocado anteriormente para Elvis em sua casa, em Bel Air.

"In The Ghetto" era uma clara "canção mensagem", um apelo por tolerância para com as pessoas impedidas pela pobreza e incapacitadas de encontrar seu caminho – enfatizando esse tema, o título original da canção era "The Vicious Circle" [O Círculo Vicioso]. A canção foi inspirada nas próprias experiências de Davis, que, na infância, via os bairros onde afro-americanos viviam em Lubbock, Texas, e, assistia à cobertura televisiva do movimento pelos direitos civis, ouvindo a palavra "gueto" ser usada para se referir, originalmente, a bairros de negros. "Sempre pensei que os guetos estavam associados à Europa durante a Segunda Guerra Mundial", disse ele. "Eu nunca havia pensado que nossas periferias eram guetos."

A canção não defendia opiniões radicais, mas era considerada talvez franca demais para um cantor que nunca havia expressado muito seu ponto de vista político em público. "If I Can Dream" havia sido um passo nessa direção, mas, por fim, revelou uma visão positiva, e "Clean Up Your Own Backyard" também poderia ser considerada uma espécie de "canção mensagem". "Ghetto" era mais crítica de uma sociedade que deixava parte de sua gente entregue ao desespero. Além disso, questionou-se se era apropriado Elvis gravar a canção. "Havia opiniões antagônicas sobre o que as pessoas poderiam pensar ao verem um branco cantando sobre a vida no gueto", explicou Chips. George Klein, inicialmente, aconselhou Elvis a não gravá-la, mas quando Moman disse que, então, a passaria para outro artista, como o ex-fenômeno do futebol Roosevelt Grier, que havia acabado de fechar contrato com a gravadora

American Group Productions, todo mundo reconsiderou a proposta e Elvis, finalmente, concordou em gravar a canção.

A concentração de Elvis fica evidente já na primeira tomada, contando a história triste com uma intensidade discreta, correspondida pelo agradável comedimento dos músicos. À parte de alguns erros com a letra, sua interpretação nunca muda. "É munida de uma visão incontestável do que o processo poderia ter sido para Elvis, se ele tivesse sido capaz de gravar constantemente como uma arte", escreveu mais tarde o biógrafo Peter Guralnick. Seu ambiente, sem dúvida, foi uma fonte de inspiração, segundo indicou Wayne Jackson: "Estávamos, na verdade, no gueto e eis que Elvis canta uma canção pertinente sobre o Sul e sobre o clima social da época. Conforme ele cantava, eu me arrepiava inteiro".

"Consigo me ver na sala durante a gravação", conta Bobby Emmons sobre como foi feito o arranjo musical. "Reggie estava tocando aquele violão, tocando aquela pequena introdução e eu estava tocando um órgão Hammond M3, acompanhando com uma só nota, ou seja, fazendo uma cobertura, fazendo um fundo para a guitarra dele. E foi desenvolvido a partir da frente. Lembro que começou comigo e Reg e, depois, outros músicos começaram a entrar."

"Eu estava nervoso nessa", admite Reggie. "Porque, sem as sobreposições, na primeira parte dessa gravação, éramos apenas Elvis e eu. Toquei a introdução com um violão acústico. Lembro que pensei: 'Meu Deus, espero não errar e ter de parar e começar tudo de novo'. Fiquei muito feliz por ter ficado tão bom."

Como a canção estava sendo gravada no decorrer de 23 tomadas (com uma mudança para uma escala maior na quarta tomada), a execução estava tão atrativa que Mike Leech ficou com cada vez mais vontade de participar. "Eles estavam gravando 'In The Ghetto' e Tommy [Cogbill] já havia ocupado a cadeira do baixo", explica ele. "Eu queria tocar algo, mas não sabia o que poderia ser. De repente, notei os tímpanos. Rolei o instrumento até lá, posicionei os tambores, peguei e liguei um microfone, conectei e puxei um cabo até a sala de controle, pluguei o cabo em uma entrada e mostrei a Chips onde os tímpanos estavam conectados. Voltei para o estúdio e toquei os tímpanos por uns segundos e a próxima coisa que ouvi foi: 'Estamos com percussão'. E Gene [Chrisman] fez a contagem e toquei 'dó dó lá dó' nos tímpanos. Foi totalmente por acaso. Se eu encontrasse uma colher ou outra coisa para fazer um som que ficasse bom para aquela gravação, eu teria tocado. Mas parecia que os tímpanos combinavam muito."

Entretanto, é o vocal de Elvis o aspecto mais impressionante da canção, sendo classificado entre os vocais mais admiráveis do cantor por seu controle magistral do começo ao fim, quando, por exemplo, ele eleva a voz e faz um breve intervalo na palavra "blind" no final da primeira estrofe e, depois, baixa-a, chegando a quase um sussurro no final do próximo verso. "Não há muitos artistas que conseguem fazer isso do jeito que Elvis fazia", diz Bobby. "Ele conseguia fazer uma perfeita interpretação de músicas que não havia ouvido muitas vezes. É claro que eu imagino que Elvis a cantava à beira da piscina, como as pessoas costumavam dizer, mas algumas dessas canções ele não havia ouvido muito – algumas das canções novas. Elvis estava fenomenal. A voz dele não precisava ser afinada e nós não tínhamos de cortar trechos de seu vocal de uma tomada para fazer uma composição de tomadas ou qualquer coisa do tipo. Ele simplesmente cantava do começo ao fim."

Como houve uma mudança para um clima mais leve, Elvis regravou seu vocal de "Gentle On My Mind". A sessão foi finalizada com a agitada "Rubberneckin", uma espécie de híbrido pop soul. A canção foi coescrita por Dory Jones e Ben Weisman (usando o nome de sua esposa, Bunny Warren). Por anos, Weisman havia composto, em parcerias, canções para Elvis, incluindo "A Dog's Life" (de *No Paraíso do Havaí*) e a infame "Dominic" (de *Joe É Muito Vivo!*). O próprio Weisman admitiu que essas eram "estranhas", mas, em seguida, completava: "Eu só estava fazendo meu trabalho. Eu compunha esse tipo de canções porque eram solicitadas nos roteiros e eu não recusava trabalho". "Rubberneckin" era uma melhora evidente desse tipo de material, essencialmente uma canção sobre os prazeres de se divertir com os amigos, com a sobreposição de metais e *backing vocals* acrescentando uma dose de energia.

Como se fosse preciso fazer uma pausa depois da solene emoção de "Ghetto", a sessão do dia 21 foi mais tranquila, começando com uma versão livre de "Hey Jude", dos The Beatles. Como Elvis não sabia a letra inteira, ela funcionou mais como uma canção de aquecimento e ficou resguardada até 1972, quando foi usada para completar o álbum *Elvis Now*. A maior parte da noite foi dedicada a sobreposições vocais de canções com as quais Elvis já havia trabalhado ("I'm Movin' On", "Long Black Limousine", "Wearin' That Loved On Look", "You'll Think Of Me" e "This Is The Story"), bem como vocais de canções para as quais a banda já havia gravado um acompanhamento. "My Little Friend" é um country pop, que trata discretamente da perda de virgindade, um acontecimento que faz o narrador jurar que nunca amará outra (um juramento que, previsivelmente, foi dispensado pela última estrofe).

O vocal de Elvis dá a esse exercício de nostalgia um toque de melancolia. "Inherit The Wind" era uma das duas canções de Eddie Rabbit que Elvis gravaria no American, com o mesmo tema "sou um espírito inquieto" de "You'll Think Of Me" e "I'm Movin' On".

"Mama Liked The Roses" foi composta especificamente para Elvis por John Christopher, que tocava baixo em uma banda com Ronnie Milsap, outro músico que trabalhava no American. Christopher havia dado uma demo da canção para Chips e essa tocante letra sobre uma família que recorda a falecida mãe comove já na primeira estrofe cantada por Elvis, que a dedicava à sua própria mãe. Elvis levou a canção para ouvir em casa e, mais tarde, sua comitiva contou a Christopher: "Cara, a canção foi um sucesso na casa de Elvis esta semana. É tudo que ele está fazendo: ouvindo essa canção noite e dia". "Don't Cry Daddy" foi uma espécie de par da canção "Roses", com os filhos do narrador tentando consoloar o pai que está lamentando a morte de sua esposa. Em ambos os casos, a seriedade da intrepretação de Elvis evita que as canções sejam piegas.

Vernon Presley foi à sessão naquela noite e sugeriu a Elvis que gravasse o hit de 1962, "From A Jack To A King", de Ned Miller, uma das canções favoritas de seu pai. A intensa versão de Elvis claramente tinha um tom de ironia, um claro sinal de que ele realmente estava se divertindo, precisando apenas de duas passadas rápidas para conseguirem uma tomada final. Miller depois disse que a versão de Presley passou a ser sua versão favorita de sua própria composição. Elvis também tentou gravar um vocal para "Poor Man's Gold", mas foi interrompido pelo som da sirene de uma ambulância que passava na rua e a canção nunca foi finalizada – um fragmento instrumental de 12 segundos foi lançado no CD duplo de 1999, *Suspicious Minds: The Memphis 1969 Anthology*.

Elvis chegou cedo ao American na noite do dia 22, pois soube que um de seus artistas favoritos, o cantor de R&B Roy Hamilton, esteve gravando no estúdio durante o dia. George Klein deu um jeito de Elvis passar pelo estúdio antes de sua própria sessão começar. Depois de elogiar o talento de Hamilton, Elvis surpreendeu os músicos ao oferecer uma canção que ele próprio iria gravar ("Angelica"), como se fosse um compositor qualquer. Hamilton, de fato, acabou gravando a canção, que foi lançada como uma de suas últimas gravações – ele faleceu alguns meses depois, em 20 de julho, depois de sofrer um derrame cerebral. Nessa noite, Elvis posou para fotos com seu ídolo, estando em uma delas com um sorriso bem largo, com Roy ao seu lado e Chips olhando para ele.

Quando a sessão de Elvis começou, a primeira canção gravada foi "Without Love", interpretada pela primeira vez em 1957 por Clyde McPhatter, outro cantor que Elvis admirava muito. Certa vez, ele disse ao produtor Sam Phillips: "Se eu cantasse como ele, eu não quereria mais nada". Era o tipo de balada dramática que causava grande sensação, a que Elvis sempre mostrava predileção e que se tornaria uma marca registrada de suas últimas apresentações ao vivo. Ela foi gravada com a execução de cinco tomadas. Em seguida, Elvis assumiu o piano na "I'll Hold You In My Heart", de Eddy Arnold, transformando com perfeição em blues o que originalmente era um country. Ele canta parte do verso de abertura duas vezes antes de finalmente completá-lo, habilmente criando uma sensação de intimidade, como se a banda se aquecesse para sua série final da noite e, assim, finalizou a canção em uma única tomada. Um desejo veemente se manifesta em ambas as canções, que comoventemente lamentam um coração desolado.

"I'll Be There" – um hit que fez pouco sucesso com seu compositor, Bobby Darin, em 1960 – ficou muito mais alegre (e descartável), ainda que as cordas e os metais que mais tarde foram acrescentados tenham dado mais consistência à canção. Em seguida, veio outra canção pela qual foi exigido que Chips cedesse parte dos direitos de publicação: "Suspicious Minds".

Mark James, compositor da editora de Moman, Press Music, havia lançado a canção como single pela gravadora Scepter no ano anterior, não tendo sucesso. "Eu sabia que a canção estava em primeiro lugar em Scranton, Pensilvânia", diz Glen Spreen. "Eu não tinha certeza, mas Mark me contou!" Quando lhe pediram para apresentar material para a sessão de Elvis, ele sugeriu essa canção a Chips, que concordou mostrá-la a Elvis, que na mesma hora reconheceu o potencial da canção.

A versão de Mark James também havia sido gravada no American com os mesmos músicos da sessão de Elvis. "Com 'Suspicious Minds', tínhamos uma vantagem, pois já havíamos gravado com Mark", diz Bobby Emmons. "Então, tocamos o arranjo para Elvis ouvir. Eles gostaram e todos os mesmos músicos estavam lá para gravá-la. Se tivesse sido um sucesso com Mark, teríamos mudado [o arranjo], mas essa foi nossa melhor execução até então e, como ainda não havia sido reconhecida, decidimos usá-la."

Nas primeiras tomadas, Elvis repetidas vezes tropeçou em um verso da segunda estrofe, mas, na sexta tomada, ele conseguiu, e a oitava tomada veio a ser a matriz. A canção diz respeito a um casal que se separa por causa de desconfianças, um tema em perfeita consonância com as canções gravadas no American, já que a maioria delas era sobre relacionamentos infelizes. No entanto, enquanto a versão de Mark James apresentava um vocal mais choroso, Elvis deu à canção um caráter enérgico, especialmente no prolongado encerramento da música, com Elvis tão envolvido com seu apelo emocional que não consegue encerrar. Mesmo em seu estado inacabado, ficou evidente que a canção seria vencedora.

Desse modo, a primeira rodada de sessões no American terminou em grande estilo às 7 h, com Elvis e Chips, logo em seguida, dando uma entrevista para o jornal *The Commercial Appeal*, que foi até mais tarde naquele dia. "Tudo começou bem aqui em Memphis, cara, e é tão bom trabalhar neste estúdio", contou Elvis entusiasmado para o repórter James Kingsley, passando a elogiar os músicos, que foram igualmente generosos com ele. "Elvis pega no pesado desde que chega ao estúdio até ir embora para casa", Bobby Wood foi citado como tendo dito. "Ele brinca bastante para deixar todo mundo relaxado, mas leva a sessão muito a sério." Chips também foi generoso em seus elogios, dizendo a Kingsley: "Ele é um dos artistas mais trabalhadores de todos aos quais já me associei. Que energia e entusiasmo ele tinha enquanto trabalhava!". "Gravamos alguns hits, não é mesmo Chips?", Elvis concluiu. "Talvez alguns de seus maiores", respondeu Chips.

Os músicos do American tinham a mesma opinião. "Apesar de nos divertirmos, nós nos considerávamos bons músicos de estúdio", diz Mike Leech. "Foi um grande orgulho para nós gravar esses hits. Sabíamos quando gravaríamos um sucesso. Entrávamos na sala de controle para ouvir um playback e Chips sempre aumentava bem o volume para que pudéssemos sentir a música. Ele sorria de orelha a orelha, nós começávamos a dançar na sala de controle e todo mundo ficava feliz e orgulhoso, inclusive Elvis. Eram só risadas e sorrisos. Não tínhamos dúvida: sabíamos muito bem quando faria sucesso. Dávamos risada e fazíamos sinal de positivo um para o outro e esse tipo de coisa, pois já sabíamos que seria um arraso. E, com certeza, seria."

Apesar das eventuais tensões causadas por conflitos comerciais, todo mundo envolvido reconheceu que as primeiras sessões no American haviam produzido um trabalho extraordinário. Então, assim que Elvis, Priscilla, Lisa Marie e seus amigos viajaram de férias para Aspen, Colorado, foi agendada uma segunda sessão no estúdio. Entretanto, não haveria mais brigas por direitos de publicação: nenhuma canção seria levada para as sessões se não estivesse previamente aprovada.

Como nem mesmo o frio desanimava Elvis, não houve intervalos: as gravações começaram dia 17 de fevereiro e só pararam dia 22 e, como antes, começavam entre 19 h e 21 h e iam até as primeiras horas da manhã. Essa rodada de sessões começou com Elvis seguindo uma tradição do estúdio, cantando alguns versos de "This Time", uma canção que Chips havia composto e que havia feito sucesso com Troy Shondell, em 1961, assim que o produtor entrou para o estúdio. Em sua interpretação, Elvis faz uma transição natural para "It's My Way" e finaliza com "I Can't Stop Loving You" – a gravação foi mais tarde lançada em *Suspicious Minds: The Memphis 1969 Anthology*.

A sessão propriamente dita começou com a melancólica canção de amor "True Love Travels On A Gravel Road", outra composição da dupla Dallas Frazier e Arthur 'Doodle' Owens, que também havia composto "Wearin' That Loved On Look". "Gravel Road" havia feito pouco sucesso nas paradas country com a interpretação de Duane Dee, em 1968. Inicialmente, a canção foi cantada rápido demais, mais adiante, fazendo Elvis dar risada. Na sexta tomada, o ritmo estava mais lento, acentuando a ternura subjacente, ao mesmo tempo em que um sutil sabor instrumental foi adicionado, quando Chips sugeriu que Reggie Young tocasse sua guitarra conectada a uma caixa Leslie, proporcionando uma excelente qualidade.

Agora, completamente à vontade com o estúdio, o produtor e os músicos, Elvis estava visivelmente mais relaxado, o que também ficou evidente na próxima canção, "Stranger In My Own Home Town", de Percy Mayfield. Fazia alguns anos que Elvis ouvia essa canção e, ao interpretá-la, ele se entregou totalmente, deleitando-se na presunçosa e melancólica brincadeira, a ponto de improvisar livremente ao final da primeira tomada, a qual se tornou a matriz. A sessão terminou com o delicado pop "And The Grass Won't Pay No Mind", de Neil Diamond, cumprindo a promessa feita a Diamond de que uma de suas canções seria gravada durante as sessões em troca do adiamento de sua própria sessão no American – Diamond havia enviado um vinil com a canção para George Klein, que a tocou para Elvis em Graceland. Foi uma das poucas canções alegres das sessões, estando Elvis bastante brincalhão: certa hora, ele altera um verso de ouvir "Deus chamando" por "Chips chamando".

A sessão do dia 18 começou com a fanfarronice pesada de "Power Of My Love". A canção foi composta pelo trio Bill Giant, Bernie Baum e Florence Kaye, que havia composto várias canções de filmes de Elvis, incluindo "Queenie Wahine's Papaya" (de *No Paraíso do Havaí*) e "Go East, Young Man" (de *Harum Scarum* – Feriado no Harém). As gravações que não eram de trilha sonora, como "(You're The) Devil In Disguise" (número um da parada de sucessos no Reino Unido) e "Today, Tomorrow, And Forever", tendiam a ser muito mais fortes. "Power Of My Love" satisfazia a predileção do letrista Kaye por duplo sentido (acentuado pelos gemidos fingidos das *backing vocals* que enfatizam certos versos) e, talvez por isso, algumas conversas entre as tomadas tenham ficado um pouco indecentes e libertinas.

"After Loving You" foi, originalmente, gravada por Eddy Arnold em 1962, porém a versão de Elvis leva mais em conta a gravação de Della Reese, de 1965. Elvis tocava informalmente essa canção havia muitos anos e não teve muita dificuldade em assumir o piano nas primeiras tomadas, deleitando-se com o momento. Embora aparentemente seja uma canção sobre sofrimento, há uma incontestável qualidade efusiva de sua voz, principalmente em sua quase improvisação ao cantar o verso "I'm no good" no final da canção. A última canção da noite foi "Do You Know Who I Am?", cuja letra fala da tentativa de recomeçar um romance, ficando ainda mais agridoce quando foram sobrepostos cordas e um pandeiro tocado suavemente.

As gravações do dia 19 começaram com uma das poucas canções do catálogo da Hill & Range das quais Chips admitia gostar: "Kentucky Rain", de Eddie Rabbitt. Há divergências quanto à reação inicial de Elvis em relação à canção: Lamar Fike (que trabalhava para a Hill & Range) recordou que ele não estava muito "empolgado" com ela, enquanto Moman contou que ele "adorou" a canção e "disse sim a ela na primeira vez que a ouviu". Não obstante, a maior parte da sessão foi dedicada a ela, com Elvis se esforçando para encontrar o tom emocional certo para esse conto country sobre um homem que busca seu amor perdido, para animação de Chips, que disse depois na nona tomada: "Elvis, você está cantando bem demais!".

A outra gravação dessa noite foi a igualmente emotiva "Only The Strong Survive", lançada pela primeira vez em novembro anterior, no álbum *The Iceman Cometh,* de Jerry Butler (e coescrita por Butler, Kenny Gamble e Leon Huff) – como single, ficou em quarto lugar na parada de sucessos pop e em primeiro na de R&B. A tocante canção combinava muito com Elvis: abria com uma recitação de um filho contando o conselho que sua mãe lhe deu para superar um romance fracassado. Elvis caçoa de seus primeiros esforços, dizendo durante uma tomada: "Ela disse: 'Filho, essa é uma das piores interpretações que já ouvi você fazer na sua vida inteira!'". Porém, ele continuou por 29 tomadas, quando, por fim, fez uma interpretação profundamente comovente. Elvis também reservou tempo para cantar "Parabéns Pra Você" para Bobby Emmons, que estava comemorando 26 anos de idade naquela noite, para grande alegria de Bobby – Reggie Young lembra que o jovem disse animado: "Cara, Elvis cantou 'Parabéns Pra Você' para mim!".

No dia 20, Elvis começou a sessão com "It Keeps Right On A Hurtin", uma canção da qual ele gostava desde que ouviu a versão de sucesso de Johnny Tillotson na rádio, em 1962. A canção de tempero country era só mais uma lamentação por um romance fracassado, porém Elvis a interpretou com uma delicada sensibilidade e a finalizou em três tomadas. "Any Day Now" era especialmente comovente, com o narrador lamentando um romance que não acabou, mas está prestes a degringolar – uma situação levada à beira do desespero pelo vocal de Elvis, principalmente no final, quando ele implora para seu amor não ir embora. A canção foi originalmente um sucesso de Chuck Jackson, em 1962. Ronnie Milsap, que tocava piano e fazia *backing vocal* nas sessões, alcançaria o primeiro lugar da parada de sucessos com sua própria versão country, em 1982. Embora a canção tivesse o tom certo desde o começo, houve um pouco de dificuldade para definirem o arranjo, o que fez Chips exclamar certa hora: "Conseguimos, cara! Conseguimos! Vamos tocá-la como a sentimos... Não quero perdê-la. Acabamos de conseguir". A sexta tomada foi finalmente escolhida como a matriz. Vernon Presley novamente desempenhou um papel na escolha da canção que Elvis gravou em seguida. Elvis, orgulhosamente, havia apresentado Bobby Wood a Vernon como o homem que cantava uma das canções favoritas de seu pai, "If I'm A Fool (For Loving You)", um sucesso de Wood em 1964 e, então, decidiu gravar a canção. A canção tinha um traço de melodrama country, mas Elvis lhe proporcionou uma suave interpretação, salientando levemente a tristeza. No entanto, ele havia se tornado muito mais crítico com relação às suas interpretações e descartou sua versão da canção por considerá-la "podre". Talvez seja essa a razão pela qual a gravação permaneceu resguardada até 1970, quando apareceu no álbum de baixo orçamento *Let's Be Friends*.

A essa altura, o melhor material disponível para as sessões havia sido todo gravado e as duas últimas noites foram dedicadas a algumas novas canções. A única gravação no dia 21 foi "The Fair Is Moving On". A balada era da dupla de compositores britânicos Doug Flett e Guy Fletcher, que anteriormente havia composto "Wonderful World", gravada por Elvis para o filme *Viva um Pouquinho, Ame um Pouquinho*.

Como lhes foi pedido para apresentarem mais material, os compositores revisitaram o tema "parque de diversões" que haviam usado anteriormente em "County Fair", esperando que a nova canção "pudesse ressoar com o histórico do Coronel", assim como Fletcher afirmou. De fato, pode-se facilmente identificá-la em um dos filmes de Elvis, talvez em uma cena romântica de *Carrossel de Emoções*. Um acompanhamento original também foi criado para "Memory Revival" – outra canção da dupla Frazier/Owens –, mas Elvis acabou não gravando um vocal para ela.

No dia 22, a última noite das sessões, Elvis dedicou a maior parte do tempo gravando sobreposições vocais para "Any Day Now", "True Love Travels On A Gravel Road" e "Power Of My Love". Em seguida, ele gravou mais uma nova canção: "Who Am I?". Tratava-se de uma canção religiosa, originalmente gravada pelo grupo The Inspirations, em 1964, e mais tarde por seu compositor, Charles "Rusty" Goodman, com seu próprio grupo, The Happy Goodmans. Bobby Wood também gravou a canção. Embora interpretada com a reverência apropriada, a canção foi uma ideia de última hora, o que ficou evidenciado pelo fato de a gravação não ser lançada por dois anos, finalmente sendo revelada no álbum de baixo orçamento de 1971 *You'll Never Walk Alone*. Assim, as sessões no American chegaram ao fim.

As canções em seu estado "cru" – antes das sobreposições – foram lançadas em coletâneas oficiais como *Suspicious Minds: The Memphis 1969 Anthology*, entre outras, bem como em vários álbuns piratas. É com esse tipo de gravação que você tem a real noção de quão bom cantor Presley havia se tornado com os anos. "Muito desse material parece uma banda", diz Bobby Emmons. "Antes de todos os metais, as cordas e os vocais de apoio serem incluídos, era uma banda de uns cinco ou seis integrantes. Muitas dessas gravações poderiam ter feito sucesso assim mesmo como estavam. Provavelmente, poderiam ter levado a música a uma direção diferente. Elvis era competente o suficiente e nosso desempenho estava bom o suficiente para sermos uma banda sem toda aquela decoração."

É uma ideia intrigante para ser considerada: embora o refinamento tenha dado às canções um incontestável brilho comercial, as versões originais são especialmente potentes. Também teria sido um avanço para seguir a tendência de artistas que agora fogem dos excessos do movimento psicodélico e tentam voltar às raízes. Curiosamente, ao mesmo tempo em que Elvis estava gravando no American, em janeiro, The Beatles estavam tentando recuperar a essência da banda, procurando gravar um álbum sem excesso de sobreposições. As primeiras gravações de Elvis haviam sido feitas de forma parecida. Qual teria sido a resposta do público a um álbum de Elvis Presley de músicas simples e sem artifícios?

Evidentemente, nenhum plano desse tipo foi considerado para Elvis – tampouco para The Beatles, que mais tarde montou o álbum *Let It Be* com gravações das sessões de janeiro de 1969, utilizando as músicas sem sobreposições. O trabalho de sobreposições nas canções de Elvis havia começado em 19 de janeiro e continuaria até setembro, sendo a maioria produzida por Felton Jarvis. Os arranjos foram fornecidos por Mike Leech e Glen Spreen, que gostavam muito de dar forma a uma gravação. "Não víamos a hora de pegarmos uma gravação básica e começarmos a incluir coisas nela, como sobrepor camadas de guitarra e coisas do tipo", diz Mike. "Para mim, a parte mais divertida era a etapa de sobreposições, quando as gravações, por assim dizer, passam a ter forma, quando você começa a incluir esses pequenos instrumentos extras, bem como começa a introduzir harmonias em melodias que você já tocou nas gravações básicas, e coisas do tipo. Para mim, era só diversão."

Glen Spreen dirigiu os arranjos tendo como propósito ampliar as variações musicais da canção. "Eu achava que sempre deveria fazer algo diferente em cada canção", diz ele. "A primeira coisa que eu precisava fazer era mesclar as gravações, mas destacá-las ao mesmo tempo. Então, eu fazia assim de vez em quando: pegava um trecho que talvez Bobby tocaria – Bobby Wood ou Bobby Emmons – e o repetia com um violoncelo ou uma trompa. Eu fazia isso talvez a cada três ou quatro canções."

"Mas, principalmente, eu queria usar coisas que eram diferentes. Como as canções de Elvis nunca tinham violoncelos e trompas tocando juntos, nunca tinham nenhuma contramelodia em que a gravação principal iria por um caminho e as cordas, por outro – quando a melodia principal baixava, as cordas subiam. As cordas nunca eram sincopadas com Elvis, então, compus muito com cordas sincopadas. Eu compus muitas aberturas de acordes mais baixas, pois, se Elvis usava cordas – o que era raro –, elas eram suaves demais e não muito melódicas. Eu queria ser muito mais expressivo, visto que as cordas dele não passavam de instrumentos utilitários. Então, eu queria fazer coisas bem diferentes. Eu queria usar violoncelos, contraltos."

Os arranjos serviam para dar personalidade às canções. Em "Inherit The Wind", por exemplo, "Mike teve uma ideia para o glissando nas cordas que eu gostei", diz Glen. "Um tipo de glissando trêmulo que imitava o som do vento." O "violino cigano" que toca durante a ponte instrumental de "Any Day Now", segundo ele, "foi algo que pensamos na hora e pedimos para o músico improvisar". As cordas durante o restante da canção sugeriam um sentimento de agitação diante do romance fracassado. As *backing vocals* de "Only The Strong Survive" ressoam a leve repreensão da mãe ao filho na canção. E, no geral, essa instrumentação dá às canções – até mesmo às mais otimistas – um clima melancólico e mais sombrio. "Sim, assim era eu na época", diz Glen. "Eu era desse jeito. Eu era muito sério e, como tinha um histórico clássico, transparecia tocando."

Nem todos os arranjos deram certo para a satisfação de Glen. "No final da canção 'In the Ghetto', as cordas não estão no compasso certo e não entram juntas", diz ele. "Na última parte, logo depois de Elvis dizer 'In the ghetto' pela última vez, as cordas entram, mas não entram muito certo e devemos ter trabalhado nisso uns 30 minutos."

"Eu me recusei a compor arranjos para algumas canções", ele acrescenta. "Bem, não foram algumas, e sim uma: 'Rubberneckin'. Ela me fez lembrar todas aquelas canções ruins de filmes que ele havia gravado e eu não queria me comprometer. Ele fez alguns filmes aceitáveis, como *Balada Sangrenta*, mas a maioria deles era do estilo de *Kissin' Cousins* [Com Caipira Não Se Brinca], entende? Eu via os filmes, mas pensava: 'Que diabos ele pensa que está fazendo?'. Um dia perguntei a Felton: 'Elvis tem noção de quão ruins são esses filmes?'. E Felton disse: 'Sim, mas ele recebe 1 milhão de dólares por cada trabalho'. E eu disse: 'Bem, esta canção é como todas as outras. Esta é uma das piores canções que já ouvi'. E ele disse: 'Bem, você tem de escrever os metais'. E eu disse: 'Não vou colocar meu nome. Farei o seguinte: vou cantarolar algumas peças para os músicos dos metais'. Então, fiz isso e gravamos. A canção tem metais, mas eu me recusei a fazer anotações no papel."

❖

As sessões no American Sound Studio foram as mais admiráveis da carreira de Elvis, não só por causa da quantidade de trabalho que produziram (31 lados em 12 dias, sem contar o inacabado pot-pourri "Hey Jude" e "This Time"), mas também pela qualidade consistente desse trabalho. O mais equivalente a isso provavelmente foram as primeiras sessões pós-Exército, em março e abril de 1960, quando, ao longo de dois dias, Elvis gravou impressionantes 18 lados, incluindo clássicos como "Are You Lonesome Tonight?" e "It's Now Or Never". Essas sessões haviam ajudado a reacender a carreira de Elvis, ainda que seu afastamento do cenário da música nos dois anos anteriores não tivesse afetado muito sua popularidade. Durante seus anos no serviço militar, singles, EPs e álbuns continuaram entre os 20 maiores sucessos das paradas. Entretanto, antes das sessões no American, Elvis estava em situação de tentar ressuscitar uma carreira que já se dava por perdida. Fazer o "Comeback Special" havia ajudado a recuperar sua autoconfiança ao restabelecer o valor de seu trabalho do passado. As sessões no American confirmaram que ele ainda tinha valor também como artista contemporâneo.

Elas também foram as últimas sessões de estúdio a conseguirem isso. Elvis nunca mais voltou ao American, ainda que as sessões no estúdio dessem a ele alguns dos maiores sucessos que ele havia tido em anos. Ficou claro que ele havia se divertido e, depois, ele disse que nunca havia trabalhado tanto em estúdio como trabalhou no American.

Nunca ninguém apontou qualquer caso específico de animosidade que o tenha impedido de voltar, além de uma crescente desconfiança entre aqueles que representavam os lados artístico e comercial do esquema. A lealdade de Moman era com a música, enquanto a de Parker era com o acordo, e nenhum dos dois estava propenso a voltar atrás quando desafiados. O fato de Chips ter sido tão obstinado a resguardar seus direitos de publicação não o havia valorizado para o empresário de Presley. O habitual produtor de Elvis, Felton Jarvis, também havia ficado preocupado com a possibilidade de perder influência sobre o astro. "Você sabe como pessoas gananciosas, políticos e esse tipo de gente sempre rodeiam a arte", diz Bobby Emmons sobre por que Elvis nunca mais gravou no American. "Eles ficam atiçados, alguns ressentimentos aqui, algumas mentiras ali e, entre uma coisa e outra, ele nunca mais voltou."

No entanto, assim como o "Comeback Special", as sessões no American haviam sido um sopro de vida para Elvis, não só confirmando sua competência como cantor, mas também satisfazendo seu desejo de superar um desafio que era digno dele. Na avaliação de Mike Leech: "Todo mundo se curvava diante dele como se ele fosse um deus, e tudo mais. E ninguém tinha coragem de contrariá-lo. Quando o contrariamos, o resultado foi alguns sucessos. Seus maiores sucessos".

Entretanto, levaria alguns meses para que qualquer um desses sucessos começasse a se materializar. "Memories", do especial *Elvis*, havia sido lançada em fevereiro, mas não passou da 35ª posição da parada de sucessos (no Reino Unido, a canção apareceu como lado B de "If I

Can Dream"). Em março veio o single de Páscoa "His Hand In Mine" (gravado em 1960) e o álbum *Elvis Sings Flaming Star*, uma versão da RCA do álbum que a Singer havia lançado em outubro anterior, pelo selo de baixo orçamento Camden, da RCA. O single não fez sucesso (não foi lançado no Reino Unido) e o álbum ficou entre os cem maiores sucessos, não passando da 96ª posição, embora, surpreendentemente, tenha vendido meio milhão de cópias. De qualquer forma, essas gravações não pretendiam muito mais que manter o nome de Elvis ao alcance dos olhos do público.

"Charro!" havia aparecido como o lado B de "Memories" para coincidir com o lançamento do filme em março. A revista *Variety* declarou: "[Elvis] faz um entediante papel que teria feito qualquer ator sério subir pelas paredes". No mesmo mês, iniciaram-se as filmagens do que seria o último filme de Elvis, *Ele e as Três Noviças*, como parte do contrato de filme e especial de TV que Parker havia fechado com a NBC. Elvis faz um médico que trabalha em um postinho de saúde de um gueto e se apaixona por uma das três voluntárias que chegam para ajudá-lo, sem saber que elas são freiras. O filme era um avanço em relação ao habitual trabalho de Elvis, cheio de traços modernos, ainda que, curiosamente, o dilema enfrentado pela amada de Elvis (a atriz Mary Tyler Moore) – ela trocará o Senhor por Elvis? – fique sem resolução. Seguindo a linha dos recentes filmes de Elvis, havia poucas canções: apenas quatro, incluindo a canção título.

As sessões de gravação foram realizadas entre os dias 5 e 6 de março, no Decca Universal Studio, em Hollywood. Na primeira noite, Elvis gravou "Let's Be Friends", uma canção romântica insatisfatória que não apareceu no filme e foi lançada em 1970, no álbum de mesmo nome. "Change Of Habit" (homônima do título original do filme) tinha um ar mais contemporâneo – à parte do trocadilho fraco do título em inglês, que faz referência ao vestuário das freiras –, embora, por parte de Elvis, a falta de interesse pelo material seja clara. O mesmo poderia ser dito da primeira canção gravada na noite seguinte, "Have A Happy", embora ele pareça mais envolvido com "Let Us Pray", talvez, em parte, por ser a canção final da sessão. As filmagens de *Ele e as Três Noviças* começaram em 12 de março, sendo o momento mais importante para Elvis, sem dúvida, quando ele recebe a vista da cantora gospel Mahalia Jackson, que foi ao set solicitar sua ajuda em uma arrecadação de fundos. As filmagens foram concluídas em 29 de abril e, com isso, a carreira de Elvis como um ator dramático chegava ao fim.

A primeira canção das sessões no American foi lançada em meados de abril, o single "In The Ghetto". Ela mostrava prontamente que o sucesso do especial *Elvis* não foi por acaso, ficando em terceiro lugar na parada de sucessos e vendendo mais de 1 milhão de cópias, o primeiro single com tamanho êxito desde 1962 – ela se saiu um pouco melhor no Reino Unido, ficando em segundo lugar. Houve uma pequena confusão com os créditos de produção em seu lançamento: a *Billboard* identificou Felton Jarvis como o produtor da canção nas primeiras duas semanas e Chips Moman nas outras duas. Finalmente, Parker interveio, exigindo que nenhum produtor fosse citado, como foi o caso com outras gravações de Elvis. Além disso, a *Billboard* fez uma crítica de impacto sobre o single, simplesmente comentando: "Elvis em seu melhor".

From Elvis In Memphis foi lançado em junho, tendo como capa uma foto da sequência de abertura do especial *Elvis*: Elvis mostrando-se autoconfiante, com um esboço de sorriso no rosto, parado em pé, com o cenário de andaimes ao fundo, que trazia os cem Elvis fazendo diferentes poses. O álbum foi montado equilibradamente por canções gravadas nas sessões de janeiro e fevereiro: "Wearin' That Loved On Look", "Only The Strong Survive", "I'll Hold You In My Heart", "Long Black Limousine", "It Keeps Right On A-Hurtin", "I'm Moving On", "Power Of My Love", "Gentle On My Mind", "After Loving You", "True Love Travels On A Gravel Road", "Any Day Now" e "In The Ghetto". Surpreendentemente, o álbum não se saiu melhor nas paradas de sucesso do que a trilha sonora de *Elvis*, não passando da 13ª posição – embora tenha alcançado o primeiro lugar na Grã-Bretanha – e vendendo meio milhão de cópias. Mas, criticamente, era a prova final que, depois de anos de trilhas sonoras de filmes, Elvis Presley havia crescido. As canções de *From Elvis In Memphis* tratavam de temas adultos: não era a fantasia de amor romântico comum das canções pop, mas sim o tipo de perspectiva que acompanha uma experiência difícil, o reconhecimento das dificuldades da vida, bem como de suas alegrias.

"Ele nunca esteve melhor e a escolha do material é perfeita", escreveu a *Billboard*. O futuro biógrafo de Presley, Peter Guralnick, foi mais expansivo em sua resenha para a revista *Rolling Stone*: "O que é novo e o que é óbvio partindo das primeiras observações do álbum é a evidente paixão que Elvis dedicou a essa música e, ao mesmo tempo, o risco que ele correu fazendo isso... Ele precisa ter nossa atenção e causa um certo choque descobrir que um herói de quem criamos apenas desprezo existencial, um herói que foi caracterizado com um insensível sorriso desdenhoso e um olhar de triste descontentamento, deveria precisar de nós no final. É o envolvimento dele depois de tudo – essa é a surpresa".

Até mesmo o som era melhor que a produção geralmente fraca das trilhas sonoras de filmes de Elvis. Quando Joan Deary, executiva da RCA que trabalhou nas gravações de Elvis desde que ele assinou contrato com a gravadora, ouviu pela primeira vez as canções das sessões no American, exclamou para Chet Atkins: "O som é tão superior ao que sempre ouvi de Elvis que não dá para acreditar!". Elvis estava contente com a boa recepção em todas as frentes. "Elvis gostou da ideia de ser popular de novo", diz Bobby Emmons. "Não dá para ser tão talentoso como ele era e trabalhar tanto como ele trabalhou naquelas sessões e não ficar contente por elas terem sido recebidas bem por um público que esteve tão distante nos últimos anos."

Em junho, também foi lançada "Clean Up Your Own Backyard", promovendo o futuro lançamento de *Lindas Encrencas: As Garotas* – embora fosse previsto que o filme não estrearia antes de setembro. Apesar de ser melhor, em comparação a uma canção de filme como "Your Time Hasn't Come Yet Baby", sem dúvida, ela foi ofuscada pelos lançamentos de "In The Ghetto" e *From Elvis In Memphis*, não passando da 35ª posição – lançada no Reino Unido em setembro, alcançou a 21ª posição. Ela não importava muito. Agora Elvis estava envolvido em sua próxima aventura: uma volta com tudo aos shows ao vivo.

Capítulo 4

GOOD ROCKIN' TONIGHT

Em 26 de fevereiro de 1969, foi anunciado que Elvis Presley apareceria naquele verão para um mês de apresentações no International Hotel, em Las Vegas, que ainda estava em construção. Nesse dia, Elvis e seu empresário foram para Vegas simular a assinatura de um contrato na frente das câmeras – o contrato propriamente dito não foi assinado até 15 de abril. O que, na última década, Elvis vinha falando frequentemente para os repórteres estava prestes a se tornar realidade: ele voltaria aos palcos.

Não seria a primeira apresentação de Elvis na cidade. Ele havia tocado em Las Vegas em março de 1956, por duas semanas na Venus Room, do New Frontier Hotel. Essa temporada foi um pouco decepcionante, embora dificilmente tenha se falado em fracasso. O grande problema foi que os adolescentes, o principal público de Elvis, foram proibidos de entrar, posto que estava agendada uma matinê para eles em outro dia. Em seu lugar, ele enfrentou um público de adultos desinteressados. Na noite de estreia, logo depois de Elvis começar o show, um espectador gritou: "Droga! Que gritaria é essa?", e mostrou-se furioso. Parker vinha pensando em novas formas de apresentar seu cliente impressionantemente bem-sucedido, mas esse foi um raro passo em falso.

Mas, embora a resposta de Las Vegas a Elvis houvesse sido inexpressiva, ele aproveitou muito na cidade. Para quem gostava de ir dormir tarde (em parte, por causa da insônia que o perseguiu durante toda a vida), Vegas tinha muito a oferecer, principalmente a título de entretenimento e, quando não estava trabalhando, ele costumava ver outras bandas na cidade. O mais importante dessa viagem foi, sem dúvida, quando ele viu Freddie Bell & The Bellboys, no Sands. Foi o cover deles do sucesso "Hound Dog", de Big Mama Thornton, que o inspirou a gravar a canção em sua próxima sessão. Ao longo dos anos, Vegas havia se tornado um de seus playgrounds particulares e ele visitava a cidade frequentemente, entre seus compromissos no cinema. Seu filme de 1964, *Viva Las Vegas* [Amor a Toda Velocidade], havia sido filmado em Vegas (principalmente nas locações dos hotéis Flamingo e Tropicana, bem como no ginásio de esportes da Universidade de Nevada) e, claro, ele havia se casado lá, em 1967.

Mas, com todo o desfrute por parte de Elvis, a cidade ainda não era o lugar mais óbvio para lançar sua volta aos shows ao vivo. Rock não era mais a "mania" que se presumia ser, quando Elvis começou a fazer turnês na década de 1950; agora era uma grande empreitada bem-estabelecida. As bandas que faziam shows de 15 a 30 minutos haviam sido substituídas por grandes bandas de rock, tais como The Rolling Stones, The Who, The Doors e Jimi Hendrix, que tocavam por uma hora ou mais, lotando estádios de ponta a ponta do país. Embora Elvis tenha recebido muitas propostas de trabalho ao vivo depois de o "Comeback Special" ir ao ar, Parker, evidentemente, decidiu que era melhor facilitar sua volta a apresentações ao vivo que empreender uma ambiciosa turnê de grandes proporções e correr riscos. Como tinha a intenção de assegurar um impressionante acordo adiantado, ele não poderia apresentar a volta de Elvis aos palcos simplesmente como seu próximo passo. Tinha de ser "o evento".

Parker havia começado a negociar as apresentações de Elvis, em Vegas, uma semana depois da transmissão do "Comeback Special", e dia 19 de dezembro assegurou o acordo com o International Hotel. O International foi o último empreendimento de Kirk Kerkorian, que havia abandonado os estudos e cujo interesse por aviões e aviação o levou a ser piloto de guerra durante a Segunda Guerra Mundial e, mais tarde, proprietário da companhia aérea Trans International Airlines. Em 1962, ele adquiriu terras em Las Vegas, as quais arrendou para outro empreendedor, que construiu o suntuoso cassino Caesars Palace no local. Depois, ele decidiu entrar para o ramo de cassinos e, então, comprou o hotel Flamingo, em 1967, utilizando-o como campo de treinamento para os funcionários que ele desejava contratar no novo cassino que planejava construir. Na época, o International era o maior cassino de

Las Vegas. Seus 30 andares – que faziam dele o edifício mais alto de Nevada – ostentavam mais de 1.500 quartos; sua sala de espetáculos com 2 mil assentos era apenas um dos três locais de entretenimento do hotel; e seu cassino, com mais de mil caça-níqueis, era conhecido como o maior do mundo. Até mesmo a piscina batia recorde: 1.325 mil litros de água constituíam o segundo maior reservatório de água construído pelo homem no estado, sendo o Lago Mead o primeiro.

Seria não só um impressionante cenário para revelar o novo Elvis, mas também uma publicidade a mais que resultaria da cobertura da inauguração do hotel. Mas Parker, sempre cauteloso, preferiu que Elvis não inaugurasse a sala de espetáculos, pois não queria que seu cliente se apresentasse em um local que não tivesse sido testado antes. Barbra Streisand, então, teria a honra de inaugurar o "Showroom Internationale". O acordo final determinou que Elvis faria quatro semanas de shows de duas horas cada um, sete dias por semana, por um cachê de 100 mil dólares por semana – ficaria por conta dele o pagamento de seus próprios músicos e cantores, sem mencionar Parker.

Elvis idealizou o tipo de apresentação que ele gostaria de fazer. Diferentemente dos filmes, e até mesmo do "Comeback Special", a produção de Vegas seria inteiramente de sua própria criação. Ele convidou praticamente todos os músicos com os quais havia trabalhado. "Ligamos para Tom Diskin, braço direito de Parker", diz Scotty Moore. "Todos os músicos de Nashville – Bob Moore, DJ Fontana e eu, acho que Floyd Cramer, e, claro, The Jordanaires. Eles queriam que fôssemos trabalhar em Vegas e teríamos de ensaiar por uma semana. Naquela época, as gravações estavam em alta em Nashville. The Jordanaires já estavam com a agenda completa de sessões. Eu estava trabalhando de 12 a 14 horas por dia com engenharia de som e todos os outros caras estavam tocando duas, três, quatro sessões por dia. E o que eles estavam oferecendo, por semana... Era uma decisão crucial que tínhamos de tomar." "Ganharíamos mais dinheiro aqui em Nashville", concorda Gordon Stoker. "Mas detestamos não aceitar, pois adorávamos Elvis de verdade e não queríamos abandoná-lo."

Elvis também perguntou aos músicos com quem ele havia trabalhado recentemente no American se estariam interessados. Eles recusaram, pois não estavam interessados em tocar em uma banda que acabaria pegando a estrada. "Ninguém queria", diz Reggie Young. "Todos nós gostávamos muito de ficar em casa à noite. Não éramos muito de estrada, de ficar viajando para cima e para baixo. Então, recusamos a proposta." "Almejávamos ser apenas músicos de estúdio", acrescenta

Mike Leech. "E não queríamos colocar tudo a perder. Já tínhamos feito nossa cota de trabalho em estrada com diferentes grupos, e essa experiência havia nos deixado um gosto amargo de que ficaríamos longe de casa o tempo todo e não desfrutaríamos da convivência em família, e todo esse tipo de coisa. Não era atraente para nós naquela época."

Elvis, por fim, entrou em contato com um músico com quem ele nunca havia trabalhado: James Burton. Burton cresceu em Shreveport, Louisiana, e iniciou-se muito jovem na guitarra, entrando para a banda Louisiana Hayride aos 14 anos. Hayride era um programa de rádio ao vivo transmitido semanalmente, do qual Elvis havia participado várias vezes na década de 1950. Depois ele entrou para a banda do roqueiro Dale Hawkins, coescrevendo o clássico de Hawkins de 1957, "Susie Q", de 1957. Três anos depois, ele foi contratado para acompanhar Ricky Nelson no programa popular de TV *The Adventures Of Ozzie And Harriet*, tocando com Nelson por dois anos. Depois trabalhou como músico de estúdio – tocou na gravação da trilha sonora de *Amor a Toda Velocidade* – e foi integrante da The Shindogs, a banda do programa de rock na TV *Shindig!*. Ele também havia sido convidado para tocar na banda do "Comeback Special" de Elvis, mas, na época, estava gravando para Frank Sinatra.

Elvis chamou James em casa e os dois acabaram conversando por várias horas. James não só aceitou fazer os shows, mas também montar a banda de Elvis para ele. Elvis explicou que queria músicos versáteis e abertos a improvisações, enquanto James tinha seu próprio requisito: "Eu queria músicos que tocassem com a mesma energia, sentimento e alma de Elvis". Ele chamou Jerry Scheff, com quem havia tocado no *Shindig!* e em várias sessões, para fazer uma audição no baixo. Scheff havia sido músico de estúdio em Los Angeles, desde meados da década de 1960 e havia tocado na trilha sonora de *Canções e Confusões*, embora ainda não conhecesse Elvis pessoalmente.

"Eu não iria aceitar porque, na época, estava fazendo black music, jazz", diz Jerry. "Fui até lá [para fazer a audição] apenas por curiosidade. E lá estava sentado esse cara: um cara muito, muito gente boa, que me recebeu bem. Ele era muito educado. De repente, ele começou a cantar. Ele cantou tudo que achava que gostaríamos, como blues e coisas do tipo. Eu fiquei de boca aberta. Pensei comigo: 'Quer saber? Acho que tenho coisa para aprender aqui. Era quase como ir à escola'" Jerry ficou tão impressionado que, depois de ser contratado, ele insistiu para sua esposa ir assistir a um ensaio.

John Wilkinson, outro músico de estúdio, havia acabado de assinar um contrato com a RCA quando Burton lhe perguntou se ele estaria interessado em tocar guitarra rítmica. Wilkinson tinha 11 anos de idade quando viu Elvis pela primeira vez. Ele conseguiu ficar nos bastidores quando Elvis fez show em Springfield, Missouri, em 17 de maio de 1956, e, descaradamente, disse ao cantor que tocava guitarra melhor que ele. Ele havia se mudado para Los Angeles, onde tocou em sessões de estúdio e, na TV, fez parte da banda do Ninth Street West, um programa de dança voltado para adolescentes. Elvis havia ligado para lhe fazer a proposta minutos antes de James Burton ligar.

Larry Muhoberac, que era natural de Louisiana, havia se mudado para Memphis em 1959 e trabalhado com Elvis ao longo dos anos. Ele foi diretor musical das primeiras apresentações ao vivo que Elvis fez pós-Exército, em 25 de fevereiro de 1961, em Memphis, e tocou piano em uma canção de trilha sonora de Elvis.

Larry também era amigo de um baterista chamado Ronnie Tutt, com quem havia trabalhado para a Pepper Tanner Company, em Memphis (a gravadora de *jingles* publicitários em que Marty Lacker tocava). Ronnie, desde então, havia voltado para sua terra natal, Texas. Larry e Ronnie estavam pensando em se mudar para Los Angeles e, quando Larry foi contratado para trabalhar na banda de Elvis, ele sugeriu a Ronnie se juntar a eles, já que os shows seriam uma boa chance de se divulgarem. "Ele basicamente disse que seria uma ótima forma de conseguirmos a atenção de todo mundo em Los Angeles, pois, provavelmente, todos os empresários da música e do entretenimento estariam lá para vê-lo, já que fazia dez anos que ele não fazia show", diz Ronnie. Então, ele colocou meu nome na lista e começaram a fazer audições de bateristas. Na sexta-feira, ele me ligou e disse: "Fizemos audições com todos os bateristas da cidade e Elvis não ficou satisfeito com nenhum. Então, falei de você para ele. 'Você pode vir aqui amanhã à tarde?' Então, respondi que poderia".

O próprio Ronnie reconhecia que "não era muito fã de Elvis Presley, certamente não era de sua carreira como ator e nem mesmo de sua música. Eu curtia R&B ou jazz. Tendo crescido no Texas com o legítimo R&B negro, a meu ver, ele não era muito autêntico – eu era bem ingênuo. E, por ter um histórico de jazz sinfônico, eu sempre menosprezei as outras coisas". Ele havia conhecido Elvis no verão de 1955, em uma apresentação em Fort Worth, Texas, quando tocava na banda de um programa de rádio chamado *North Side Jamboree*. Ele não havia ficado impressionado com as roupas de Elvis, mas ficou mais chocado quando

Elvis arrebentou as cordas de sua própria guitarra e, então, pegou emprestado o instrumento do guitarrista rítmico da banda de Ronnie. "Era uma linda Martin antiga e ele simplesmente arranhou toda a frente com profundas palhetadas", diz Ronnie. "E a devolveu sem nem ao menos pedir desculpas. Por isso, não tive uma boa primeira impressão dele. Mas acho que pior foi o fato de que eu havia levado minha namorada e ela ficou boba pelo cara. Digo, ela ficou louca por ele."

Ronnie, então, foi correndo para Los Angeles para se juntar à banda de Elvis. Depois de montar sua bateria, ele ficou decepcionado quando soube que outro baterista, Gene Pello, um veterano de várias sessões da Motown, havia sido escalado para fazer a audição antes dele. Ele ficou ainda mais preocupado quando Pello pediu para usar sua bateria. "Os caras faziam sinais de positivo conforme o ouviam tocar, como se pensassem: 'OK, encontramos o cara'", diz Ronnie. Entretanto, Larry lembrou Elvis que Ronnie havia sido pago para ir de avião fazer a audição. "Então ele disse: 'OK, mais uma música, pois temos mais um cara para ouvir'."

Quando, finalmente, ele foi apresentado a Elvis, "tudo fez sentido", diz Ronnie. "Ele tinha tamanho carisma que você conseguia entender verdadeiramente por que todo mundo era tão atraído, tão fascinado por ele. Digo, o cara era demais. Era só conhecê-lo e olhar nos olhos dele que a pessoa se dava conta disso. E, daquele momento em diante, passei a observá-lo, olhar nos olhos dele, observar seus movimentos, observar tudo que ele fazia. E ele me disse: 'O que me impressionou em você, Ronnie, foi o fato de que você não se mostrou indiferente, você ficou me observando. Tudo que eu fazia, você aprendia, tudo, e salientava'. Falei disso com DJ [Fontana] e ele disse a mesma coisa: parecia que estávamos trabalhando para uma stripper. Éramos como bateristas que sempre salientavam as moças que faziam todo tipo de movimento com o corpo quando dançavam. Era isso o que fazíamos com Elvis."

Com uma banda montada, o restante começava a tomar forma. Elvis tinha uma ideia bem definida do que queria fazer. "Ele me contou pessoalmente", diz Ronnie. "A ideia original do Coronel Parker era ele fazer show com dançarinas no palco – típico formato de Vegas – e ele odiou essa cogitação. Ele disse que uma noite havia sonhado que estava em frente a uma grande orquestra no palco e que, atrás dele, havia uma seção rítmica bem dinâmica, um grupo soul de negras e um grupo gospel de brancos, fazendo o show com ele. E ele disse: "Liguei para o Coronel e o acordei, pois ele ainda estava dormindo, e disse que era isso o que eu queria fazer. O Coronel disse que não e essa foi a única vez que eu o contrariei. Eu disse: 'Coronel, vamos fazer assim ou não farei absolutamente nada'." Ele venceu essa batalha. Ainda bem, pois, se você observar bem, ninguém estava fazendo nada parecido. Roqueiros não queriam tocar em Vegas por causa do que tinham de fazer, porém não havia nenhuma norma que determinava o que fazer. Então, Elvis criou essa noção, esse visual, essa abordagem. Tínhamos de observar tudo que ele fazia, pois ele queria que tocássemos de acordo com seu jeito. Ele era muito, muito rítmico e muito expressivo nesse sentido."

De qualquer forma, Elvis não parou de contratar gente para a nova banda. A fim de preencher o som, ele também contratou dois grupos de vocalistas. O quarteto gospel The Imperials havia trabalhado com Elvis em seu álbum religioso, de 1966, *How Great Thou Art*, porém agora a formação era outra: quando foram convidados para fazer os shows em Vegas, o grupo era composto por Terry Blackwood (filho de Doyle Blackwood, integrante original do The Blackwood Brothers Quartet, um dos grupos gospel favoritos de Elvis), Armond Morales, Joe Moscheo, Jimmie Murray e Roger Wiles. Inicialmente, o grupo não sabia como seus fãs reagiriam quando o vissem cantar "Sin City" [Cidade do Pecado], mas concluíram que era uma oportunidade que não poderiam perder. Embora a maioria deles não tivesse participado das sessões de *How Great Thou Art*, eles sabiam do amor de Elvis pela música gospel e eram fãs do trabalho dele.

The Sweet Inspirations – The Sweets, para abreviar – era um grupo de negras formado por ex-integrantes do grupo gospel The Drinkard Singers. Em 1967, Estelle Brown, Cissy Houston (mãe da cantora Whitney Houston), Sylvia Shemwell e Myrna Smith formavam o grupo The Sweet Inspirations, fazendo *backing vocal* para muitos artistas, inclusive Aretha Franklin. Elas também lançaram gravações sob o nome do grupo, sendo a canção "Sweet Inspiration" (gravada no American) a que mais fez sucesso, ficando em 20º lugar na parada de sucessos pop e em quinto na de R&B. Elvis conhecia bem o trabalho delas e o grupo foi contratado para a temporada sem ter de fazer teste. Millie Kirkham, cujo admirável soprano havia abrilhantado várias gravações de Elvis, foi contratada como cantora solo. O fiel escudeiro Charlie Hodge também foi contratado como integrante do grupo, tocando guitarra rítmica e fazendo vocais, bem como atendendo às necessidades de Elvis no palco, certificando-se de que ele sempre tinha água à mão, por exemplo. Depois, ele também ficou responsável por reabastecer o estoque de lenços que Elvis distribuía à plateia.

Os ensaios com a banda (sem os *backing vocals* e a orquestra do hotel International, que foi regida por Bobby Morris) começaram em 18 de julho nos estúdios da RCA, na Sunset Boulevard, em Los Angeles – apenas 13 dias antes da estreia em Las Vegas. A banda ensaiou cem canções, o que tanto divertiu Elvis quanto serviu para ele ver quais ficariam melhor ao vivo. Entre as canções que não acabaram sendo cortadas estavam "Trying To Get To You", "Memphis, Tennessee", "Rip It Up", "Lawdy Miss Clawdy", "Green Green Grass Of Home" (Elvis, particularmente, havia simpatizado com a versão da canção que Tom Jones fizera em 1966) e "Release Me", um recente sucesso de Engelbert Humperdinck. "Os ensaios foram bem livres", diz Ronnie. "Elvis gostava de ficar bem relaxado... Ele gostava de se divertir de verdade. Era uma chance para sair de seu mundo e entrar na música. Era o que ele mais gostava de fazer. Era uma chance para realmente crescer musicalmente."

"Uma das coisas divertidas de tocar com ele era que, contanto que encaixasse, você podia tocar tudo que quisesse", diz Jerry. "Ele confiava em todo mundo e não me lembro de ter visto ele repreender alguém dizendo: 'Não toque isso'." Embora o repertório definido trouxesse 50 sucessos de Elvis, ele estava decidido de que as novas versões deviam ser autênticas e contemporâneas, dizendo a Ronnie: "Não toque como tocávamos essas coisas naquela época. Algumas delas nem tinham bateria. Toque do jeito que quiser e, se não ficar bom, voltamos a nos falar. De qualquer forma, não se preocupe. Faça o que você sabe fazer. Por isso, você está aqui". "Foi ótimo", diz Ronnie. "Ele me deixou bem livre para criar coisas diferentes."

❖

Os ensaios em Vegas começaram em 24 de julho e a banda, os cantores e a orquestra finalmente ensaiaram juntos em 29 e 30 de julho. Joe Moscheo, do The Imperials, descreveu Elvis como tendo "a postura de um campeão de corrida de cavalos prestes a entrar no boxe" e estando excepcionalmente em forma – ele havia começado a usar pesos nos pulsos e nos tornozelos durante os ensaios. As The Sweets ficaram encantadas com o novo patrão, quando Elvis começou a cantar o single do grupo, conforme andava na direção delas. "Na hora, harmonizamos e nos apaixonamos por ele com aquele jeito", diz Myrna Smith.

Durante a montagem do show, Elvis era bem direto quanto ao que ele queria dos músicos, embora nunca deixasse de fazer suas solicitações educadamente. Quando John Wilkinson sentiu dificuldade para tocar um trecho, Elvis aproximou-se e cantou para ele; outras vezes, ele demonstrou o que queria tocando no piano. "O método era simples, mas eficaz", diz Moscheo. "Embora ele fosse um músico basicamente autodidata, ficávamos impressionados com a clareza de estilo e determinação com que ele buscava o som exato que havia idealizado."

Entretanto, conforme a noite de estreia se aproximava, apareciam os primeiros sinais de nervosismo. Glen Spreen, que havia escrito arranjos alegres para "In The Ghetto" e "Suspicious Minds", observou que, durante os ensaios, uma semana antes da estreia, a tensão havia aumentado. "Lembro muito bem que, de vez em quando, Elvis ficava um pouco frustrado", ele diz. "Se ele não se lembrasse da letra ou acontecesse alguma coisa, como o papel da letra cair no chão, ficava zangado. Então, ficava frustrado consigo mesmo e suspenso até ele se recompor e voltar a cantar." Elvis também falou de sua crescente preocupação para seus amigos, admitindo para Sandi Miller: "Fui para Vegas uma vez e fracassei. E se eu fracassar de novo?". "Ele estava morrendo de medo", diz ela.

Enquanto isso, Bill Belew elaborava os figurinos de Elvis para o show. "Eu não havia imaginado que o traje preto de couro [que ele vestiu no "Comeback Special"] teria o efeito que teve", diz ele. "Percebi que as fãs gritaram quando ele apareceu no palco, mas pensei: 'Elas estão gritando assim por causa do Elvis'. Mas, na segunda apresentação dele, me dei conta de que o figurino era uma parte muito importante de sua imagem, por causa da reação das fãs. Como acabei ficando bem perto do público, ouvi algumas garotas dizendo: 'Ele está sensual!'. Então, quando o Coronel me ligou e disse que eu faria o figurino de Elvis em Las Vegas, uma coisa eu já tinha em mente: 'Ele tem de ficar sensual!'." Belew desenhou vários trajes de duas peças para Elvis, tendo como modelo um "karatê gi" – a peça de cima era de estilo túnica de decote V profundo com uma faixa de bordado em zigue-zague. Em total contraste com o exuberante figurino de palco dos últimos anos, agora os trajes eram mais simples, praticamente sem enfeites: cores lisas (branco, azul-marinho ou preto) e poucos acessórios, como cinto de macramê, lenços e joias – Priscilla procurava peças que ela imaginava que interessaria Elvis. James Kingsley, do *The Commercial Appeal,* de Memphis, referiu-se ao figurino como "um smoking de caratê".

Quando não estava ensaiando, Elvis acompanhava os espetáculos em Vegas e, então, viu a noite de encerramento das apresentações de Barbra Streisand no International, no dia 28. Ele observou que o palco era grande, mas estava confiante de que sua grande banda, cantores e orquestra preencheriam perfeitamente o espaço. A RCA publicou uma nota à imprensa promovendo os shows: "Em 31 de julho de 1969, um alto, magro, bonito e talentoso ator e cantor fará sua primeira apresentação diante de uma plateia ao vivo depois de mais de uma década, subindo ao palco do novo International Hotel em Las Vegas". Depois da nota, Elvis fez anotações do que ainda precisava ser feito: "consertar braceletes; vitrola para o camarim".

Houve apenas uma apresentação na noite de estreia. O convite dizia: "Elvis e o International Hotel de Las Vegas têm o prazer de convidar o Senhor e sua Senhora para o espetáculo de estreia, em 31 de julho de 1969", além de especificar que o coquetel seria às 19 h e o jantar show, às 20 h. As demais apresentações seriam às 20h15 (quando seria servido o jantar) e à meia-noite, sendo um mínimo de 15 dólares por pessoa. Como de costume, Parker havia espalhado por toda cidade uma série de materiais promocionais. Um anúncio publicitário de duas páginas trazia uma ilustração de Elvis tocando guitarra com seu traje de couro do "Comeback Special", com a página da direita dando destaque para o comediante Sammy Shore (que Elvis havia visto abrindo um show de Tom Jones), The Imperials, The Sweet Inspirations, Bobby Morris e os integrantes da banda de Elvis. Uma nota no fim da página brincava: "P.S.: Eu também estou no show! – ELVIS". O letreiro do lado de fora do International também anunciava o cantor como "ELVIS", sem o sobrenome, com letras de três metros de altura – maiores que as do próprio nome do hotel.

Anúncios de rádio e TV também divulgaram os shows sem parar – alguns dos anúncios de rádio consistiam em unicamente o locutor repetir o nome "Elvis!" – e, assim, em meados de julho os ingressos estavam praticamente esgotados. Por precaução por parte de Parker, os anúncios continuaram passando mesmo depois que os ingressos se esgotaram. Chegavam fãs não só de todos os cantos do país, mas também do mundo. Kirk Kerkorian voou com um grupo de jornalistas de Nova York em seu avião particular, um DC-9 "reformado para acomodar 20 pessoas e deixar as acomodações de primeira classe mais modestas", escreveu Ellen Willis, no *The New Yorker*. A plateia da noite de estreia estava lotada de estrelas: Pat Boone, Petula Clark, Phil Ochs, Ann-Margret (coadjuvante de Elvis em *Amor a Toda Velocidade*), Burt Bacharach e sua esposa Angie Dickinson, Dick Clark, George Hamilton, Cary Grant e Shirley Bassey estavam entre os presentes. "Paul Anka andava de um lado para o outro tentando ser notado a todo custo", também observou o *The New York Times*. Em cada mesa, havia uma caixa de brindes: a trilha sonora *Elvis* e o álbum *From Elvis In Memphis*, um programa e outra lembrança. Todas as garçonetes ostentavam um bóton de Elvis.

O show começou com uma abertura feita pelo The Sweet Inspirations, seguida pelo comediante Sammy Shore. Nos bastidores, Elvis estava ficando cada vez mais nervoso, ainda que vibrando energia apesar do fato de terem feito três ensaios gerais naquele dia. "Fomos até seu camarim antes do show e ficamos um pouquinho com ele", recorda Jerry Scheff. "Parecia que ele iria sair voando. Suas pernas estavam a mil por hora e suas mãos batiam nas coisas. Ele se preocupava demais com detalhes. Estava nervoso pensando em como as pessoas iriam recebê-lo depois de todos esses anos." "Ele estava com medo", concorda Ronnie Tutt. "Sem dúvida, morrendo de medo. Mas esse era o encanto: ele adorava esse desafio. Adorava essa sensação de adrenalina, por não fazer ideia de qual seria a aceitação do público. Era um contrato de peso, e havia muita pressão sobre ele." "Ele sempre ficava nervoso antes dos shows", disse Joe Esposito. "Mas ele nunca mais ficou nervoso desse jeito."

O show de Elvis começou por volta das 22h30, quando se abriram as cortinas de lamê dourado e Elvis, vestindo um de seus trajes pretos, entra dando passos largos até o centro do palco, agarra o microfone e se lança em "Blue Suede Shoes". A plateia estava a seus pés, ovacionando até mesmo antes de ele começar a cantar – e esse entusiasmo não diminuiu durante todo o show. "Quando terminamos a primeira canção, o lugar foi à loucura", diz Jerry. "E eu pude ver a mudança na fisionomia dele. Era como se pensasse: 'Meu Deus, eles ainda me amam!'. A partir desse momento, foi fácil demais para ele."

A RCA não começou a gravar os shows para o esperado álbum ao vivo até dia 21 de agosto – tampouco surgiu alguma gravação pirata da noite de estreia – e, embora o repertório variasse a cada noite, em grande parte foi assim durante toda a temporada. A primeira metade do show foi, principalmente, de canções do passado de Elvis. Uma rápida introdução de jazz da orquestra emenda na improvisação de abertura de "Blue Suede Shoes", continuando por quase um minuto e proporcionando ao show um começo fluente. A canção não estava tão dura quanto a versão do "Comeback Special", sem o tom exuberante, mas ela ainda fazia barulho com seu próprio tipo de energia nervosa, iniciando o show com uma explosão, conforme, claramente, era a intenção. Um engraçado e interminável "We-ee-l-l-ls" finalmente foi interrompido pelo que, invariavelmente, seria o segundo número, "I Got A Woman", o cover de Ray Charles que havia aparecido no primeiro álbum de Elvis e que havia sido um dos momentos favoritos de suas primeiras turnês. Elvis agita-se durante a canção com tanta velocidade, cantando tão rápido que quase tropeça na letra. O ritmo não diminuiu com "All Shook Up", o primeiro verdadeiro sucesso do show – "Blue Suede Shoes" não havia alcançado as paradas de sucessos e "I Got A Woman" nunca foi lançada como single.

Foi nesse momento que Elvis deu à plateia as boas-vindas ao "grande e velho peculiar International Hotel", sempre observando os "anjos esquisitos" pendurados no teto da esplêndida sala de espetáculos: "Você não reparava em nada até ver um anjo esquisito. Cara, pode crer". Agora ele diminui o ritmo com "Love Me Tender", que recebeu um alegre arranjo pop. Este acabou sendo o número em que Elvis mais aproveitou para dar beijos nas mulheres que conseguiam subir no palco – às vezes subindo em cima das mesas das outras pessoas para chegar até ele.

Depois, voltaram ao rock com um pot-pourri de "Jailhouse Rock" e "Don't Be Cruel", estando Elvis tão empolgado com o espírito frenético da interpretação que na parte da letra *"knocked out jailbird"*, de "Jailhouse Rock", parece que ele canta *"sonofabitch"*. O primeiro grande sucesso nacional de Elvis, "Heartbreak Hotel", não estava tão árduo a ponto de arrepiar como o single original, mas ficou muito mais melancólico com o solo de guitarra de James Burton e os timbres de voz das The Sweets. Tal como em suas apresentações da década de 1950, a canção seguinte exigiu uma introdução especial. Era uma canção mensagem e Elvis a explicou pacientemente, contando detalhes de como, certa vez, ele tentou conquistar uma jovem com sua "mensagem" – sua apresentação normalmente levava mais tempo que a própria interpretação da canção. Por último, ele irrompe em uma explosiva "Hound Dog", correndo por ela em um minuto e meio, como se estivesse tentando bater novo recorde de velocidade.

Após verificar a credibilidade de Elvis na década de 1950, passou-se a um material mais novo. "Memories", interpretada pela primeira vez no "Comeback Special", foi a primeira canção a realmente fazer uso da orquestra do International – nos números de rock, a orquestra ficava mais evidente no encerramento das canções, com os metais ressoando o acorde final. Apesar de insistir: "Consigo tocar só um pouquinho dessa", Elvis deleita-se interpretando "Baby What You Want Me To Do" tanto quanto nas apresentações sentadas do "Comeback Special", gritando: "Toque, James!", antes de começar o trecho instrumental. Uma versão animada do primeiro sucesso de Elvis pela gravadora Sun,

"Mystery Train", geralmente intercalada por suas risadas, emenda em "Tiger Man", também interpretada pela primeira vez na segunda apresentação sentada do "Comeback Special". Conforme Ronnie Tutt acelera o ritmo e James Burton se lança em pungentes frases de guitarra, a afirmação de Elvis na letra de que ele é o rei da selva não é vista como jactância, mas sim uma simples constatação.

Dos novos covers, uma das escolhas mais incomuns foi "Runaway", de Del Shannon, uma canção que Elvis se imbui de paixão mais intensa que a versão original, ainda que tenha sido deixado para The Sweets fazerem o falsete que Shannon havia cantado durante o refrão. Embora ele nunca tenha oficialmente gravado uma canção dos The Beatles em estúdio – sua versão de "Hey Jude" nas sessões no American havia sido apenas uma improvisação, e uma posterior gravação de "Lady Madonna" foi lançada só depois de sua morte –, Elvis costumava incluir alguma canção dos The Beatles em seus shows, começando em 1969 com "Yesterday". A sinceridade da canção, às vezes, era abalada por uma improvisação engraçada – por exemplo, em vez de "half the man" [metade do homem], Elvis canta "half the stud" [metade do garanhão]. Por outro lado, foi um cover agradável e tranquilizante, apesar de um final intencionalmente "comercial", quando a canção repentinamente emenda na coda do final de "Hey Jude" – possivelmente incluída porque Elvis havia acabado de gravar a canção, ainda que ela não fosse lançada até 1972.

Finalmente, seriam apresentados os novos sucessos de Elvis. Com a orquestra do International e dois grupos de *backing vocal* o acompanhando, "In The Ghetto", compreensivelmente, não tinha a seriedade da versão de estúdio, mas, ainda assim, ofereceu ao público uma convincente amostra do amadurecimento musical de Elvis desde a época de seus hits na década de 1950. "Suspicious Minds" prontamente virou o destaque do show. A canção não havia sido lançada como single até a estreia da temporada em Vegas e Elvis a incorporou em um número de sete minutos tão aclamado pela plateia que praticamente garantiu que se tornaria um hit. No encerramento, Elvis repete os dois primeiros versos da canção em uma prolongada improvisação em que o volume sobe e abaixa, fazendo-o reagir propulsoramente com o corpo, abaixando-se até o chão e girando, fazendo bases de caratê, mas sempre em pé e com os brancos para cima no final da canção. Ela tornou-se não só o eixo do show, como também sua música de trabalho nos anos 1970, uma razão pela qual fez parte dos futuros repertórios por mais tempo que "In The Ghetto".

Às vezes, ele mantinha a energia alta fazendo outro cover de Ray Charles, "What'd I Say", que mostrou seu mais potente vocal. Outras vezes, ele ia direto para a canção que se tornaria o número de encerramento padrão de todos os shows subsequentes: "Can't Help Falling In Love", do filme *Feitiço Havaiano*. Foi uma excelente música de encerramento, não só instantaneamente reconhecida por causa do sucesso do filme, mas também o tipo de balada que agrada multidões, proporcionando uma sensação de plenitude, da noite chegando a um grandioso fim com a interpretação de uma canção, tendo Elvis dito ao apresentá-la: "Especialmente para vocês".

Segundo o livro *Elvis Vegas '69*, o repertório completo da noite de estreia foi: "Blue Suede Shoes", "I Got A Woman", "That's All Right", "All Shook Up", "Jailhouse Rock"/"Don't Be Cruel", "Heartbreak Hotel", "Love Me Tender", "Hound Dog", "Memories", "My Babe", "I Can't Stop Loving You", "In The Ghetto", "Suspicious Minds", "Yesterday"/"Hey Jude", "Johnny B. Goode", "Mystery Train"/"Tiger Man", "What'd I Say" e "Can't Help Falling In Love".

O show foi bem parecido com os shows ao vivo do "Comeback Special", dando ênfase às canções mais antigas, reapresentando Elvis a uma plateia que seria a mais familiarizada com seus maiores sucessos. Enquanto a maioria dos artistas cantaria mais músicas do último lançamento, principalmente se fosse um álbum de sucessos, Elvis raramente cantou canções das sessões no American, com exceção dos singles. Glen Spreen havia feito arranjos alegres para "I'm Movin' On", "Any Day Now", "Only The Strong Survive", as quais haviam sido ensaiadas, bem como para "Gentle On My Mind". As próprias anotações de Elvis indicam que ele estava considerando cantar também "You'll Think Of Me", "The Fair Is Moving On", "And The Grass Won't Pay No Mind" e "Without Love". Experimentou-se fazer algumas canções das sessões no American durante a temporada: "Inherit The Wind" no jantar show de 26 de agosto, e "Rubberneckin" e "This Is The Story" no show da meia-noite de 26 de agosto, mas logo foram suspensas. Talvez o tom sombrio do material do American não traduzia bem o ambiente glamoroso de Las Vegas. Certamente, havia um pouco de ironia subjacente em interpretar "In The Guetto" em uma cidade cuja *raison d'être* era a celebração do consumo conspícuo.

Outro fator era que as canções do American não combinariam com um show cujo astro continuamente enfatizava que ele não se levava tão a sério, tal como em seus comentários de autodepreciação da abertura: "Antes da noite acabar, eu terei passado por ridículo. E espero que vocês se divirtam vendo isso". Desde o princípio, sempre houve um elemento forte de comédia nas atuações ao vivo de Elvis. A censura da década de 1950, que havia ficado escandalizada com o que considerou movimentos vulgares nos shows de Elvis, não percebeu o humor subjacente: Elvis tentava provocar uma risada tanto quanto um grito. Que ele adorava brincar com o público fazendo seus trejeitos de marca registrada, ficou claramente evidente nos shows ao vivo gravados para o "Comeback Special", e ele fez o mesmo em Las Vegas, segundo observou David Dalton, com uma espécie de elogio ambíguo em sua resenha sobre o show na *Rolling Stone*: "Ele faz o clássico aquecimento de Elvis, um profundo e gutural ronco e zumbido de leve combustão interna, que aumenta sua velocidade conforme ele derrapa em ritmos epiléticos de 'All Shook Up'. Você realmente fica alucinado em ver Elvis fazendo sua imitação de Elvis. Ele é muito bom nisso".

O excêntrico senso de humor de Elvis ficava mais exposto durante o longo monólogo que ele fazia em todos os shows e no qual contava um resumo de sua carreira, desde a época em que era aprendiz de eletricista ("Fiz a ligação errada, isso sim"), passando pelo dia em que conheceu o "Coronel Sanders... Parker!", até os privilégios do estrelato precoce: "Eu fiz *Ama-me com Ternura*, *A Mulher que Eu Amo*, as mulheres que eu amo e todas que eu podia ter nos braços naquela época". A maior parte do monólogo é carregado de brincadeiras desse tipo, mesmo quando fala de como o serviço militar colocou um fim momentâneo na sua carreira: "Da noite para o dia, tudo estava acabado, era como se nunca tivesse acontecido. Parecia que tinha sido sonho" – aqui se tem uma noção de quão difícil essa fase foi para ele, mas, em seguida, ele brinca: "Os caras no Exército se sentem terrivelmente solitários, haja vista que um vive falando da mãe do outro". Com a intenção de manter o clima positivo, esse discurso bem-humorado continuava ao longo de todo o show, como, por exemplo, quando Elvis comenta sobre Gatorade, uma bebida isotônica que lhe forneciam durante o show: "Parece que eu já tomei isso, se quer saber. Mas, se serve para dar ainda mais energia, tudo certo para mim".

O clima, sem dúvida, foi de comemoração quando se fecharam as cortinas na noite de estreia. Nos bastidores, integrantes da comitiva se surpreenderam ao ver Parker com lágrimas nos olhos, enquanto empresário e cliente se abraçavam com um afeto e uma franqueza que ninguém havia visto antes. Quando Elvis chegou para uma coletiva de imprensa após o show à 00h30, os repórteres e fotógrafos o aplaudiram de pé, quando ele entrou na sala e sua fisionomia era de verdadeira alegria. Ele respondeu às perguntas com facilidade, declarou que fazia um tempo que queria voltar a fazer shows ao vivo e admitiu que estava nervoso até começar a cantar "Love Me Tender": "Foi quando pensei comigo: 'Mas que droga! Concentre-se, cara, ou você pode ficar desempregado amanhã!'". Ele também afirmou que gostaria de fazer turnês no mundo todo, levando o roqueiro britânico Screaming Lord Sutch a apresentar uma proposta para Elvis fazer dois shows no Wembley Empire, de Londres, por 1 milhão de libras. "É só fazer o depósito," respondeu Parker, embora, infelizmente, a proposta não tenha resultado em nada. "Esta foi uma das noites mais emocionantes da minha vida", Elvis afirmou, passando um braço pelo pescoço de Fats Domino, outro convidado da coletiva, e generosamente o proclamando o verdadeiro rei do rock'n'roll. As comemorações continuaram na suíte de Elvis.

As críticas foram esmagadoramente positivas. "Com a música de abertura de sua primeira noite, ficou claro que Elvis Presley ainda sabe cantar rock'n'roll", declarou *The New York Times*. "Na verdade, parece que ele não perdeu nada na última década... Ele suou e gemeu, e fez as trintonas cheias de joias e de luvas gritarem." O show também foi coberto pelas revistas *Time, Newsweek, Rolling Stone, Billboard, Hollywood Reporter, Variety, The Village Voice* e *Record World* (do Reino Unido), entre outras, incluindo os jornais diários de Memphis. Em seu artigo na *The New Yorker*, Ellen Willis observou que o humor de Elvis evitou que o show fosse "sobrecarregado por uma sufocante veneração do passado. Como agora ele sabia das coisas, não tentaria ter 19 anos de novo". Até mesmo sua interpretação de "In The Ghetto", uma canção que, inicialmente, ela desprezou como sendo "fraca de ritmo e forte de pieguice", conquistou sua simpatia: "A emoção dele era tão sincera que transformou a canção".

Ray Connolly, do jornal *Evening Standard*, de Londres, não se conteve, dizendo entusiasmado: "Eu já vi o show três vezes e posso dizer que ele está sensacional – melhor que qualquer um de nós poderia imaginar". A Connolly também foi concedida uma rápida entrevista com Elvis. "Ele está incrivelmente bonito, com talvez o melhor portfólio de filmes desde Rodolfo Valentino", Connelly escreveu, observando que Elvis estava sentado em um sofá vermelho, tomando um refrigerante, com Parker ao lado "como se fosse uma mãe coruja". Curiosamente, apesar de repudiar sua carreira no cinema, admitindo que sentia vergonha de alguns de seus filmes, Elvis declarou que pensava em continuar fazendo filmes – "mas de uma natureza mais séria" – e planejava fazer outro especial de TV para a NBC. Mais uma vez, ele confirmou que fazia tempo que desejava fazer turnê – "Esse desejo foi crescendo dentro de mim desde 1965 a ponto de ficar incontrolável" – e prometeu visitar a Grã-Bretanha, acrescentando misteriosamente: "Mas no momento há razões pessoais pelas quais não posso". Ele também comentou de seu interesse pelos The Beatles, contando com orgulho do telegrama de boa sorte que a banda havia lhe mandado na noite de estreia, e dizendo que havia gravado "Hey Jude", porém acrescentado que preferia as primeiras canções da banda, como "I Saw Her Standing There". Na observação mais bizarra do artigo, Connolly escreveu: "O casamento não diminuiu o apelo sexual de sua atuação. Seu joelho esquerdo ainda treme conforme ele canta, sua guitarra ainda parece uma espécie de metralhadora fálica, enquanto que, com o microfone, parece simular um ato de estupro" – como se estupro pudesse ser considerado "excitante".

A animação continuou ao longo da temporada em Las Vegas, o que Elvis claramente revelava em suas interpretações. "Eu achava que o sucesso da noite de estreia não se repetiria", diz Myrna Smith. "Eu não acreditava que alguém pudesse continuar atraindo público, fazendo dois shows por noite, por um mês. Eu pensava: 'Que fenomenal! Mas será que ele consegue fazer isso amanhã?'. E na noite seguinte: 'Ele consegue!'."

"Era quase um felino", recorda Ronnie Tutt. "Ele parecia uma pantera negra no palco: cabelo preto, roupas pretas, uma espécie de andar felino. A sala de espetáculos nunca foi grande o suficiente para o que fazia. Ele parecia um animal enjaulado em Vegas, tendo visto a forma como se movimentava pelo palco e sua energia, que era muito animalesca. Ele tinha de cor uma enorme variedade de canções, às quais recorria a qualquer momento, em um ensaio ou até mesmo no palco. Ele começava a cantar alguma coisa, ou dizia: 'Me dê um mi', e alguém tocava o acorde e ele se lembrava da letra. Ele meio que se vangloriava do fato de podermos, de improviso, tocarmos muito bem uma música, mesmo se não tivéssemos certeza de cada detalhezinho."

"Fazia parte da diversão de trabalhar com ele", diz Jerry Scheff. "Ele adorava brincar de desafiar a banda, e geralmente ganhávamos o desafio!" Durante a temporada, a ordem das canções do repertório variava, sendo incluídas novas canções – algumas voltadas para o passado de Elvis. "Johnny B. Goode" era uma escolha óbvia, que, além de ser outro rock de tirar o fôlego, tinha uma história que refletia a de Elvis. Seu cover de "My Babe", de Willie Dixon, acrescentou uma bem-vinda dose de energia ao show, da mesma forma que o comovente blues de

"Reconsider Baby", uma maravilhosa interpretação de uma canção que havia aparecido pela primeira vez em outro grande álbum de Elvis da década de 1960, *Elvis Is Back!* – além de *From Elvis In Memphis*.

Outras canções olhavam para o futuro. "Words", dos The Bee Gees, e "I Can't Stop Loving You", de Don Gibson (da qual Ray Charles também havia feito cover), eram indicadores do tipo de canções pelas quais ele se interessava no momento: números expansivos que lhe davam a oportunidade de se estender vocalmente, principalmente no refrão da canção e no inevitável *grand finale*. Na outra extremidade da escala vocalmente dramática, a agridoce "Funny How Time Slips Away", de Willie Nelson, era outra escolha óbvia de Elvis, sendo sua interpretação tão intimista que fazia você esquecer que estava em uma sala de 2 mil assentos – ele gravou uma versão de estúdio da canção no ano seguinte.

Amigos e associados também estavam presentes durante toda a temporada, a convite de Elvis. Seu primeiro produtor, Sam Phillips, assistiu à estreia e, embora tenha gostado da interpretação, criticou a inclusão de "Memories". "Que horror! Essa merda não atolou a droga do show?", disse a Elvis, ouvindo uma resposta que o desarmou: "Sr. Phillips, eu simplesmente amo essa canção". Seu mais recente produtor, Chips Moman, compareceu só mais tarde na temporada, bem como Glen Spreen, que levou junto Mark James, compositor de "Suspicious Minds": "Pegamos bons assentos, a banda mandou bem e eu gostei dele, apesar de eu ter achado que ele forçou a barra fazendo aqueles golpes de caratê", diz ele. Gladys Tipler, coproprietário da Crown Electric, onde Elvis trabalhou depois que se formou no ensino médio, foi ao jantar show do dia 22 de agosto e foi apresentado à plateia. Seus coadjuvantes em *Charro!*, James Almanzar e Ina Balin, também foram convidados durante a temporada, sentaram a uma mesa de frente para o palco e foram apresentados por Elvis durante o show. A esposa de Jim, Lenore, ficou impressionada não só com o desempenho de Elvis ("Ele cantava, cantava, sem parar!"), mas também com "o brilho e o glamour" da ocasião e o constante desfile de mulheres que vinham à frente entregar bilhetes e presentinhos a Elvis.

Steve Binder, diretor do "Comeback Special", também compareceu, porém foram frustradas suas tentativas de ir aos bastidores parabenizar Elvis – os seguranças disseram que não poderiam permitir a entrada de ninguém no camarim. Chris Bearde teve mais sorte quando foi ao show. "Deus! Fui tratado como um rei", diz ele. "Depois do show, eles me levaram para os bastidores. Elvis estava cercado por muita gente e, quando entrei, ele parou tudo e veio ao meu encontro. Todo mundo se perguntou: 'Quem diabos é esse cara?'. Eu fazia umas coisas engraçadas, eu levava tombo de propósito, esse tipo de coisa. Elvis adorava comediantes como Benny Hill, ele adorava tombos, ele era o rei dos tombos. E ele disse: 'Venha sempre que quiser. E venha me ver nos bastidores'. Fiquei umas duas ou três horas com ele, até quase 2 h."

Nessa noite, os dois se divertiram ligando para Allan Blye, que também havia sido convidado, mas não pôde comparecer. "O telefone toca, e eu estava deitado com minha esposa na época", diz Allan. "São 3h30 da manhã, atendo ao telefone e, do outro lado da linha, escuto: 'Garoto, meu garoto!'. Eu disse: 'Meu Deus! Qual é a sua? São 3h30 da manhã!'. Minha esposa acorda furiosa e diz: 'Quem está ligando às 3h30 da manhã?'. Eu respondi: 'Elvis Presley'. E ela disse: 'Meu Deus! Estou sem roupa!'. E eu disse: 'Ouça, Elvis, você causou um impacto na minha esposa que não consigo explicar'."

Mas os fãs de longa data que haviam se perguntado se veriam Elvis ao vivo de novo foram, sem dúvida, a maior animação do show. Darice Murray-McKay, que havia ido à primeira apresentação sentada gravada para o "Comeback Special", ficou surpresa quando soube que seus pais acabaram vendo um show de Elvis antes dela. "Nunca os desculpei por isso", ela brinca. "Meus pais sempre viam Elvis em Vegas e nunca me diziam: 'Vamos para Vegas e já compramos ingressos para o show de Elvis. Venha conosco'. A primeira vez que fizeram isso, em 1969, eles voltaram e disseram: 'A propósito, estivemos em Vegas'. E eu disse: 'Legal! Vocês pegaram minha idade em moedas de dólares?'. Eles sempre faziam isso e, como na época eu já tinha mais de 20 anos, seria uma quantidade significativa de dinheiro. E disseram: 'Sim e acabamos vendo Elvis'. Eles me mostraram a programação e tudo mais. Minha mãe era louca pelo Elvis. Ela estava em êxtase porque finalmente conseguiu vê-lo."

Pamela Des Barres, que havia sofrido ao longo dos filmes de Elvis, estava especialmente emocionada de não só finalmente vê-lo ao vivo, mas também ir ao show acompanhada de seu então namorado Jimmy Page, guitarrista do Led Zeppelin, e o restante da banda. "Estar lá, entre Jimmy e Robert [Robert Plant, vocalista do Zeppelin], na primeira fileira, sentados naqueles assentos de pelúcia, vendo o Rei exibindo seu poder... Cara, foi incrível", diz ela. "Foi mais que emocionante. Temos de reconhecer: eu estava com os atuais reis do rock vendo o primeiríssimo e magnífico rei do rock. O eterno rei do rock. Então, eu estava sentada entre esses dois deuses, vendo o maior deus de todos. Uma aliança perfeita." Talvez os próprios integrantes da banda tenham ficado igualmente arrebatados pela experiência, tanto que, quando Red West foi até a mesa deles depois do show convidá-los para ir aos bastidores, Page recusou o convite. "Não faço ideia do porquê", diz Pamela. "Ele era quem decidia tudo. Todo mundo ficou esperando a resposta dele e ele disse: 'Bem... De qualquer forma, obrigado'. E pensei: 'Como assim?'. Entretanto, eles conheceram Elvis mais tarde e Robert conta uma ótima história de como esse encontro se deu: saindo de sua suíte, Robert cantou o primeiro verso de 'Love Me' no corredor e Elvis apontou a cabeça no corredor e cantou o segundo verso. Essa era uma de suas grandes, grandes histórias. E eu perdi isso! Eu não estava ficando com Jimmy nessa época. Então, nunca vi o Rei pessoalmente. É uma pena."

O que ficou claro para todo mundo foi como Elvis estava se divertindo no palco, como se tivesse sido solto depois de anos de confinamento – o que, de certa forma, aconteceu. Fotos dessa temporada mostram seus movimentos atléticos: de joelhos, girando, em pé com as pernas afastadas, curvando-se com o violão. Seus monólogos e suas falas no palco ficaram cada vez mais descontraídos, a ponto de Parker adverti-lo para não usar muito "material picante" durante o show, principalmente na apresentação durante o jantar, "quando há muitas crianças presentes". Em 26 de agosto, no show da meia-noite, enquanto cantava "Are You Lonesome Tonight?", teve uma crise de riso que mal conseguiu fazer o monólogo falado da canção, finalmente concluindo: "É isso, cara! Quatorze anos pelo ralo, cara, isso sim! Quatorze anos arruinados, cara". Essa versão foi lançada como single no Reino Unido em 1982, alcançando a 25ª posição. A plateia estava vidrada em Elvis. Desde o primeiro show, as mulheres jogavam suas roupas para ele, imploravam por beijos e até mesmo tentavam escalar o palco para chegar perto do ídolo, quando as cortinas se fechavam. A fã Judy Palmer, que foi à estreia, recordou que um homem lhe disse: "Minha prima diz que Elvis é bonito. Não conheço nenhum homem que seja bonito". Assim que o show começou, ele virou para Judy e exclamou: "Ele *é* bonito!".

Parker foi rápido em tirar proveito da comoção que a temporada estava gerando. Imediatamente, o International quis agendar uma segunda temporada e Parker esboçou um contrato na toalha de mesa do bar do hotel. O salário de Elvis foi aumentado para 125 mil dólares por semana e ele ficou escalado para fazer dois meses de shows por ano até 1974. Aproveitando o sucesso da temporada, o especial *Elvis* foi reprisado em 17 de agosto, com "Blue Christmas" sendo substituída por "Tiger Man". No dia em que o programa foi ao ar, Parker publicou anúncios de uma página inteira agradecendo por todo o apoio, em que se liam simplesmente: "Muitíssimo obrigado. Elvis e o Coronel". Além disso, Parker começou a fazer planos de Elvis fazer turnês, agendando seis datas em Houston em fevereiro, depois da próxima temporada em Las Vegas. Elvis já havia pensado na possibilidade de fazer uma turnê mais longa. Quando Pete Bennett, um promotor discográfico que recentemente havia trabalhado para o selo Apple Records, dos The Beatles, viu o show e visitou os bastidores, disse a Elvis: "Você deveria fazer turnês em estádios". "Você acha que farei tanto sucesso quanto The Beatles?", perguntou Elvis. "Está brincando?", respondeu Pete. "Você venderá muito mais." Como Pete ficou maravilhado com os anéis que brilhavam nos dedos de Elvis, o cantor lhe deu um.

O sucesso de "Suspicious Minds" era a cereja do bolo. Havia sido feita uma sessão final de sobreposições de metais na gravadora United Recording, em Las Vegas, no dia 7 de agosto. "O que aconteceu foi que Mike [Leech] fez o arranjo original com cordas, eu peguei esse arranjo e tentei copiá-lo", explica Glen Spreen. "Mudei apenas um pouquinho, não muito. Na verdade, 90% do arranjo era de Mike. Certo dia, Felton me ligou e me perguntou se eu achava que estava faltando alguma coisa – eles estavam ensaiando em Vegas. Eu disse: 'Sim, está faltando energia'. Então, ele perguntou: 'O que você pode fazer quanto a isso?'. Eu disse que acrescentaria um pouco de metais. Então, compus a peça dos metais, mandei para Vegas e eles a gravaram lá."

Decidiu-se, então, reproduzir em seus shows ao vivo a apresentação que Elvis fez da canção, diminuindo o volume da música durante a prolongada coda e aumentando novamente – dizem que isso pode ter sido inspirado no encerramento que The Beatles faz em "Hey Jude". Os músicos do American que haviam trabalhado na gravação da canção ficaram impressionados com o que consideraram ser um truque. "Nós nos entreolhamos perplexos", recorda Glen Spreen. "Comentamos: 'Que diabos ele pensa que está fazendo?'. Não conseguíamos acreditar. Também ficamos preocupados se essa versão iria ao ar, pois antigamente somente canções de menos de quatro minutos poderiam ser tocadas."

"Parecia um erro técnico – foi o que pareceu para mim", diz Bobby Emmons. "Imagino que o público tenha gostado, mas era um efeito raro. Quero dizer, geralmente, quanto mais velho você fica, os encerramentos das músicas parecem mais longos. Porque, quando você é jovem e se interessa por esse estilo, você se envolve observando as diferenças sutis de cada repetição. Não é como hoje em dia, que eles fazem um *loop*, que, na verdade, é o mesmo trecho se repetindo sem parar. E isso é muito cansativo, parece tortura com água ou algo do tipo. Mas, quando há pequenas nuanças em cada uma das repetições, forma-se uma melodia e você consegue ficar interessado pela canção por mais tempo. Essa canção era desse jeito e imagino que essa é a razão pela qual eles tentaram criar uma forma de deixá-la mais longa. Realmente funcionou em Vegas." Não foi só em Vegas que funcionou: "Suspicious Minds" foi lançada no fim de agosto e não parou de subir na parada de sucessos, alcançando o primeiro lugar em 1º de novembro – a primeira nº 1 de Elvis desde "Good Luck Charm", em 1962. No Reino Unido, ela vendeu mais de 1 milhão de cópias, alcançando o segundo lugar.

A temporada em Las Vegas acabou em 28 de agosto com uma cifra igualmente alta: 101.500 pessoas viram os shows da temporada, registrando o recorde de 1,5 milhão de dólares. Na noite seguinte, Elvis e sua comitiva foram ao show de estreia de Nancy Sinatra no International. Mais tarde, na festa oferecida por seu pai, Frank, Elvis deu a ela uma gravura do anúncio de uma página inteira que ele havia conseguido em um jornal local, desejando-lhe sorte com o show.

Como bonificação extra, o International deu a Elvis uma viagem para o Havaí com tudo pago, que ele fez em outubro, com sua família e alguns amigos – antes da viagem, em 26 de setembro, nos estúdios da RCA, em Nashville, houve uma sessão final de sobreposições de vocais das canções das sessões no American, que estavam sendo preparadas para o próximo lançamento. Ainda no Havaí, eles decidiram estender a viagem ao exterior e planejaram voar para a Europa depois de uma parada em Los Angeles. Porém, Parker insistiu em que uma viagem como essa "ofenderia" os fãs estrangeiros de Elvis, se ele visitasse o país deles como turista, antes mesmo de fazer show. Surpreendentemente, Elvis concordou e, então (à sugestão de Parker), foi às Bahamas – uma viagem que terminou depois de uma semana, quando um furacão atingiu as ilhas. Sua recém-descoberta autoconfiança chega até aqui.

Lindas Encrencas: As Garotas foi lançado sem muito alarde em setembro – muitos cinemas exibiram-no em sessão dupla com o filme B de ficção científica *The Green Slime* [O Lodo Verde]. Também foi o último filme de Presley em cartaz no Reino Unido – embora *Ele e as Três Noviças* fosse lançado nos Estados Unidos em novembro de 1969, não seria exibido na Grã-Bretanha até agosto de 1971, quando foi transmitido na televisão.

Os lançamentos de discos de Elvis teriam maior sucesso, com seu último single e álbum do ano lançados em novembro. "Don't Cry Daddy", que trazia "Rubberneckin" no lado B (promovendo o filme *Ele e as Três Noviças*), foi outro grande sucesso, alcançando a sexta posição (oitava no Reino Unido) e vendendo mais de 1 milhão de cópias. Depois, seguiu-se o lançamento de um álbum que, em retrospecto, poderia ser visto como o primeiro passo em falso da volta de Elvis, o álbum duplo *From Memphis To Vegas/From Vegas To Memphis*, o qual alcançou a 12ª posição nos Estados Unidos e terceira no Reino Unido. Em vez de simplesmente lançar um álbum ao vivo com o material da temporada em Las Vegas e deixar para lançar o próximo álbum de estúdio somente no ano seguinte, ambos foram lançados de uma vez nesse cenário.

O disco 1, intitulado *Elvis In Person At The International Hotel*, trazia 12 canções da temporada em Vegas, sendo a maioria delas do show da meia-noite no dia 25 de agosto: "Blue Suede Shoes", "Johnny B. Goode", "All Shook Up", "Are You Lonesome Tonight?", "Hound Dog", "I Can't Stop Loving You", "My Babe", "Mystery Train"/"Tiger Man", "Words", "In The Ghetto", "Suspicious Minds" e "Can't Help Falling In Love". Embora com duração de menos de 35 minutos, o disco capturou eficazmente a emoção dos shows, incluindo alguns dos números menos executados ("Johnny B. Goode" e "My Babe"), as melhores das novas canções ("I Can't Stop Loving You") e seus mais recentes singles ("In The Ghetto" e "Suspicious Minds"). Por estranho que pareça, a capa era outra foto de Elvis com o traje de couro do "Comeback Special", tocando a guitarra de Scotty Moore. As primeiras edições do lançamento também atribuíram crédito a "Suspicious Minds", como tendo sido escrita por "Francis Zambon" (nome verdadeiro do compositor Mark James).

O disco 2, *Back In Memphis* (cuja capa, *sim*, era uma foto do show ao vivo em Vegas), trazia mais canções das sessões no American, duas das quais já haviam sido lançadas: "Inherit The Wind", "This Is The Story", "Stranger In My Own Home Town", "A Little Bit Of Green", "And The Grass Won't Pay No Mind", "Do You Know Who I Am", "From A Jack To A King", "The Fair Is Moving On" (anteriormente o lado B de "Clean Up Your Own Back Yard"), "You'll Think Of Me" (anteriormente o lado B de "Suspicious Minds") e "Without Love".

Em sua grande maioria, o disco trazia as canções inferiores gravadas no American, as quais Moman chamou de "refugo, descartáveis". Um álbum melhor poderia ter sido elaborado selecionando algumas das canções de maior peso, como "Stranger In My Own Home Town" e "Without Love", em combinação com boas canções de uma nova sessão para deixar o álbum mais próximo do padrão de *From Elvis In Memphis*. Entretanto, ao longo de toda a carreira de Elvis, a política sempre foi, com o tempo, fazer uso de todas as canções que tenham sido gravadas. Sendo assim, canções que não eram julgadas satisfatórias o suficiente para ser lançadas no momento, eram, no entanto, consideradas boas o suficiente para completarem um álbum lançado anos mais tarde. Levando em consideração que, nos cinco anos anteriores, a grande maioria dos álbuns de Elvis havia sido trilhas sonoras triviais, *Back In Memphis* era, de fato, um bom álbum. Mas como agora a carreira de Elvis tinha a chance de tomar uma nova e mais madura direção, o velho costume de inundar o mercado com lançamentos deveria ser reconsiderado. No início da década de 1960, não era raro as grandes bandas lançarem dois ou mais álbuns por ano. Porém, como as bandas – principalmente as que escreviam o próprio material – começaram a ter mais voz no processo, esse padrão foi mudando e a maioria das grandes bandas passou a limitar-se a um álbum por ano. Contraditoriamente, o ano seguinte veria um excesso de lançamentos de Elvis no mercado, o que serviria apenas para rebaixar o crescimento artístico que ele havia tido nos últimos dois anos.

Elvis pode não ter se dado conta, mas sua carreira estava, novamente, em uma encruzilhada.

Capítulo 5

PROMISED LAND

Em 1970, Elvis promoveu o sucesso comercial – para não dizer artístico – que ele havia alcançado no ano anterior. Ele também ampliou seu alcance como cantor de shows ao vivo, fazendo suas primeiras incursões em Las Vegas e estabelecendo as bases para as constantes turnês que acabariam se tornando seu principal meio de produção artística – e, em última instância, outro tipo de armadilha, assim como havia sido o cinema na década de 1960.

Não que isso tenha ficado claro na época. A segunda temporada de Elvis, em Las Vegas, começou em 26 de janeiro e, embora algumas pessoas duvidassem de que fosse sensato agendar outra série de shows tão perto da última e durante a baixa temporada de Vegas, novamente os ingressos se esgotaram. Foram feitas algumas mudanças na formação da banda. Ronnie Tutt, sem saber que havia sido agendada outra temporada em Vegas, aceitou um trabalho na série de TV *The Andy Williams Show* e, então, estava indisponível; Bob Lanning foi contratado para substituí-lo – Tutt diz que seu afastamento não teve nada a ver com compensação financeira insuficiente, como havia sido noticiado em algum lugar. Ann Williams substituiu Cissy Houston no grupo The Sweet Inspirations e o tecladista Glen D. Hardin substituiu Larry Muhoberac, que havia decidido voltar a trabalhar em estúdio. Glen havia sido um "Shindog" [integrante da banda do programa de TV *Shindig!*] junto com James Burton e Jerry Scheff, embora, recentemente, ele viesse trabalhando mais como arranjador. "Eu meio que havia deixado de tocar piano", diz ele. "Eu estava apenas fazendo arranjos e tinha uma terrível sensação de que estava esquecendo como tocar piano, por isso decidi voltar a tocar." No final das contas, ele rapidamente também passou a fazer arranjos para Elvis, assim que os ensaios começaram em 10 de janeiro.

Os ensaios foram realizados nos estúdios da RCA, na Sunset Boulevard, geralmente das 19 h à 1 h. Como de costume, a banda ensaiou mais músicas do que era necessário. "[Elvis] gosta de ensaiar qualquer coisa que seja sugerido", disse Glen na época. "Se você começa a tocar 'Stagger Lee' e ele gosta da música, ele começa a cantá-la, cara, por aproximadamente uma hora e meia." Sandi Miller, que estava entre os fãs convidados para assistir aos ensaios de Elvis tanto em Los Angeles como em Las Vegas, também notou que, às vezes, os treinos serviam mais para eles se divertirem. "O que variava nos ensaios era o lugar em que Elvis queria se sentar e fazer palhaçadas, além disso, ele não concluía nada, como se tentasse encontrar uma determinada canção", diz ela. "Então, meio que dependia. Se ele estivesse brincalhão no dia, não havia ensaio. Era como se dissesse: 'Vamos só zoar por duas horas'. Outras vezes, ele entrava na sala de ensaio e dizia: 'Muito bem. Estão todos aqui? Todo mundo está aqui... Muito bem. Boa-noite'. E não havia ensaio nenhum. Então, nunca se sabia. 'Mas viemos aqui para ver você ensaiar!' 'Ah, não estou com vontade de ensaiar.'"

Mas, quando era hora de levar a sério, ela diz: "Ele sabia exatamente o que queria. Ele era responsável. Cara, se alguém tocasse uma nota errada, mesmo que fosse imperceptível, ele percebia e dizia: 'Parem! Você tocou essa parte baixo'; ou 'Você estava mais adiantado que eu'; ou 'Ficou fora de ritmo'. E pensávamos: 'Como assim? Para mim, parecia ótimo'. Mas Elvis tinha um ouvido muito bom para música e conseguia corrigir esse tipo de coisa que ele poderia deixar passar que ninguém notaria. Às vezes, quando desafinava, ele zombava de si mesmo dizendo: 'Certo, não ficou muito bom'. Muitas vezes, os músicos e as *backing vocals* ensaiavam praticamente sozinhos: ele ficava sentado, só ouvindo, e às vezes cantarolava junto ou mudava coisas; o que ele não fazia muito era cantar. Mas cuidava dos detalhes, deixava tudo do jeito que queria. Ele sabia o que estava fazendo."

O repertório também foi reformulado, excluindo material da década de 1950. Elvis tinha dois novos hits seus para acrescentar: "Don't Cry Daddy" e "Kentucky Rain" – essa última foi lançada para coincidir com a temporada em Vegas. Ela alcançou a 16ª posição (21ª no Reino Unido) e vendou mais de meio milhão de cópias. Ele também acrescentou vários hits contemporâneos, tais como "Sweet Caroline", de Neil Diamond, e "Proud Mary", de Creedence Clearwater Revival. "Proud Mary", que Elvis interpretou um ano antes de o duo Ike & Tina Turner fazer sucesso com a canção, e "Polk Salad Annie", de Tony Joe White, proporcionaram um pouco de vigor necessário ao show, tendo essa última se tornado uma jogada ensaiada, que permitia a Elvis fazer aquela coreografia inspirada no caratê que ele adorava agregar aos shows. "Walk A Mile In My Shoes", de Joe South, era uma veemente amostra de country rock. Elvis frequentemente recitava parte de "Men With Broken Hearts", de Hank Williams, antes de a canção começar, proporcionando um toque a mais de comoção. "See See Rider" era um blues que havia sido gravado pela primeira vez por Ma Rainey, em 1924, porém foi a versão que fez sucesso com Chuck Willis, em 1957, que inspirou Elvis, que embala a canção a ponto de quase provocar vertigem de tanta agitação. A suntuosamente romântica "Let It Be Me" (baseada na canção francesa "Je T'appartiens") havia feito sucesso com The Everly Brothers, em 1960, e, nas mãos de Elvis, ganhou um *grand finale*.

Elvis trocou seus hits da década de 1950 ("Teddy Bear" e "Love Me" substituíram "Jailhouse Rock" e "Heartbreak Hotel"), porém, à parte de "Are You Lonesome Tonight?" e "Can't Help Falling In Love", ignorou seu material da década de 1960. Talvez canções como "Good Luck Charm" e "Return To Sender" tivessem natureza bem parecida com a de canções da década de 1950, como "All Shook Up" – hits que ele interpretava mais por necessidade, para agradar o público. Elvis preferiu acrescentar ao repertório canções de outros artistas que refletissem sua nova maturidade, embora, para esse propósito, ele pudesse, sem dúvida, ter selecionado canções de sua própria carreira, tais como "Guitar Man" e "If I Can Dream", as quais o público teria reconhecido como sendo do "Comeback Special". Uma canção que era candidata óbvia ao show e que poderia ter sido transformada em uma enérgica obra-prima do estilo de "Polk Salad Annie" ou "Suspicious Minds" estranhamente nunca foi incluída: "Viva Las Vegas".

O figurino de Elvis também ganhou novo visual. Em vez de trajes de duas peças, Bill Belew começou a desenhar macacões, os quais permitiam a Elvis se movimentar mais livremente, sem se preocupar se a camisa estava saindo da calça. Feito de uma mistura de lã e gabardine, o tecido era resistente o suficiente para suportar o esforço físico de Elvis – ele havia rasgado o fundilho da calça em um show da temporada anterior em Vegas –, mas, por outro lado, fazia o figurino ser muito quente.

Os macacões se tornariam o figurino símbolo de Elvis, muito mais que seus blazers e sapatos de camurça azul da década de 1950, e, inicialmente, os modelos eram simples. Um traje tinha gola de brocado parecida com as que haviam sido exibidas nos trajes de 1969, enquanto outro, que se vê na capa do álbum *On Stage,* de 1970, não tem enfeite algum: Elvis simplesmente vestia uma elaborada "gravata" de finos barbantes no estilo macramê. Os macacões também apresentavam golas inusitadamente altas. "A gola alta surgiu porque eu era muito fã da época de Napoleão", explicou Belew. "É a chamada gola napoleônica. Ela funcionou para mim, pois emoldurava o rosto dele – todos olhavam diretamente para o rosto dele porque estava emoldurado com a gola. Também comecei a desenhar seu guarda-roupa pessoal. Eu lhe disse: 'Agora Elvis, o que temos de fazer é: a imagem que criamos no show, quero transferi-la para seu guarda-roupa pessoal'." Por essa razão, Elvis geralmente apresentava-se tão imponente fora do palco quanto nos shows, com roupas que enfatizavam suas cores favoritas. "Em grande parte, era branco sujo, azul-marinho", diz Belew. "Ele gostava muito de azul."

Os ensaios foram transferidos para Vegas em 19 de janeiro e, em 26 do mesmo mês, a temporada estreou com um único show, continuando com dois shows por noite até 23 de fevereiro. A noite de estreia reuniu o habitual rol de celebridades, incluindo a atriz Zsa Zsa Gabor, o ator George Chakiris e a coajuvante de Elvis em *Saudades de um Pracinha,* Juliet Prowse – entre os telegramas de boa sorte que recebeu, estava o do produtor do filme, Hal Wallis. Avistando Dean Martin na plateia naquela noite, Elvis faz uma interpretação improvisada do hit de Martin, "Everybody Loves Somebody". Em geral, as críticas foram positivas e os shows de 15 a 19 de fevereiro foram gravados para um novo álbum ao vivo. Como não havia novas canções o suficiente para evitar repetição em relação ao último álbum ao vivo, foram adicionadas ao repertório "Release Me", que havia sido considerada para a temporada anterior em Vegas e "The Wonder Of You", que fazia tempo que Elvis tinha interesse em gravar – infelizmente, gravações oficiais não estavam em andamento, quando Elvis interpretou uma excepcional canção das sessões no American: "True Love Travels On A Gravel Road".

Assim como na anterior, Elvis ficou mais divertido no decorrer da temporada. Certa vez, enquanto interpretava "Don't Cry Daddy", ele mudou a letra e acabou rindo tanto que não conseguiu continuar cantando e desabafou: "Cara, temos de terminar essa canção!". Na última noite, o show da meia-noite foi até 3 h, com Elvis expansivo e relaxado, sentado ao piano, tocando o acompanhamento de "Lawdy, Miss Clawdy" e "Blueberry Hill". Durante o habitual "ritual de beijação" durante "Love

Me Tender", Priscilla, brincando, entrou na fila para receber um beijo. "Conheço essa garota", Elvis comentou, e acrescentou brincando: "Ah, esqueci de dizer: estou gripado". Dentro do clima alegre de fim de noite, no final do show, o comediante Sammy Shore foi até Elvis, ficou de joelhos na frente dele e começou a beijar seus pés.

Dois dias depois, em 25 de fevereiro, Elvis voou para Houston, Texas, para fazer seus seis shows no Astrodome (o primeiro estádio fechado do mundo) no evento country Houston Livestock Show and Rodeo, concedendo rápida coletiva de imprensa na chegada. Seriam os primeiros shows dele fora de Las Vegas desde 1961, e seu nervosismo não foi amenizado pela baixa qualidade do sistema de som. "O Astrodome era péssimo", Glen Hardin recordou, descrevendo o local como "um velho e gigante lugar horrível para se tocar". Conformado com a situação, Elvis disse aos músicos: "Será bem cruel, mas não se oponham: sigam adiante e toquem". Houve outro contratempo quanto à inclusão do grupo The Sweet Inspirations ao show, pois os realizadores haviam dito que não queriam "essas garotas negras" no palco. Quando Elvis insistiu que elas faziam parte do show e ameaçou não se apresentar sem elas, os realizadores prontamente voltaram atrás.

Outra coletiva de imprensa foi realizada antes do primeiro show em 27 de fevereiro, na qual Elvis reconfirmou seu interesse em fazer mais filmes e, quando lhe perguntaram se ele achava que os shows bateriam novos recordes de audiência, respondeu: "Espero que sim. Espero que eu possa lhes oferecer um bom show. Isso é o mais importante". O primeiro show começou às 14 h, com Elvis fazendo uma imponente entrada, em pé em uma caminhonete que deu uma volta na arena, acenando e se exibindo para o público como se fosse um herói que venceu a guerra. Infelizmente, foi ocupada menos da metade das arquibancadas (16.708 pessoas em um estádio que poderia comportar mais de 40 mil) – isso, somado ao fato de o sistema de som ser ruim, deixou Elvis com a sensação de fracasso. "Bem, é isso. Acho que já passou minha hora", ele comentou triste com Gee Gee Gambio (marido de sua prima Patsy) após o show. Entretanto, ficou muito animado quando o público mais que dobrou no show que fez à noite (36.299 pessoas). Além disso, bateu o tão esperado recorde no show da noite de 28 de fevereiro, que reuniu uma plateia de 43.614 pessoas – um recorde do maior evento de rodeio *indoor*. "Foi nesse fim de semana que eu, na verdade, me dei conta de que meu grande irmão Elvis Presley era o maior artista do mundo", disse David Stanley, meio-irmão de Elvis.

Diferentemente dos shows em Vegas, os shows no Texas incorporaram ao repertório um número considerável de sucessos de Elvis na década de 1950 – menos "Sweet Caroline", "Let It Be Me" ou "Proud Mary". Depois dos últimos dois shows em 1º de março, realizou-se outra coletiva de imprensa. Para marcar o sucesso do evento, Elvis recebeu diversos presentes, incluindo um chapéu Stetson, um relógio Rolex e um distintivo de xerife – ao notarem que Parker não havia recebido presente algum, também deram um distintivo a ele. Elvis também recebeu vários discos de ouro, pelos singles "In The Ghetto", "Suspicious Minds" e "Don't Cry Daddy" e pelos álbuns *From Elvis In Memphis* e *From Memphis To Vegas/From Vegas To Memphis*.

Depois, Elvis fez um intervalo de três meses, porém os lançamentos de discos continuaram em ritmo acelerado: em abril, foi lançado "The Wonder Of You", uma gravação ao vivo da temporada de fevereiro em Vegas. Esse era o tipo de canção leve, simples e palatável que estava se tornando comum nos shows de Elvis em Vegas, sendo favorecida nesse single pelas sobreposições vocais pós-show, que lhe proporcionaram um clima vibrante e sublime. Ela também provou ser um grande sucesso, alcançando a nona posição nos Estados Unidos e vendendo cerca de 1 milhão de cópias, enquanto chegou ao primeiro lugar no Reino Unido. No entanto, o lançamento do primeiro álbum do ano foi, sem dúvida, inexpressivo. *Let's Be Friends* foi lançado pelo selo de baixo orçamento Camden, da RCA, uma coletânea de canções gravadas entre 1962 e 1969, que não haviam sido lançadas oficialmente em disco, sobretudo canções de filmes, como "Mama" (de *Garotas e Mais Garotas* e "Have A Happy" (de *Ele e as Três Noviças*). Não havia uma intenção ou sequência lógica para seu lançamento do álbum, o qual, com apenas nove faixas, ficou pobre demais – não obstante, ele vendeu 400 mil cópias.

Apenas dois meses depois, foi lançado outro álbum, *On Stage*, cujas canções ao vivo documentavam a segunda temporada de Elvis em Vegas. Com apenas dez faixas, ele não trazia muito mais música que *Let's Be Friends*, mas o interessante é que nenhuma de suas canções havia sido anteriormente gravada por Elvis – ele tampouco havia gravado versões de estúdio dessas canções. Apesar de haver acrescentado algumas canções ao repertório dos shows, ainda não havia novos números o suficiente para montar um álbum totalmente diferente do último lançamento de álbum ao vivo e, por isso, foram incluídas duas canções da temporada de 1969, em Vegas, até então não lançadas. A ordem original das canções do álbum era: "See See Rider", "Release Me", "Sweet

Caroline", "Runaway" (do jantar show de 25 de agosto de 1969), "The Wonder Of You", "Polk Salad Annie", "Yesterday" (também do jantar show de 25 de agosto de 1969, sem a coda "Hey Jude"), "Proud Mary", "Walk A Mile In My Shoes" e "Let It Be Me".

Apesar de ser uma decente representação dos shows de fevereiro, foi estranho lançarem um álbum ao vivo apenas oito meses depois do lançamento do disco ao vivo anterior, principalmente porque, quando *On Stage* foi lançado, já havia sido fechado um contrato para a filmagem da próxima temporada em Vegas para um documentário, que seria acompanhado por outro álbum ao vivo – o terceiro lançamento do tipo em um ano. Não obstante, os discos ao vivo de Elvis continuaram populares entre seus fãs – o último álbum Número 1 de sua vida seria o show ao vivo *Aloha From Hawaii Via Satellite*, de 1973 –, tendo *On Stage* alcançado a 13ª posição nos Estados Unidos (segunda no Reino Unido) e vendido mais de meio milhão de cópias. A *Billboard* o aprovou: "Este álbum é uma ilustração de quão vasta é a versatilidade do artista".

Em junho, Elvis voltou ao estúdio pela primeira vez depois de um ano. Não se considerou voltar ao American e, como Felton Jarvis queria voltar a assumir o comando, as sessões foram marcadas nos estúdios da RCA, em Nashville. Felton fez uma importante mudança: em vez da conhecida equipe de músicos que havia tocado nas sessões de Elvis em Nashville, ele contratou novos músicos, mais jovens, de um cenário da música que era tão lendário quanto o de Memphis: Muscle Shoals, Alabama.

Muscle Shoals é, na verdade, uma das quatro cidades conhecidas como "cidades quadrigêmeas", do norte do Alabama, incluindo Florence (onde nasceu Sam Phillips), Sheffield e Tuscumbia. "Era um lugar afastado, mas lotado de talentos, lotado", diz o baterista Jerry Carrigan. Jerry nasceu em Florence – "Da varanda da casa da minha mãe dava para ver a casa onde Sam Phillips morava", diz ele – e se interessou por bateria ainda criança, tocando uma bateria improvisada, que ele montou com utensílios que encontrou em casa (a parte de cima de um antigo banjo servia de caixa) até seus pais comprarem um instrumento adequado. Em 1959, Jerry entrou para o Spar Music, um estúdio de gravação que ficava em cima da farmácia City Drug Store, em Florence, onde encontrou colegas músicos reunidos no único estúdio do estado naquela época. O Spar era de propriedade de Tom Stafford, que também era dono do cinema da cidade. "Éramos moleques que ficavam por aí, no teatro e na farmácia", disse o tecladista David Briggs. "Comprávamos um cachorro-quente, dávamos uma passada na farmácia, víamos uma garota bonita, ficávamos excitados e, então, subíamos e escrevíamos uma canção sobre tudo isso."

"Íamos ao estúdio todos os dias", diz Jerry. "Quando saía da escola, à tarde, eu ia direto para o estúdio e começava a tocar minha bateria. Arthur Alexander gravava suas coisas lá e nós estávamos fazendo demos e esse tipo de coisa. Naquela época, eu não usava o bumbo porque eles não sabiam como instalar microfone nele. Então, tínhamos um chimbau e uma caixa; era tudo que eu tinha. Mas fizemos boas gravações assim."

O baixista Norbert Putnam era outro jovem músico que frequentava o Spar, tocando em sessões e, com David Briggs e Jerry Carrigan, integrando o original grupo de músicos de estúdio Muscle Shoals Rhythm Section na década de 1960. "Era um verdadeiro milagre alguma coisa acontecer em Muscle Shoals", diz Norbert. "A vantagem de uma criança crescer em uma região com tão poucas opções é que isso lhe permite focar alguma coisa." Os três eram muito requisitados, tocando em sessões e fazendo turnês na região com a banda The Mark V, mais tarde renomeada Dan Penn & The Pallbearers [Dan Penn e Os Carregadores de Caixão]. "O nome era porque usávamos um Cadillac funerário e não uma van tradicional", diz Norbert. "Poderíamos ter sido Dan Penn & The Van Menders [Dan Penn e Os Consertadores de Van]!" Mais tarde, Penn mudou-se para Memphis, onde trabalhou com Chips Moman, com quem coescreveu "Do Right Woman".

Em 1960, Rick Hall, um dos sócios de Stafford, rompeu sociedade com ele. Stafford ficou com o estúdio e Hall, com o nome comercial, FAME (de Florence Alabama Music Enterprises). Hall logo montou seu próprio estúdio em um barracão abandonado localizado na Wilson Dam Road, em Muscle Shoals, e Norbert, David e Jerry foram contratados como a banda do estúdio, fazendo seu primeiro grande sucesso com "You Better Move On", de Arthur Alexander – o lado B do disco, tocado pelo guitarrista da banda do estúdio, Terry Thompson, era o clássico do rock'n'roll "A Shot Of Rhythm & Blues". "Tínhamos uns três ou quatro microfones", recorda Jerry. "Eu tinha um microfone na minha bateria e os outros caras compartilhavam os outros microfones. Gravamos a canção naquele pequeno estúdio montado em um antigo celeiro e ela fez sucesso. Rick pegou um dinheiro emprestado e construiu o estúdio que tem agora. A primeira sessão realizada no novo estúdio foi uma demo em uma tarde de sábado: gravamos "Steal Away", um grande hit de Jimmy Hughes. A primeira coisa gravada no estúdio foi um hit."

Nos próximos anos, um número cada vez maior de músicos procurou o FAME Studios na esperança de fazer sucesso, incluindo Tommy

Roe ("Everybody") e The Tams ("Untie Me"), entre outros. Felton Jarvis, produtor de Roe, sugeriu aos músicos que eles se dariam melhor financeiramente em Nashville. "Felton adorava nosso jeito de tocar", recorda Norbert. "Tocávamos diferente dos caras de Nashville, provavelmente por causa do histórico de R&B. Não éramos músicos de country; nunca tocamos country. Além disso, em Muscle Shoals não éramos bem remunerados. Então, quando surgiu a possibilidade de ganharmos de quatro a cinco vezes mais em Nashville, dissemos: 'É isso aí: vamos embora'. Então, fomos para Nashville e formamos uma espécie de seção rítmica de pop rock de Nashville em meados da década de 1960".

Os músicos eram todos fãs de Elvis desde a infância. "Se não fosse por Elvis, pode ser que eu nunca tivesse me interessado em tocar rock'n'roll", diz Jerry. Como muitos outros, eles ficaram espantados com o material que Elvis havia gravado durante os anos de 1960, mas sentiram que o "Comeback Special" havia sido um sinal de que a carreira do cantor estava sendo retomada. "Era ótimo vê-lo bem", diz Norbert. "Acho que estávamos todos esperançosos." Eles também gostavam do trabalho que Elvis havia feito no American, o qual Jerry denominou "a melhor coisa que ele fez, sem dúvida". Embora versáteis como músicos, The Memphis Boys enfocavam gravações de pop e R&B – "Estava no sangue deles, totalmente incutido", diz Jerry –, enquanto os músicos de Nashville desenvolviam uma mais ampla seleção musical nas inúmeras sessões que tocavam em estúdios mais rígidos de Nashville. "Estou fazendo quatro sessões por dia", diz Jerry. "Ou seja, sobra pouco tempo para dormir. Das 10 h às 13 h, das 14 h às 17 h, das 18 h às 22 h e das 22 h à 1 h. Você ia embora para casa, dormia umas duas horas, levantava e voltava para o estúdio de novo. Era muito café. Muito café! E, cara, foi assim por anos." Felton esperava que os novos músicos deixassem o som de Elvis tão autêntico quanto havia ficado com The Memphis Boys. Além disso, ele estava sob pressão, pois havia saído da RCA para trabalhar integralmente para Elvis, ou seja, sua remuneração dependia de quantas faixas fossem concluídas.

Alguns dos músicos contratados para as sessões haviam trabalhado anteriormente com Elvis. O multi-instrumentista Charlie McCoy, que tocaria órgão e gaita nessas sessões, havia tocado sua primeira sessão com Elvis em 1965; David Briggs e o guitarrista Chip Young haviam tocado com Elvis pela primeira vez nas sessões para o álbum *How Great Thou Art*, de 1966 – também a primeira vez que Felton produziu Elvis. James Burton, que tocaria guitarra solo, fazia parte da banda de shows ao vivo de Elvis, mas nunca havia trabalhado com ele em estúdio. No entanto, nem Jerry nem Norbert haviam visto Elvis pessoalmente antes. "Fiquei completamente impressionado", admite Norbert. "Sem dúvida nenhuma, Elvis Presley, na minha opinião, era o maior artista da música contemporânea do mundo. Fiquei me perguntando se eu daria conta do recado. Lembro que fui ao banheiro na RCA naquela noite e, antes de sair, eu disse: 'Meu bom Deus, não me deixe estragar essa sessão. Voltarei para Muscle Shoals na próxima semana!'."

Jerry mostrou-se mais indiferente. "Eu estava eufórico, mas pensei: 'Não vou me preocupar. Já trabalhei com todos eles. Ele é só mais um astro e eu trabalho com astros todo dia'." Mas a história foi outra quando as sessões começaram, às 18 h do dia 4 de junho, e ele ficou de frente para o cara. Como Felton queria que o grupo estivesse tocando quando Elvis chegasse, os músicos estavam improvisando "Mystery Train" quando Elvis e sua comitiva entraram. "Deixe-me contar uma coisa", diz Jerry. "Quando aquela porta abriu e ele entrou naquela sala, foi inacreditável. Ficamos de boca aberta; todos nós. Não dava para acreditar. Eu mal conseguia tocar de tanto que tremia. Todos nós paramos. Dava para saber que um astro havia entrado na sala. Dava para sentir a presença dele na sala. Era incrível. Dava para sentir. Ele era muito carismático."

"Pessoalmente, Elvis era, na verdade, mais bonito que em fotografias", recorda Norbert. "Observe que usei a palavra 'bonito', que é uma palavra que nunca uso para descrever outro homem. Se você tivesse desenhado seu rosto, se Leonardo ou alguém tivesse pintado o rosto perfeito, teria parecido com Elvis quando ele entrou na sala. E detalhe: ele tinha apenas 1,83 metro de altura. Ele e eu éramos exatamente da mesma altura. Quando ficava ao lado de um homem alto, ele parecia baixo, mas, quando entrou, parecia que tinha três metros de altura. Elvis transmitia muita coisa com sua aura."

Com seu jeito próprio de deixar as pessoas à vontade, Elvis se apresentou a cada um dos músicos, dando aperto de mão e pedindo para que continuassem tocando: "Continuem tocando! Vamos tocar mais, garotos. O que estão tocando? 'Mystery Train'? Toquem!". "Começamos a tocar e ele cantou 'Mystery Train'", diz Jerry. "Ele ficou em pé bem na minha frente e fez gesto para eu tocar um solo e, cara, eu toquei. E ele adorou." A improvisação emendou em uma igualmente animada "Tiger Man", antes de começar a sessão propriamente dita.

As sessões em Nashville foram feitas de forma totalmente diferente das sessões no American, em que Elvis cantava um vocal guia com a banda e gravava um vocal final em seguida. Desta vez, fizeram poucas sobreposições vocais. "Ele gostava da sensação do ao vivo, e não de fazer sobreposições, a menos que fosse absolutamente necessário", disse James Burton. Tampouco havia alguém de pulso firme como Chips Moman para orientar os processos e dar sugestões, o que não era a estratégia de Felton. "Felton havia estabelecido uma zona de conforto na qual sabia que Elvis o adorava e daria ouvidos a ele, tanto quanto Elvis ouvia qualquer pessoa", diz Norbert. "Felton era cauteloso com Elvis. Ele nunca o criticava. Não me lembro de ele nem ao menos questioná-lo – uma observação direta ou dura, ou algo assim. Ele dizia: 'Rei, acho que você deveria fazer mais uma vez', quando queria dizer: 'Você provavelmente não fez tão bem quanto poderia'. Vale lembrar que Felton Jarvis não era músico; era apenas um fã de música. Ele não tinha autoconfiança. Dizia: 'Ei, pessoal, acho que ficou bom. Venham escutar e digam se percebem algum problema'. Ele confiava a nós a incumbência de indicar qualquer irregularidade na seção rítmica. Ele era muito bom em manter um clima positivo no estúdio."

O mais importante: o material que ofereceram a Elvis não era particularmente satisfatório, mas, diferentemente dos músicos de Memphis, em Nashville, eles guardavam sua opiniões para si. "As demos eram de um cantor que imitava a voz de Elvis", recorda Norbert. "Elas normalmente estavam no tom da voz de Elvis e costumavam ser canções, em sua maioria, banais e sem conteúdo, em que se ouvia: '*I love you, do you love me too*', esse tipo de rima." Enquanto escutava as demos com os músicos – todos ouvindo as canções pela primeira vez –, Elvis começava a cantar junto, acompanhando a letra no papel. "Ele começava a cantar junto com o cara que estava imitando Elvis", diz Norbert. "Era a coisa mais bizarra que já se tinha ouvido: Elvis imitando um cara imitando Elvis."

Elvis depois olhava à sua volta para avaliar as reações dos músicos. "Como já sabíamos disso, tentávamos não mostrar nenhuma emoção, nem positiva nem negativa", diz Norbert. "Podia ser um horror de canção, Elvis olhava à sua volta e nós não lhe dávamos nenhuma pista, certo? Quando chegava ao último verso, ele dizia: 'Lamar, que canção horrorosa!'. Ele amassava o papel da letra e jogava nele. 'Dá o fora daqui! Traga boas canções!' Depois Elvis fazia um sermão cômico, fingindo estar muito bravo. E todo mundo caía na gargalhada. Depois traziam outras canções horríveis e fazíamos a mesma coisa de novo, três ou quatro vezes."

"Elvis cantava essas coisas e, cara, eram as piores coisas que já se tinha ouvido", concorda Jerry. "Ele parava de cantar e amassava a letra. Ele odiava essas canções, simplesmente odiava."

Por fim, Elvis selecionava uma canção para gravar. "Esse cara era esperto", observa Norbert. "Eles colocavam a demo para tocar umas três ou quatro vezes e Elvis cantava junto. Depois, perguntava: 'Qual é o tom desta, David?'. David dizia: 'Bem, é mi bemol'. 'Pode subir um pouco? Vamos tentar mi natural. Certo, pessoal. Vamos tocar assim agora.' Ele pegava um microfone de mão, como os que se usavam nos shows, e andava na frente da seção rítmica, no meio do estúdio – normalmente, o cantor fica atrás das caixas acústicas. Com o papel da letra em uma mão e o microfone na outra, o Rei começava a cantar a droga de música, enquanto nós a tocávamos. O Estúdio B da RCA era um estúdio muito pequeno e, na nossa frente, ele parecia ter três metros de altura. Como não estávamos usando fones de ouvido, ouvíamos o vocal; ouvíamos bem alto. Ouvíamos o timbre da voz dele e ouvíamos as dinâmicas se formando conforme ele começava a se animar e fazíamos a seção rítmica alcançar."

Elvis conseguia trabalhar rapidamente a partir de uma demo, ao longo de toda a sua carreira em estúdios. Ele era meticuloso durante as gravações quando queria ser: em 1956, gravou 31 tomadas de "Hound Dog" até ficar satisfeito. Porém, se não gostasse de uma canção, em vez de exigir material melhor, ele adotava uma postura passivo-agressiva. Acelerar a gravação de uma canção era um estratagema. Ou, como nessas sessões, ele, ousadamente, conseguiu gravar as músicas oferecidas por seus editores, para isso, abriu mão de tocar as canções pelas quais estava muito interessado; nessas sessões, eram números tradicionais ou country mais antigo que geralmente brotavam das improvisações informais. Não foi tão diferente do modo como ele ensaiou para seus shows em Vegas. "Ele se sentava para tocar piano e nós começávamos a tocar alguma coisa", diz Jerry. "Tocávamos sem parar, da hora em que chegávamos até 6h20, 7 h do dia seguinte. Estávamos mortos de cansaço, quando saímos de lá no dia 8 [de junho, dia da última sessão]."

A primeira sessão começou com uma das melhores canções novas, "Twenty Days And Twenty Nights", uma balada reflexiva e introspectiva, que Elvis interpretou com grande sensibilidade. "Lembro que na primeira canção eu queria tocar muito bem", diz Norbert. "Senti que precisava fazer algo extraordinário e, não sei, talvez eu tenha acrescentado alguma coisinha qualquer." Ele ficava aliviado quando, durante a reprodução da canção, Elvis aproximava-se, passava o braço pelo pescoço dele e dizia: "Você mandou bem". "Isso meio que acabou com meu medo", diz Norbert. "Pensei: 'Legal, estou em casa'."

CAPÍTULO 5 PROMISED LAND

Em seguida, veio "I've Lost You", uma canção simples sobre um relacionamento perturbado, cujo sentimentalismo levou Elvis às lágrimas, conforme ele a gravava. Talvez para deixar o clima mais leve, ele escolheu algo para cantar apenas por diversão: a tradicional canção "I Was Born About Ten Thousand Years Ago" (cuja versão que conhecia era de The Golden Gate Quartet), sobre estar vivo tempo suficiente para ter presenciado acontecimentos bíblicos e a transformou em uma tomada divertida – "Foi só para descontrair", diz Jerry. O próximo número, "The Sound Of Your Cry", era outra canção sobre romance fracassado, com uma veia mais melodramática que "I've Lost You" – a primeira tomada foi desconsiderada, pois Elvis não conseguiu segurar a risada.

Depois de um intervalo, o próprio Elvis escolhe a canção, cantando um pouco de "Faded Love", originalmente do conjunto western swing Bob Wills & His Texas Playboys. Ele pediu para Lamar providenciar a letra para que pudesse gravar uma versão adequada, mas, como não estava disponível no momento, Elvis sugeriu que fizessem "The Fool", um sucesso de Sanford Clark, em 1956. Elvis havia feito uma gravação caseira da canção em 1959 fazendo o acompanhamento no piano, e agora a transformou em uma amostra de um blues mais animado. E, então, estando por cima, ele pega um violão e começa a tocar o alegre country de Flatt & Scruggs, "A Hundred Years From Now", e os músicos facilmente o acompanham. "Tudo isso para errar na droga do final!", exclamou depois de falhar no final da primeira tomada. "Assim minha droga de carreira vai pela droga do ralo!" Ele repetiu os acordes finais algumas vezes e, então, a banda retomou a atenção, tocando a canção pela segunda vez. Não sendo séria candidata a lançamento, ela sairia, finalmente, no box *Walk A Mile In My Shoes: The Essential 70s Masters*, de 1995.

Eles permanecem em território country com "Little Cabin On The Hill", de Bill Monroe. Elvis conhecia bem a canção e havia feito um pequeno improviso dela em 1956, durante a sessão chamada de "Million Dollar Quartet", quando deu uma passada no estúdio da gravadora Sun em 4 de dezembro, encontrando Carl Perkins, Jerry Lee Lewis e Johnny Cash reunidos batendo papo – ele também havia gravado "Blue Moon Of Kentucky", de Monroe, para seu primeiro single na Sun. A última canção da sessão, que terminou por volta das 4h30, foi "Cindy, Cindy", apresentada pelos editores de Elvis, outro número tradicional que recebeu arranjo de rock e que não ficou totalmente satisfatório. Ambas as canções foram gravadas rapidamente, ainda que Elvis não tenha achado o mesmo: no final da primeira tomada de "Cindy, Cindy", Elvis disse por impulso: "Finalizem essa merda!".

Havia sido uma boa noite de trabalho, com os músicos satisfeitos por ter superado as expectativas de Elvis. "Esse filho da mãe toca bem, não toca?", comentou com Felton sobre o trabalho de Jerry, o que deixou Jerry imensamente feliz. "Ele me chamava de 'filho da mãe de baterista'!", conta com orgulho. Entretanto, eles ficaram surpresos com algumas idiossincracias de Elvis, tal como sua evidente necessidade de trocar de roupa ao longo das sessões. "Eles levavam uma bolsa grande cheia de roupas dele", diz Jerry. "Ele trocava de roupa umas três, quatro vezes por noite, como fazia nos shows. Era inacreditável."

Além disso, todos ficaram um pouco assustados com o fanatismo exagerado da comitiva. "Logo depois da primeira tomada de uma canção, na sala de controle, irrompia pessoas pulando e proclamando Elvis um deus", diz Norbert. "Imagine a cena – e todos trabalhavam para ele. Esses bobos da corte trabalhavam para ele. No começo nos tirava a concentração, mas acabamos nos acostumando, sabe? Elvis também sabia que tudo isso era um grande exagero, mas, às vezes, ele caía."

No entanto, Elvis não aceitava que a comitiva tratasse mal seus músicos, como Jerry presenciou certa vez em que fizeram um intervalo para comer. Jerry, inocentemente, havia pegado um petisco de um pote que estava sob a mesa da sala de controle e foi repreendido por "Hamburger" James, o integrante da turma de Elvis responsável por providenciar comida nas sessões. "Esses petiscos são de Elvis", disse James, para assombro de Jerry. "E daí, cara? Ele não se importa se eu pegar um!", replicou Jerry. "Eu disse que esses petiscos são de Elvis", James respondeu, cobrindo o pote com uma toalha. Quando soube do ocorrido, Elvis apenas chacoalhou a cabeça, dizendo: "Isso está certo? James, dê a ele aquele pote e traga mais petiscos para mim, por favor. Nunca diga para nenhum dos meus garotos que eles não podem se servir". "Ele foi legal", diz Jerry. "Ele foi muito legal."

A sessão de 5 de junho começou com "Bridge Over Troubled Water", de Simon & Garfunkel. Já na primeira tomada, ficou claro que Elvis havia estudado muito bem a canção. "Gravação muito, muito, muito boa", diz Jerry. "Daria um single hoje, com remixagem e sobreposições adequadas. Ele gostava de baladas e notas bem longas. Porque ele conseguia fazer. Ele era bom nisso. Tinha sensibilidade para esse tipo de coisa. E ele conseguia nos fazer exteriorizar isso também. Como esse cara prendia demais sua atenção, quando você trabalhava para ele, ainda que você tivesse de seguir uma partitura, você ficava com um olho na partitura e um olho nele. Era bom olhar atentamente para ele, pois ele dirigia você, mostrando como queria a canção. A melhor coisa a se fazer é tocar como o cara quer." Embora essa canção tenha feito um enorme sucesso com Simon & Garfunkel, Elvis conseguiu imprimir facilmente sua personalidade nela. Como o compositor da canção, Paul Simon, mais tarde observou: "Ficou um pouco dramática, mas de que jeito eu poderia competir?".

A próxima canção, "How The Web Was Woven", era outra balada bastante emotiva, depois da qual Elvis, novamente, procurou deixar o clima mais leve e se pôs a cantar o animado pot-pourri "Got My Mojo Working"/"Keep Your Hands Off It", a qual ele exaltou em uma única tomada, rindo de sua própria animação no final. Em seguida, voltam para o trabalho com "It's Your Baby, You Rock It", a primeira (e a melhor) das três canções de Shirl Milete, que Elvis gravaria nas sessões – anteriormente, ele havia gravado "My Little Friend", de Milete, no American. O título da canção, cantada sob a perspectiva de um homem que está cansado de oferecer apoio a um amigo que vive um relacionamento infeliz, foi inspirado em uma expressão de Elvis. Lamar Fike, certo dia, ligou para Milete, exclamando: "Tenho o melhor título do mundo!". Milete, então, criou uma canção para o título.

Depois, seguiu-se uma das canções mais interessantes da sessão, "Stranger In The Crowd", um número alegre sobre a felicidade do amor à primeira vista, animado pelos enérgicos ritmos latinos de fundo. "I'll Never Know" veio em seguida, uma balada bem trivial compensada pelo genuíno vocal de Elvis. A sessão terminou com a suntuosamente romântica "Mary In The Morning".

Foi outra noite produtiva, que, novamente, se estendeu até as primeiras horas da manhã, em parte porque, embora chegasse às 18 h, Elvis demorava para começar a trabalhar. "Ficávamos muito tempo contando piadas e matando o tempo", diz Jerry. "Jogando futebol no estacionamento e coisas do tipo. Em junho, os dias eram longos, os mais longos do ano. Em Nashville, em junho ficava claro até perto das 21 h. Ele chegava por volta das 18h30. Jogávamos bola ou contávamos piadas, histórias e coisas do tipo, por horas. Não nos importava, pois estávamos sendo pagos. Era o que Elvis queria fazer. Se é o que quer fazer, vamos fazer. Ele demonstrava golpes de caratê."

"Quando chegava ao estúdio, ele entrava com os braços abertos e dizia: 'Venha aqui, quero abraçar você', diz Norbert. "Ele dizia: 'Pessoal, tenho de contar o que aconteceu'. Então, ele nos reunia em um canto e começava a contar todos os fatos engraçados que haviam acontecido nos últimos seis meses. Ele ficava duas horas contando histórias e parecia um encontro de um bando de adolescentes." Por fim, Felton interrompia a diversão como um pai indulgente, lembrando Elvis: "Veja que são 22h30 e ainda não tocamos nem uma nota. Devemos fazer alguma coisa". "Bem, pessoal, suponho que temos de gravar alguma coisa", Elvis lamentava. "O que vamos fazer, Felton?"

Era um sinal de uma atitude cada vez mais negligente que, nos últimos anos, tomaria conta das sessões de Elvis completamente – e era outra forma de ele indicar sua insatisfação com o material de trabalho. Em 6 de junho, Elvis finalmente tomou atitude, começando a sessão pegando um violão acústico e fazendo o próprio acompanhamento em "It Ain't No Big Thing (But It's Growing)", um solo de Charlie Louvin, integrante da dupla The Louvin Brothers, com quem Elvis havia feito turnê na década de 1950. Enquanto tocava a canção, uma alegre improvisação, depois intitulada "I Didn't Make It On Playing Guitar" [Eu não faço isso no violão], por causa de uma frase que Elvis disse durante a canção. Ela apareceu mais tarde no álbum *Essential Elvis Volume 4: A Hundred Years From Now*, de 1966.

Isso foi seguido por uma canção que deveria ter sido perfeita para ele, "You Don't Have To Say You Love Me", de Dusty Springfield. Em vez disso, seu desempenho foi, curiosamente, decepcionante: a canção ganhou um ritmo acelerado demais, não alcançando o clímax dramático que pareceria óbvio para esse tipo de número. "Just Pretend" foi uma muito mais bem-sucedida representação carregada de emoção, com Elvis levemente contido durante os versos e expondo totalmente seus sentimentos nos refrões – ele havia pedido a Jerry: "Seja meu guia, pois me ajuda a cantar melhor", durante as passagens com notas altas. Mas o restante das canções era pouco recomendável. "This Is Our Dance" [Esta é nossa dança] era simples e muito sentimental, com tomadas sendo canceladas por causa das risadas de Elvis – "Essa era nossa dança? Acho que não!", diz Jerry. "Life" era uma canção sobre a origem do Universo que nem mesmo o vocal reverente de Elvis evitou um grande enfado. A banda teve de gravar 20 tomadas, fazendo Elvis exclamar irritado: "Essa droga é tão longa quanto a vida!". "Heart Of Rome" não era muito melhor: um insosso conto de amantes separados, composto de um toque de sabor napolitano para disfarçar suas deficiências. A canção foi inspirada, segundo os compositores, na popularidade do filme *O Poderoso Chefão* na época. "Não era exatamente uma boa canção, mas era divertida de tocar", diz Jerry.

Até o momento, 20 faixas haviam sido gravadas em três noites – de qualidade variada, não obstante, um trabalho impressionante. Uma razão para a queda de qualidade foi a tendência de as canções serem gravadas muito rapidamente, apenas três sendo gravadas em mais de nove tomadas. "Em Muscle Shoals, trabalhávamos como eles faziam em Memphis", diz Norbert. "Literalmente, fazíamos 40, 50 tomadas, tentando criar o melhor arranjo e a melhor sensação. Em Nashville, o modo de produção era totalmente diferente. Gravávamos uma canção uma vez e falávamos sobre ela por uns 60 segundos. E podia ser algo do tipo: 'Ei, David, em vez do teclado na introdução, o que você acha de James fazer a introdução e você entrar depois no primeiro refrão? Você acha que é uma boa ideia? Legal! Vamos fazer assim'. Então, não sei, era um jeito diferente de trabalhar. Muitas tomadas [matrizes] eram a segunda ou terceira tomada gravada. Isso significa que tocávamos uma vez com Elvis acompanhando seu vocal e depois eles acendiam a luz vermelha e começavam a gravar a fita. Então, talvez tocávamos a canção duas, três, quatro vezes. Elvis entrava e ouvia a gravação e, mesmo se estivesse faltando bem pouco para tornar-se matriz, ele pediria a Felton para tocar de novo. E pensávamos: 'Meu Deus'. E ele pediria para tocar de novo e de novo até se convencer de que a tomada estava boa o suficiente para passarem para outra canção." "Se não estivesse bom depois de três ou quatro tomadas, ele continuaria", disse James Burton.

Embora os músicos achassem que tocavam bem o suficiente, muitas vezes desejavam poder dedicar um pouco mais de tempo às canções para deixá-las ainda melhores. "Às vezes, eu queria refazer, achando que poderia ficar melhor, achando que poderíamos mudar", diz Jerry. "Todos nós. Mas não tínhamos o privilégio de decidir. Eles não davam a Al Puchucki [engenheiro de som] tempo suficiente para trabalhar as baterias. Se posso, costumo chegar pelo menos uma hora mais cedo para deixar minha bateria com o som que deveria ter. Não podíamos fazer isso nas sessões de Elvis. Colocávamos os instrumentos lá, eles instalavam microfone e nos pediam para começar a tocar assim que chegávamos – e tocávamos por horas."

Na tentativa de dedicar mais tempo a uma canção, Norbert e David Briggs logo criaram uma pequena estratégia entre eles para conseguirem uma oportunidade de fazer outra tomada. Enquanto ouvia o playback, Norbert cutucava Elvis e dizia: "Elvis, veja, você faria mais uma vez para mim? Tive uma grande ideia para o refrão e gostaria muito de poder fazer isso". Geralmente, Elvis concordava rapidamente, convocando todos: "Ei, pessoal, podemos fazer mais uma vez para Putt?". Depois seria a vez de David: "Ei, Elvis, você poderia fazer mais uma vez para mim?". "Dessa forma, às vezes, conseguíamos fazer mais duas ou três tomadas", explica Norbert.

Elvis já havia gravado mais que o suficiente para o álbum e dois singles solicitados pela RCA, mas eles acharam que valia a pena continuar para fazerem reserva de material para futuros lançamentos. Então, inicialmente, foi desanimador, quando a sessão de 7 de junho deu lugar a um menos inspirador começo com "When I'm Over You", outra de Shirl Milete, dessa vez uma canção completamente sem vida. "Não gostamos de tocá-la", diz Jerry sobre o material, que fazia os músicos se lembrarem muito das canções de filmes de Elvis. "Eram difíceis de tocar. Elas não tinham nenhuma sensibilidade, não faziam sentido, não eram bem elaboradas – o material não tinha nada de bom. Você pode fazer seu melhor, mas, se não tiver uma melodia ou um ritmo forte para acompanhar, você não tem nada. Acabávamos ficando sem nada e tínhamos de criar tudo, incluindo Elvis, para até mesmo executar o que já existia."

Não foi surpreendente o fato de, mais uma vez, Elvis querer fazer do seu próprio jeito. "Ele estava cansado", explica Jerry. "Ele queria gravar um monte de coisa antiga. Naquela noite, ele disse que era isso que queria fazer e foi isso o que fizemos. Foi divertido. Nós nos divertimos muito, muito mesmo." A diversão começou quando Elvis, inesperadamente, iniciou "I Really Don't Want To Know", de Eddy Arnold, proporcionando à canção o tipo de interpretação comovente que, visivelmente, faltava em muitas das canções mais novas. Em seguida, ele voltou para "Faded Love", já que, finalmente, a letra havia sido providenciada. Em contraste com a versão mais rápida que ele havia começado a gravar em 4 de junho, agora a canção recebeu um ritmo mais lento de rock, com Elvis claramente se divertindo. Depois, ele se inspirou a fazer uma brilhante interpretação de "Tomorrow Never Comes", de Ernest Tubb, uma canção cuja energia aumentou exponencialmente em quatro minutos, Elvis se mostrando triunfante ao chegar às notas altas finais de uma canção aparentemente sobre um romance fracassado. Essa não era uma canção que poderia ser finalizada em poucas tomadas. "Se eu parasse por ali, imagine que ruim ficaria depois", Elvis disse quando uma tomada foi suspensa durante o primeiro verso. Ele continuou por 13 tomadas, mais tarde refazendo a conclusão com a nota final adequada. "Sim, era uma fera do rock", diz Jerry. "Aquelas mãos dele vinham em minha direção enquanto gravávamos."

Fizeram uma volta à modalidade contemporânea com a balada de ritmo médio "The Next Step Is Love", uma canção com algumas excentricidades na letra (por exemplo, o verso sobre não provar a cobertura do bolo "que assamos com o passado"), que parece desafinado na gravação – ficou muito melhor em show ao vivo. Depois, voltaram ao country com "Make The World Go Away", um sucesso country de Ray Price em 1953, ao qual foi dado um imponente arranjo que, prontamente, se traduziria à atuação ao vivo de Elvis. Em contraposição, "Funny How Time Slips Away", de Willie Nelson, era, adequadamente, de tom baixo, com o vocal sereno de Elvis sutilmente disfarçando as deformidades líricas da canção dirigida a uma ex-amada. "I Washed My Hands In Muddy Water" era um prazer vertiginoso ao estilo de "I Got My Mojo Working", com Elvis empolgado pela energia propulsora. A sessão foi finalizada com uma escolha fora do comum: "Love Letters", uma canção que Elvis havia gravado em 1966 no mesmo estúdio. David Briggs, que havia tocado piano na versão original, achou que poderia aperfeiçoá-la e começou a tocar a canção, que Elvis prontamente acompanhou. "Qualquer coisa que você tocasse, ele começava a cantar", diz Jerry. "'Love Letters' é fantástica. Boa e comovente."

As sessões continuaram por mais uma noite, começando com "There Goes My Everything". Essa era o tipo de canção sobre fim de relacionamento com tendência a ficar exageradamente enjoativa, mas Elvis a transformou em uma admirável interpretação, impressionando os músicos. "Aquele baita vocal simplesmente diz tudo sobre Elvis Presley", declara Norbert. "Ele conseguiu finalizá-la na primeira tomada. Ele não está impassível, ele não está conservador. É como se estivesse preparado, com o bastão de beisebol na mão, já tivesse feito duas rebatidas, e agora vem essa bola rápida e ele vai mandar bem. A razão pela qual adorávamos Presley mais que todos os outros era que ele tocava na ferida. Quando se posicionou, a luz vermelha acendeu, ele estava pronto para detonar, para mandar muito bem. Ele não retinha nada. E, para nós, como seção rítmica, significava que tínhamos de acompanhá-lo."

Mas a maioria das outras canções não seguiu esse padrão. "If I Were You" era completamente sem graça, a vagamente religiosa "Only Believe" era triste demais para ser muito inspiradora (embora Elvis tente estar à altura do desafio durante a transição) e, apesar de Jerry ter considerado "uma linda melodia", "Sylvia" era simplesmente uma balada insignificante. No entanto, as sessões terminaram em grande estilo com "Patch It Up", um excelente rock coescrito por Eddie Rabbit, que havia escrito "Kentucky Rain" e "Inherit The Wind", gravadas no American. A canção tinha um tom apelativo desde a primeira tomada, o que ficava muito bom em interpretação ao vivo. "'Patch it Up' é uma boa canção", diz Jerry. "Ela caiu bem."

Havia sido gravado um total de 34 canções – as sessões mais produtivas da vida de Elvis. E, ainda que não fosse lançado nenhum single, havia inúmeras representações dignas de apreço. Entretanto, alguns músicos ainda continuavam achando que poderiam ter tocado melhor. "Digo, gostei de tudo porque Elvis era ótimo e eu curti tocar na sessão", diz Jerry. "Mas, enquanto gravações, não, elas não ficaram boas. Eles tinham os equipamentos para fazer isso, mas não se dedicaram."

Por outro lado, para Norbert, o clima relaxado das canções realça ainda mais as interpretações. "Esse disco inteiro é desprendido, como você pode ver", ele comenta de *Elvis Country*, o álbum no qual apareceria a maioria das faixas gravadas nas sessões de junho de 1970. "Fiquei impressionado de ver como toquei desprendido. Eu estava tocando como se não tivesse medo de cometer um erro ou fazer alguma coisa errada. Estava envolvido o tempo todo, assim como Elvis. Ele realmente nos influenciou a sermos desprendidos: 'Não se preocupem, apenas vão em frente!'. E, assim como com as várias bandas com as quais trabalhei, eu era muito meticuloso e muito preciso e elaborava muito bem meu som. Era mesmo como se fosse um show ao vivo de Elvis. Fizemos tudo muito rápido. Dá para perceber que o engenheiro também não pôde trabalhar com as canções. Foi como se pensasse: 'Bem, o Rei está pronto para começar. Vamos acender a luz vermelha e torcer pelo melhor'. E acho que, em vista disso tudo, essas gravações ficaram excelentes. Em vista do modo como foram feitas e da pressão sob a qual todo mundo estava, o fato de eles estarem desprendidos e espontâneos foi uma coisa maravilhosa de ouvir."

❖

Depois de um pouco mais de um mês, foi lançado o primeiro single das sessões: "I've Lost You". A 32ª colocação nas paradas (nona posição no Reino Unido) foi decepcionante, mas, de qualquer forma, o single vendeu mais de meio milhão de cópias. Em 14 de julho, começaram os ensaios para a próxima temporada de Elvis em Vegas. Como, inicialmente, foram realizados nos estúdios da MGM, em Culver City, Califórnia, eles puderam ser filmados para um futuro documentário, que recebeu o título provisório de *Elvis*. O diretor foi Denis Sanders, que havia ganhado o Oscar pelos curtas *A Time Out Of War* (1954) e *Czechoslovakia 1968* (1969). "O que estamos tentando fazer é captar o artista Elvis sob a perspectiva dos fãs, do hotel e da plateia", explicou ele. "Assim como Elvis, ou qualquer outro artista, alterna canções rápidas com canções mais lentas ou cria diferentes climas, farei da mesma forma. Teremos uma cena triste, uma cena feliz, outra cena triste, e assim por diante."

As cenas dos ensaios mostravam a habitual descontração nas sessões de Elvis que havia sido descrita, talvez acentuada pela presença das câmeras. Entretanto, também se pode ver o tipo de atenção a detalhes que Sandi Miller havia observado, quando, por exemplo, Elvis descreve a Glen Hardin precisamente como ele quer que fique o final de "Words" e canta diversas vezes um trecho de "Bridge Over Troubled Water" até encontrar o arranjo que havia idealizado. "É uma surpresa ver que ele é o responsável: diretor, produtor, arranjador, e tudo mais", observou um repórter do *The New York Times*. "(...) Ele era um artista disciplinado que estava se divertindo como sempre considerei ser a melhor maneira de se divertir: trabalhando, trabalhando pesado, de corpo e alma, para criar algo." A alegria que Elvis sente ao cantar, até mesmo nos ensaios, é indiscutível, haja vista quando ele se concentra em uma execução de "That's All Right" que, de certa forma, é mais enérgica do que sua interpretação no próprio show ou quando ele dança com tanto vigor durante "Polk Salad Annie" que chega a rasgar o fundilho da calça.

Sem incompatibilidade de agendas, Ronnie Tutt reassumiu a bateria, permanecendo como baterista até o fim da carreira ao vivo de Elvis. Como Elvis continuou acrescentando aos shows coreografias inspiradas no caratê, Ronnie acabou indo fazer aulas de caratê. "Eu achei que devia fazer", explica ele. "Como ele criou mais movimentos de artes marciais em suas canções e no final das canções, achei melhor estudar para acompanhá-lo rapidamente e realçar o que ele estava fazendo, e assim fiquei muito envolvido com as aulas. Como eu já me interessava um pouco por caratê, isso me incentivou a começar fazer aula. Ele fazia até mesmo uns *katas*, como chamam, que é uma série de movimentos, como uma dança, que ele fazia no palco de vez em quando, como uma rápida exibição, apenas a bateria e ele."

Os ensaios foram transferidos para os estúdios da RCA, na Sunset Boulevard, no dia 23 de julho e, depois de um último dia de filmagens, em Culver City, em 29 de julho, foram para Las Vegas em 4 de agosto. Parker havia apelidado o evento de "Elvis Summer Festival" [Festival de Verão de Elvis], pendurando nas entradas faixas com essa frase e cachorros de pelúcia usando chapéu, criando um clima parecido com os próprios escritórios de Parker, que eram claustrofobicamente lotados de memorabilia de Elvis. Parker chegou a convocar o filho adolescente do publicitário da RCA Grelun Landon, Chris, para ajudar a vender os chapéus. "O Coronel me chamou porque me achava bonito ou algo assim", diz ele. "Então, ficamos lá em frente, vendendo essas besteiras de chapéus com uma faixa escrito 'Elvis' em negrito, por um dólar para os turistas japoneses, conforme desciam do ônibus. O Coronel sempre dava um jeito de ganhar dinheiro. Cada dólar que eu recebia pelo chapéu tinha de repassar para o Coronel. Ele trabalhava com um astro multimilionário, mas não deixava de abusar das pessoas. Mas você tinha de gostar dele." Até mesmo os funcionários do cassino eram usados para fazer promoção, tendo de usar chapéus e braçadeiras que traziam a palavra "Elvis". Vendo os funcionários tão enfeitados enquanto passava pelo cassino um dia, Elvis riu e disse: "Ei, pessoal, não é minha culpa!". Os restaurantes do hotel também vendiam um "Elvis Special" de "Polk salad" com *muffins* de milho e mel por 1,95 dólar.

As câmeras estavam ligadas na noite de estreia, em 10 de agosto, registrando o desfile de celebridades que chegavam para o único show da noite (Sammy Davis Jr., o ator Cary Grant, a exuberante cantora/atriz Charo), além de Elvis nos bastidores lendo telegramas desejando-lhe boa sorte – "Espero que você tenha uma estreia de muito sucesso, e muita merda. Tom Jones". Tendo em mente a necessidade de evitar repetir canções na gravação do álbum ao vivo, os shows trouxeram muito poucos hits de Elvis na década de 1950. A própria noite de estreia teve apenas três, incluindo a primeira canção, "That's All Right". Em vez da instância da versão do "Comeback Special" e do tom frenético que, um ano atrás, haviam tomado conta das interpretações de suas canções dos anos de 1950, agora havia uma nítida autoconfiança, a sensação de um pulso firme no comando, não importando quantos comentários tolos podiam ser feitos. O pot-pourri "Mystery Train"/"Tiger Man" estava tão emocionante quanto antes, com Elvis agarrando o pedestal do microfone e movendo o corpo para a frente e para trás durante os trechos instrumentais. "Love Me Tender" deu prosseguimento ao ritual de Elvis de distribuir beijos entre as mulheres presentes – agora ele frequentemente andava pela plateia.

Entretanto, a maioria das canções da noite de estreia consistia de material novo, com apenas "I've Lost You" representando seus últimos sucessos. Desta vez, o show enfatizava as habilidades de Elvis como intérprete e cantor de shows ao vivo. "Something" tinha uma delicadeza que faltava em sua versão de "Yesterday", intensificada pelo solo soprano angelical cantado por Millie Kirkham, que havia feito *backing vocal* das gravações de Elvis a partir de 1957 e havia sido contratada, especificadamente, para a primeira semana da temporada. "I Just Can't

Help Believin" (na época, um atual hit de B. J. Thomas), com seu leve toque country, era perfeita para Elvis. Ele se entregou de todo coração a "The Next Step Is Love" e fez excelentes interpretações de "You've Lost That Lovin' Feelin'" e "Bridge Over Troubled Water". Podia-se dizer que o show era um espelho dos ensaios, em que se tratava menos de mostrar seu próprio novo trabalho e mais de exibir canções que Elvis adorava, e adorava interpretar – essencialmente uma celebração de suas influências musicais. Segundo *Variety* escreveu em seu artigo: "Presley está tranquilo e muito sereno o tempo todo, sabendo exatamente o que fazer em cada minuto".

No dia seguinte, retomou-se o cronograma de dois shows por noite e as filmagens prosseguiram até dia 13 de agosto, quando Millie Kirkham foi substituída por Kathy Westmoreland. "Polk Salad Annie" havia se tornado favorita do público, com uma maravilhosa introdução falada que explicava exatamente o que era o mítico "polk salad": "Parece um pouco com nabo", com Elvis pontuando a narrativa com alguns movimentos corporais: "Eu disse *polk*...", Elvis dá um soco no ar e conclui: "*salad!*", dando dois socos no ar, uma antecipação de como ele terminaria a canção: agitando braços e mãos em todos os sentidos conforme a bateria de Ronnie Tutt acentua cada movimento, antes de ele finalizar com um joelho apoiado no chão no último acorde. Ela complementou lindamente "Suspicious Minds", que agora antecedia a mais padronizada "Can't Help Falling In Love". Desta vez, Elvis cantou com a coda por vários minutos, dando socos no ar, virando-se para o lado e agitando todo o corpo e, depois, conforme a canção chega ao final, ele agacha para um lado, dobrando apenas um joelho, enquanto a outra perna fica esticada, chegando quase até o chão, e depois se levanta e agacha para o outro lado – frequentemente este era o ensejo para ele fazer uma piada sobre quão apertado era seu macacão –, por fim, se levanta e dança com muita agitação, enquanto a música alcança volume máximo de novo.

Ao longo da temporada, também foram acrescentadas novas canções. Uma interpretação bem melancólica de "Stranger In My Own Home Town" havia sido ensaiada, mas, infelizmente, não foi incluída ao show – foi lançada mais tarde no box *Walk A Mile In My Shoes*. A recém-gravada "Stranger In The Crowd" fez uma rara aparição. "Little Sister" tornou-se indispensável nos shows, emendando com "Get Back" dos The Beatles. Houve também covers inesperados, tais como um pot-pourri de "I Walk The Line" e "Folsom Prison Blues", e uma linda interpretação de "When The Snow Is On The Roses". A inclusão de

"Oh Happy Day", recentemente popularizada por The Edwin Hawkins Singers, foi o primeiro passo de sua decisão de levar para os shows mais canções de temas religiosos.

Embora reconheça que "se podia dizer que Elvis adorava se apresentar, adorava a liberdade de poder estar no palco", Ronnie Tutt acha que o astro se saía melhor no show da meia-noite, que não tinha as distrações do jantar show. "Ali estava provavelmente o artista mais requisitado do mundo naquela época, bem na frente dessas pessoas e elas ficavam sentadas, jantando", diz ele. "Era uma situação muito estranha. As pessoas fazendo pedidos, o garçom deixa cair um garfo no chão, fazendo barulho – imagine isso em um grande salão cheio de gente. Se você pensar bem: estávamos todos lá cantando, tocando com o coração, e essas pessoas sentadas, jantando? O que acontece? Por isso, ele adorava a segunda apresentação, pois era mais parecida com um show de verdade. As pessoas ficavam sentadas, animadas e bastante relaxadas. Sentiam uma grande expectativa, pois haviam enfrentado filas enormes e, quando o show começava, era hora de aproveitar muito."

Jerry Carrigan foi convidado para ir a Vegas durante a temporada e ficou bem impressionado com o show de Elvis. "Meu Deus do céu!", diz ele. "Era tanta energia que dava a impressão que o prédio iria desabar. Era incrível. Aquela grande orquestra. Todos eles com microfone e tocando muito bem. Nossa, cara... Eles estavam mandando uma atrás da outra, deixando qualquer um extasiado. Foi maravilhoso. E as mulheres o atacavam – não estou brincando. Se conseguissem subir no palco, elas arrancavam a roupa dele."

Carrigan foi convidado a subir para a suíte de Elvis depois do show, chegando bem embriagado. Logo ele foi repreendido por Felton Jarvis, que também havia visto o show e que lhe disse: "Certo, Carrigan. Você está bêbado. Não deixe Elvis ver você assim". "E eu disse: 'Felton, Elvis é um grande cara agora'", recorda Jerry. "E depois Elvis se aproximou e disse: 'Ei, Jerry. Sirva-se de alguma bebida'. Foi a primeira coisa que ele me disse! Ele tinha um belo bar, e eu disse: 'Obrigado, Elvis. Acho que vou me servir'. Então, fiz um drinque forte para mim e ele disse: 'Venha aqui. Quero falar de algumas sobreposições para você fazer quando voltar para Nashville. Lembra aquela canção que fizemos? Quero que você faça aquelas tercinas de novo. Adorei quando você tocou. Acrescente as tercinas para mim. Você pode fazer isso?'. E eu disse: 'Claro, qualquer coisa que você pedir'. E ele disse: 'Eu agradeço, Jerry. Fique à vontade. Aqui na minha suíte, você pode fazer qualquer coisa que quiser'.

E Felton parecia pensar: 'Maldito Elvis! Eu acabei de dizer que ele não podia fazer nada!'." Jerry continua: "Ele me disse: 'Sente esse traseiro ali no canto e fique quieto'. E eu: 'Cara, como posso fazer isso, com todas essas lindas garotas aqui?'. Na época, eu não era casado. Eu não estava trabalhando, eu estava bebendo. Meu bolso estava cheio de dinheiro do pagamento de Elvis. Eu adorava tudo isso. E havia garotas em toda parte. Digo, literalmente, em toda parte! Que divertido esse cara ter convidado todas elas!"

Dois acontecimentos frustraram a temporada. No dia 14 de agosto, um processo de investigação de paternidade foi instaurado contra Elvis, em Los Angeles, por Patricia Ann Parker, que afirmava ter engravidado quando teve um caso com Elvis durante sua última temporada em Vegas – exames de sangue determinaram que Elvis não era o pai. Mais perturbador para ele foram as ameaças físicas. Em 23 de agosto, um anônimo ligou para o hotel e disse que Elvis seria sequestrado naquela noite e, na manhã do dia 28 de agosto, a esposa de Joe Esposito recebeu um telefonema em que lhe disseram que havia uma conspiração para matar Elvis e que, por 50 mil dólares, revelariam o nome do matador. O FBI foi acionado e Elvis foi aconselhado a cancelar o show, mas ele decidiu não cancelar. Em vez disso, pediu para integrantes de sua comitiva que não estavam na cidade voarem para lá para reforçarem a segurança. Ele deu a seguinte instrução: se ele fosse assassinado, os seguranças deveriam pegar o "desgraçado" antes da polícia e declarou: "Não quero que ele seja visto por aí depois como Charlie Manson, sorrindo e dizendo: 'Eu matei Elvis Presley'". Quando ele subiu no palco naquela noite, carregou uma arma em cada bota e seus seguranças também estavam armados. Durante o jantar show, um homem da plateia gritou: "Elvis!", e todo mundo gelou de medo, mas ele queria apenas pedir uma canção e, então, o show continuou sem incidentes. Nunca mais se ouviu falar do suposto sequestrador/assassino, mas foi um sinal para Elvis de que não dava para ele sair de seu mundo fechado sem correr um certo risco.

De qualquer forma, havia sido outra temporada bem-sucedida de Elvis, com ingressos esgotados. Sob pedidos, foi acrescentado na última noite um show às 3h30, com a banda surpreendendo Elvis ao levar ao palco um cão *basset hound* no começo da canção "Hound Dog". O hotel International também presenteou Elvis com um cinturão especial, feito de prata banhado a ouro, com uma grande fivela na qual se lia "World's Championship Attendance Record" [Recorde Mundial de Público], e era cravado de safiras, rubis e diamantes. O cinturão havia sido desenhado por Nudie Cohn – que também havia desenhado o famoso terno de lamê dourado de Elvis na década de 1950 – e veio em um estojo de couro. Elvis o colocou com orgulho, esclarecendo a um repórter: "É como um troféu, mas coloco na cintura. É para exibir".

Raramente tinham tempo para descansar. Em 8 de setembro, Elvis foi à estreia do show de Nancy Sinatra no International e, em 9 de setembro, iniciou uma turnê de oito shows em um total de seis cidades: Phoenix, Arizona; St Louis, Missouri; Detroit, Michigan; Miami Beach e Tampa, Flórida; e Mobile, Alabama. Com exceção dos The Imperials, que foram substituídos por The Hugh Jarrett Singers, era a mesma formação de músicos que haviam acompanhado Elvis em Las Vegas. O novo regente da orquestra do International, Joe Guercio, também estava à disposição para reger uma orquestra formada em cada cidade – em parceria com um trompetista da orquestra do International. O repertório também era praticamente o mesmo dos shows em Vegas.

Fora uma ameaça de bomba que havia sido feita ao primeiro show em Phoenix – e que, no final das contas, se mostrou infundada –, a turnê transcorreu sem empecilhos, com ingressos esgotados e público em êxtase. Os novos promotores dos shows de Elvis, Jerry Weintraub e Tom Hulett, também apresentaram ao cantor modernos sistemas de som de shows diurnos, incluindo monitores no palco para que ele tivesse retorno do próprio áudio – antes, ele simplesmente usava qualquer sistema de som que o local disponibilizasse.

Todo mundo gostou da oportunidade de livrar-se da rigidez de tocar em Vegas. "Ah, sem dúvida", diz Ronnie Tutt. "Todos nós sentimos uma libertação. Adorávamos fazer turnê, conhecer as cidades e tocar nos estádios – as latas de atum gigantes, como dizíamos. Era o sonho de qualquer promotor. Sim, é muito mais gratificante fazer turnê."

A turnê acabou em 14 de setembro e outra sessão de gravação havia sido marcada em Nashville para começar em 21 de setembro. Da abundância de material que havia sido gravado em junho, havia inúmeras canções country e, então, ficou decidido que o próximo álbum de estúdio seria um disco country, sendo necessário gravar algumas outras canções para completar o álbum. Elvis não estava feliz de ter de voltar ao estúdio e deixou isso bem claro, não se dando o trabalho de comparecer na primeira noite e, quando finalmente apareceu no dia seguinte, reclamando constantemente sobre como a sessão estava demorando. Foram usados os mesmos músicos que haviam trabalhado com ele em junho, à parte de James Burton, que não pôde participar e foi substituído por Eddie Hinton.

Elvis rapidamente gravou quatro canções em seis horas, começando com "Snowbird", um pop leve e alegre. "Rags To Riches" e "Where

Did They Go, Lord" – a primeira, um sucesso de Tony Bennett, em 1953; a segunda, da equipe A. L. Owens/Dallas Frazier que havia escrito "True Love Travels On A Gravel Road" e "Wearin' That Loved On Look" – formariam um single no ano seguinte e revelaram uma comovente interpretação de Elvis. "Rags To Riches", particularmente, fez Elvis alcançar altivas notas altas, mas ele gravou a canção apressadamente em quatro tomadas, lembrando a todos que tinha de ir embora à 00h30.

Assim como com a maior parte do material mais animado das sessões de junho, o cover de "Whole Lotta Shakin' Goin' On" se deu como resultado de uma improvisação. "Eu estava por lá, à toa, tocando os tom-tons, a caixa e o bumbo da bateria", explica Jerry Carrigan. "E ele começou a cantar 'Whole Lotta Shakin' Goin' On' com aquela batida, e tudo mais." "Meu Deus! Vamos gravar desse jeito!", disse Elvis, embora uma primeira passada rápida o tenha deixado com uma mistura de sentimentos e, assim, quando disseram que havia sido uma feliz tentativa, respondeu ele: "Certo. Isso significa que ficou medíocre". Sua impaciência ficou ainda mais evidente, quando ele instruiu Jerry a entrar no final da canção: "(...) quando já estou cansado de cantar a canção, o que será dentro de muito pouco tempo, pois já cantei demais essa canção". A versão final ficou tão acelerada que parece estar prestes a sair do controle, mas Elvis canta por mais de quatro minutos e meio, animando-se a ponto de chegar a um quase frenesi. Como o cover que Elvis fez de "Johnny B. Good", de Chuck Berry, ela não supera a versão final de Jerry Lee Lewis – "Não ficou muito boa, ficou esquisita. É uma batida esquisita", segundo a opinião de Jerry Carrigan –, mas é, entretanto, o tipo de rock enérgico que teria dado certo em seu show ao vivo.

O álbum final montado com as duas sessões, *Elvis Country*, lançado em 1971, traz as seguintes canções: "Snowbird", "Tomorrow Never Comes", "Little Cabin On The Hill", "Whole Lotta Shakin' Goin' On", "Funny How Times Slips Away", "I Really Don't Want To Know", "There Goes My Everything", "It's Your Baby, You Rock It", "The Fool", "Faded Love", "I Washed My Hands In Muddy Water" e "Make The World Go Away", com "I Was Born Ten Thousand Years Ago" usada como faixa de ligação ao longo do álbum – ela foi lançada mais tarde, em sua versão completa, no *Elvis Now*, de 1972. A caminho, estava um álbum tão "raiz" quanto *From Elvis In Memphis*, destacando a música country em vez da comovente R&B, sendo relaxado e descontraído, enquanto o outro álbum havia sido criado com muito cuidado.

Deu-se continuidade ao constante fluxo de lançamentos. Em agosto, foi lançado o primeiro *box* de Elvis, *Worldwide 50 Gold Award Hits*

Vol. 1, que alcançou a 45ª posição (49ª no Reino Unido) – nada mal para uma série de quatro álbuns. Em outubro, veio o lançamento do novo single de Elvis, "You Don't Have To Say You Love Me", que alcançou a 11ª posição (nona no Reino Unido) e vendeu 800 mil cópias. O lançamento de *From Memphis To Vegas/From Vegas To Memphis* em dois discos separados, em novembro (renomeados *Elvis In Person At The International Hotel* e *Back In Memphis*), fez sentido, já que muitos compradores em potencial não quiseram comprar o álbum duplo. Além disso, o lançamento em outubro da coletânea de baixo orçamento *Almost In Love*, que não trazia nenhuma canção inédita e que não era uma coletânea dos maiores sucessos, serviu apenas para inundar o mercado com produtos desnecessários. Principalmente porque houve mais dois lançamentos de álbum em novembro: o disco de final de ano de baixo orçamento, *Elvis's Christmas Album*, uma reembalagem de suas canções de Natal, e o álbum que acompanharia o lançamento do documentário, agora intitulado *Elvis: That's The Way It Is*.

Embora parecesse uma trilha sonora, apenas duas canções do álbum eram, de fato, de filmes e apenas quatro canções eram de shows ao vivo – o restante foi obtido das sessões em junho em Nashville, sendo feita a sobreposição de aplausos em algumas partes. O conteúdo não era inédito: várias trilhas sonoras de filmes de Elvis haviam apresentado diferentes versões das canções usadas nos filmes e a versão de "If I Can Dream", cantada no "Comeback Special", não era a mesma que havia aparecido em seu álbum de trilha sonora. É provável que a maioria das pessoas não tenha notado a diferença – não havia fitas ou DVDs para fazer comparações.

Dessa forma, apesar de não ter sido apresentado como tal, *That's The Way It Is* poderia ser considerado muito mais um álbum de estúdio que um lançamento de álbum ao vivo. A ordem das canções era: "I Just Can't Help Believin'" (do jantar show de 11 de agosto e incluída no vídeo), "Twenty Days And Twenty Nights", "How The Web Was Woven", "Patch It Up" (do jantar show de 12 de agosto e incluída no vídeo), "Mary In The Morning", "You Don't Have To Say You Love Me", "You've Lost That Lovin' Feeling'" (do show da meia-noite de 13 de agosto e não incluída no vídeo), "I've Lost You" (do jantar show de 13 de agosto e não incluída no vídeo), "Just Pretend", "Stranger In The Crowd", "The Next Step Is Love" e "Bridge Over Troubled Water". As canções mostravam o futuro distanciamento de Elvis do material contemplativo de *From Elvis In Memphis* e *Back In Memphis* – assim como faria com as canções do próximo álbum, *Elvis Country*. Com toda a emoção de sua interpretação, a música estava mais pop do que tudo que Elvis havia gravado desde os anos de cinema – embora as canções fossem, indiscutivelmente, superiores. De certo forma, o disco poderia ser considerado um retrocesso, musicalmente falando – ou, pelo menos, um passo atrás. Entretanto, embora tenha feito menos sucesso que os últimos álbuns – alcançou a 21ª posição (12ª no Reino Unido) –, ainda assim vendeu mais de meio milhão de cópias.

Assim como no documentário, a intenção de Denis Sanders foi "captar o entusiasmo de Elvis". Para tal fim, ele não filmou apenas os ensaios e shows, mas também as entrevistas que fez com fãs, funcionários do International Hotel (incluindo o vice-diretor Alex Shoofey), Ann Moses, editora de *Tiger Beat* (revista voltada para o público adolescente), entre outras pessoas. Parker opôs-se à filmagem externa por considerar que se distanciava de seu astro. Mas, na verdade, essas cenas dão ao vídeo uma visão abrangente do fenômeno que é Elvis, fazendo dele mais que um simples vídeo de show. As fãs dizerem que seu gato gosta de Elvis pode ser cômico para algumas pessoas, mas a sinceridade e a discrição delas é, surpreendentemente, encantadora, e o fato de Elvis conseguir causar tamanha devoção em seus fãs deixa claro por que sua popularidade não diminuiu. É verdade que o vídeo é mais observacional que informativo, o que poderia ter sido diferente se Elvis, ou até mesmo integrantes da banda, tivessem sido entrevistados, segundo foi observado em algumas críticas: "O que pensa Presley e como ele realmente é?", perguntou *The New York Times*, acrescentando que as entrevistas são "simplesmente (...) depoimentos aleatórios sobre quão fenomenal o Garoto Maravilha ainda é". Entretanto, visto que poucos shows de Elvis foram filmados profissionalmente, o documentário ainda é um registro inestimável de Elvis na flor da idade.

Outra pequena turnê foi agendada para coincidir com a estreia do vídeo em 11 de novembro, começando em 10 de novembro, em Oakland, Califórnia, passando por Portland, Oregon; Seattle, Washington; San Francisco, Inglewood (dois shows) e San Diego, Califórnia; Oklahoma City, Oklahoma; e encerrando em 17 de novembro, em Denver, Colorado. The Imperials estavam de volta, animados por estarem na estrada com o show de Elvis. "Essa primeira turnê foi emocionante", diz Joe Mescale. "Achávamos que a história estava sendo escrita. Estava tudo indefinido, a organização ainda não estava pronta, mas ninguém se importava, pois era muita animação." Parker, preocupado se o preço do ingresso seria moderado, havia enviado um telegrama de antemão aos organizadores, enfatizando: "Queremos que nossos fãs sejam bem tratados. Quando passam horas e horas na fila, são clientes privilegiados. Eles vêm em primeiro lugar".

O futuro jornalista de música Harvey Kubernik estava na plateia no show noturno em Inglewood, em 14 de novembro. Harvey havia crescido na região de Los Angeles e tinha interesse pela música de Elvis desde a década de 1950. "Quando ouvi 'Don't Be Cruel', tive vontade de investigar a bateria. Eu era integrante de uma banda de surf chamada The Riptides em meados dos anos de 1960", diz. Ele costumava assistir aos filmes de Elvis, impressionado ao saber que alguns eram rodados nos estúdios da MGM, em Culver City, que não ficava longe de onde morava. "Mesmo sendo muito jovem, eu sabia que os enredos eram bobos", diz. "Porém, quando se é louco por Shelley Fabares ou Debra Paget... Sempre gostei de ver garotas sexies na tela. E eu venerava *Amor a Toda Velocidade*. Venerava. Sim, em parte por causa de Ann-Margret. Mas o ponto principal é que cinema é o máximo."

Não obstante, ele admite ser um dos poucos que consideraram os shows do "Comeback Special" "ultrapassados (...) Achei que ele estava parecido com Jim Morrison. E não entendi muito bem todas aquelas garotas com aquele antigo penteado colmeia plantadas ao redor de Elvis, pois eu sabia que as meninas estavam fazendo escova no cabelo, estavam usando minissaia, blusinha campesina e esse tipo de coisa. Essas garotas pareciam estar de volta ao passado. Mas, de qualquer forma, foi ótimo vê-lo. E depois delirei com 'If I Can Dream'. Achei que essa canção foi um grandioso momento do rock na história."

Ele havia ficado sabendo do retorno de Elvis aos shows ao vivo em Vegas, mas diz: "Um garoto de 17 anos nem cogitava ir a Las Vegas. Eu achava que fosse uma espécie de programa de adulto". Na verdade, os pais de Harvey já haviam visto Elvis em 1969. "Eu interroguei os dois", diz ele. "Minha mãe disse que eles ficaram à mesa de 21 com ele e que ele era 'lindo de morrer'! E meu pai disse algo do tipo: 'Ele cantou bem, mas eu queria que fosse Julie London tocando'." Mas, quando Harvey comprou seu ingresso para o show do dia 14 de novembro, ele descobriu que seus próprios amigos não tinham o mesmo entusiasmo. "Lembro das pessoas dizendo: 'Você pagou 7,5 dólares para ver esse cara?'," ele diz. "Ouvi muita besteira. Não consegui levar nenhuma garota para ver Elvis comigo. Eu tentei, mas as garotas queriam ver Deep Purple. Ou J. Geils ou Bad Company. [Quando Harvey se tornou jornalista especializado em rock, ele acompanhou Paul Rodgers ao show de Elvis, de 11 de maio de 1974, no estádio The Forum, em Inglewood. "Ele delirou... Ele não parava de falar: 'É Elvis Presley!'."] Elvis estava em baixa, era visto como notícia ultrapassada por muita gente. Eu nunca o ouvia em estação FM de rádio ou em rádio pirata. Mas eu tinha adoração por 'Suspicious Minds' e ainda considero 'Kentucky Rain' uma das minhas dez canções favoritas de todos os tempos. Então, fui sozinho ao show."

A plateia estava tão extasiada quanto na outra turnê. "Tenho certeza de que o Coronel Parker gostou das 10 mil câmeras tirando fotos de uma vez", diz Harvey. Mas ele ficou surpreso com a curta duração (menos de uma hora) e com a grande quantidade de pot-pourris. "Eu ainda não conhecia esse conceito que agora chamamos de 'pot-pourri'", explica ele. "Eu queria as versões completas. Fiquei desnorteado, pois me lembro de ir a shows de John Mayall, Deep Purple e bandas de blues e soul e eles prolongarem suas canções. Elvis estava fazendo uma coisinha aqui outra ali ou improvisando oito canções todas juntas em uma. Na minha opinião, foram muitas canções lentas e sentimentais e nada de rock'n'roll. Eu queria ver o cara selvagem que tinha visto no especial de 1968. E ele não estava, de fato, tocando violão – o violão era um acessório – e havia uns truques, como posso dizer, uns começos falsos com melodias. Não me entenda errado: eu ainda curtia Elvis e ele estava ótimo. Eu gostei de ouvir a voz dele pessoalmente. Não dava para acreditar quão boa ficou 'Can't Help Falling In Love'."

"Também me lembro de uma coisa que achei desagradável naquela época", acrescenta ele. "Depois que Sammy Shore fez sua apresentação, ele desenrolou uma grande faixa divulgando no palco o documentário que seria lançado em breve, *That's The Way It Is*. Achei que foi um pouco de mau gosto. Hoje em dia é normal ter muitas informações no palco, mas, naquela época, foi um pouco estranho."

Sem o conhecimento da plateia, entre os shows da tarde e da noite, um oficial de justiça entregou a Elvis papéis referentes ao processo de investigação de paternidade que estava em andamento. Embora não mencionando o incidente explicitamente, durante o show noturno, ele queixou-se ao público: "Havia muita coisa escrita sobre mim... e a maioria delas não é verdade", e prosseguiu falando das vendas dos álbuns e dos vários discos de ouro que havia recebido. Os próprios shows bateram outro recorde: a venda de ingressos passou dos 300 mil dólares, facilmente superando o recorde anterior de 238 mil alcançado pelos The Rolling Stones, quando se apresentaram no local, em 1969. Além disso, Elvis vestiu um macacão exclusivo no show noturno, com franjas nas mangas que iam quase até o chão (retratado na capa do álbum de 1973, *Elvis*) – essa foi, na verdade, a única vez que ele vestiu o traje no palco, já que a franja atrapalhava muito. As fãs que estavam em frente à casa de Elvis no dia seguinte viram o traje ser levado por um serviço de lavanderia e, então, convenceram o motorista a parar e tirá-lo de dentro da van para que elas pudessem tirar fotos do macacão.

Embora os ingressos da turnê tenham se esgotado e a reação do público tenha sido invariavelmente entusiástica, havia algumas vozes discordantes. Albert Goldman, que mais tarde ficou mal-afamado por sua biografia altamente crítica de Presley, já havia mencionado que considerava os shows de Elvis uma qualidade formulada em sua crítica sobre a temporada de Vegas em fevereiro para a revista *Life*, denominando o show um "monodrama", em que "cada apresentação termina de maneira classicamente chamativa". Outros críticos passaram a tratar desse tema. O jornal *St Louis Post Dispatch* descreveu Elvis como "uma imitação do Elvis Presley rebolante da época de 1956 (...) [Suas] ações e canções foram cuidadosamente programadas na última noite para alimentar o mito". *St Petersburg Times* declarou: "Ele congelou o rock'n'roll em uma espécie de paródia da coisa antiga e real, completada com luzes coloridas, *backing vocals*, banda grande, figurinos espalhafatosos", enquanto *The Oregonian* (Portland) observou: "Cada música era uma exuberante produção parecida com a anterior". O *Seattle Times* foi, particularmente, severo, considerando o show "decepcionante", criticando o tempo de duração da apresentação de Elvis ("talvez 40 minutos, mas pareceu muito menos") e concluindo com indignação: "O tom do show era estranho, posto que Elvis claramente tinha talento e capacidade para ter feito um espetáculo de primeira. Mas, em vez de satisfazer a plateia com sua música, ele recorreu a truques barulhentos para colher aplausos".

Elvis, obviamente, sempre teve seus difamadores. No entanto, até mesmo as críticas negativas notavam a resposta positiva do público e que Elvis geralmente apresentava uma excelente voz. Mas elas insinuavam que um elemento de pompa estava se tornando parte do espetáculo tanto quanto a música; que, na verdade, a adulação do público desviava a atenção da música, que o espetáculo era menos show e mais ritual. Também houve comentários sobre o clima de folia nos shows, principalmente com relação à eterna caçada do merchandising. Até mesmo em Vegas, que não é uma cidade para se esquivar de algazarra, a quantidade de memorabilia de Presley cobrindo as paredes do International era visto como cafona, desvalorizando o status de Elvis com artista que agora era levado a sério de novo.

Mas outros expressaram diferentes opiniões: "A despeito do que digam (sendo 'eles' os críticos pseudossofisticados que se esqueceram do propósito da música), Elvis canta divinamente bem", *Rocky Mountain News*, de Denver, assegurou a seus leitores. "Tecnicamente, ele tem a habilidade de manobrar entre todas as canções que escolhe com apurada afinação e um dinamismo evidentemente rítmico." Não obstante, a enfurecida liberdade dos shows de 1969 agora havia sido serenada.

❖

Com nada para ocupá-lo até sua próxima temporada em Las Vegas, em janeiro, Elvis estava tranquilo. Sempre em busca de uma nova distração, ele decidiu ir às compras. Nas duas primeiras semanas de dezembro, comprou mais de 20 mil dólares em armas, pagou a festa de casamento de três membros de sua comitiva, comprou uma casa para Joe Esposito, fez reformas em sua própria casa em Beverly Hilss, deu a Jerry Schilling e a uma de suas namoradas novos Mercedes e comprou várias joias para o Natal, muitas delas ostentando seu novo logo de design personalizado: um raio acima do qual se encontra a sigla TBC, de "Take Care of Business" [Tome Conta dos Negócios], reluzindo – as fontes divergem se o logo foi inspirado em um parecido usado pela máfia da Costa Oeste ou no raio da roupa do Capitão Marvel, herói dos quadrinhos. Quando seu pai reclamou da gastança, Elvis tentou acalmá-lo, comprando-lhe um novo Mercedes e outro para Charlie Hodge.

Mas esse era um assunto sério para Vernon e Priscilla, que agora estavam tão preocupados quanto em 1967, quando Elvis havia gastado de forma tão esbanjadora em sua fazenda. Como Elvis não atendia às suas súplicas, eles pediram conselho a Parker. Ele sugeriu que enfrentassem o astro novamente, o que fizeram em 19 de dezembro, provocando uma acalorada discussão. Elvis ficou furioso quando lhe disseram o que fazer – afinal, de quem era o dinheiro? De tanta raiva, ele acabou desaparecendo de casa. Todos pensaram que ele voltaria em poucas horas, mas Elvis havia decidido, em uma demonstração de independência, fazer algo que ele raramente havia feito na vida: sair sozinho.

Ele pegou um avião para Washington, D.C., e se hospedou no Hotel Washington. Mas, como não havia planejado nada, seu nervoso diminuiu e logo saiu do hotel e voou de volta para Los Angeles. Quando mudou de planos em Dallas, ligou para Jerry Schilling, que na época morava em Los Angeles, contando detalhes de sua chegada. Jerry providenciou, como era de praxe, uma limusine para buscar Elvis e os dois foram para a casa do astro, em Beverly Hills, onde Jerry solicitou que um médico lhe prestasse um atendimento domiciliar, visto que Elvis aparentemente estava com reação alérgica a algum medicamento que estava tomando.

Quando o médico foi embora, Elvis dormiu, estando Jerry cada vez mais nervoso com o drama iminente: "Pela primeira vez, em 15 anos, ninguém próximo a Elvis sabia onde ele estava. Exceto eu". Quando Elvis acordou, decidiu que voltaria para Washington e pediu para Jerry acompanhá-lo. Jerry não fazia ideia do que estava se passando, mas achou que era sua incumbência cuidar de seu amigo. Ele pediu permissão a Elvis para ligar para Graceland e avisar a Vernon e Priscilla que estava tudo bem; Elvis concordou, contanto que não fosse revelado onde ele estava. Ele também pediu que Jerry chamasse Sonny West para ir junto com eles a Washington.

Durante o voo, Elvis ficou sabendo que o senador George Murphy estava a bordo e, então, foi falar com ele. Ao voltar para sua poltrona, ele solicitou papel e caneta à comissária de bordo e começou a escrever uma carta. Quando passou para Jerry ler, este ficou chocado de ver que Elvis havia escrito uma mensagem ao presidente Richard Nixon. A carta expressava o desejo de Elvis de se colocar à disposição do país e sua necessidade por "credenciais federais" para ajudá-lo neste trabalho. "A cultura das drogas, os elementos hippies, os SDS [Estudantes para uma Sociedade Democrática], os Panteras Negras, etc., não me veem como inimigo, ou como eles mesmos chamam 'O Establishment'. Eu chamo de América e eu a amo!", escreveu, sublinhando a última frase para enfatizar. Ele também acrescentou: "Fiz um estudo aprofundado sobre o abuso de drogas e técnicas comunistas de lavagem cerebral e me encontro bem no meio de tudo isso, e posso e farei o melhor".

Fora o desejo de ajudar seu país, a verdadeira intenção de Elvis era assegurar um distintivo do BNDD [Agência Federal de Narcóticos e Drogas Perigosas] que o nomearia agente federal. Elvis havia visto a insígnia pela primeira vez no mês anterior, quando John O' Grady, agente secreto e ex-oficial de polícia do advogado de Elvis contratado para ajudar no processo de investigação de paternidade, o apresentou a Paul Frees. Frees, conhecido por seu amplo trabalho como dublador (ele fez a voz de personagens de desenho animado tais como Boris Badenov, em *Rocky & Bullwinkle*, John Lennon e George Harrison, em *The Beatles*, Michael Jackson, em *The Jackson 5 Cartoon Show*, e do mascote Pillsbury Doughboy, em comerciais da marca de doces Pillsbury, para citar alguns), era um agente à paisana e tinha tal distintivo. Elvis, que tinha uma impressionante coleção de distintivos de departamentos de polícia de todo o país, estava determinado a conseguir mais esse distintivo.

Chegando a Washington na manhã de 21 de dezembro, Elvis deixou sua carta nos portões da Casa Branca e retornou para o Washington

Hotel. Em seguida, foi ao escritório da BNDD, pois o senador Murphy havia prometido conseguir agendar uma reunião com o diretor da Agência, John Ingersoll, bem como com o diretor do FBI, J. Edgar Hoover. Enquanto isso, sua carta dirigida a Nixon passava lentamente pela burocracia da Casa Branca. Ela foi entregue ao assessor presidencial, Dwight Chapin, que rapidamente a encaminhou para apreciação do assessor jurídico Egil "Bud" Krogh. Por coincidência, Bud era fã de Elvis desde os anos de 1950, tendo ouvido sua música pela primeira vez quando cursava o ensino médio, em St. Louis. "Eu adorava a música dele", diz ele. "Eu pensava: 'Nossa! Isso é incrível!'. Eu gostava da voz dele. Eu gostava dos filmes." Ele também admirava o fato de Elvis ter servido ao Exército em vez de ter se eximido. "Para mim, era uma grande história", diz. "Sempre admirei os artistas que eram capazes de deixar a carreira de lado para se alistarem. Acho que ele poderia ter sido dispensado se tivesse tentado, mas ele serviu e eu admirava muito isso."

Depois de se formar em Direito na Universidade de Washington, em 1968, Bud foi trabalhar no escritório de advogados Hullin, Ehrlichman, Roberts & Hodge, além de trabalhar com John Ehrlichman na campanha presidencial de Nixon. Quando Nixon foi eleito, ele foi convidado a trabalhar na nova administração. "Ter a oportunidade de ser funcionário da Casa Branca depois de cinco meses de formado é como levar uma criança na maior loja de doces e dizer: 'Divirta-se!'", diz ele. Seu primeiro emprego foi como auxiliar, analisando relatórios do FBI. Em dezembro de 1970, o trabalho de Bud era servir como ponto de contato entre o Ministério da Justiça, o FBI e a BNDD.

A primeira reação de Bud, quando ficou sabendo da carta de Elvis, foi que era brincadeira. "Uma grande brincadeira. Eu sabia que Dwight Chapin e mais uns oito de nós formavam um pequeno grupo de rapazes, incluindo Pat Buchanan [comentarista conservador e candidato presidencial, Buchanan trabalhou para a administração de Nixon como redator de discursos e conselheiro], que costumavam pregar peças uns nos outros. Então, quando Chapin disse: 'O Rei está aqui', retruquei: 'Eu acredito, Dwight'. E ele disse: 'Não, não. É verdade, ele está aqui'. Obviamente, eu olhei a agenda do presidente e não haveria visita de nenhum rei".

"Então, a carta foi levada por um mensageiro, escrita com caneta vermelha e eu pensei: 'Parece que foi escrita por um garoto de 12, 13 anos de idade'", continua. "Então, pensei: 'Certo, muito bem, essa é engraçada. Vou aceitá-la'. Mas, na carta, ele disse para entrarem em contato com 'Jon Burrows' [o pseudônimo que Elvis disse que estava usando no hotel] e que ele estava no Washington Hotel... 'Acho que foi bem elaborada, mas vou aceitá-la'. Então, liguei no hotel e Jerry Schilling atende o telefone. Eu me apresentei e disse que havíamos recebido a carta e ele diz: 'Ah, sim, Elvis escreveu essa carta'. Eu disse: 'Certo...'. Nessa hora, eu estava quase acreditando que era verdade, mas não tinha muita certeza. Então, eu disse: 'Bem, por que vocês não vêm me conhecer primeiro? Aguardo vocês'."

Jerry rapidamente ligou para os escritórios da BNDD, onde Elvis estava em uma reunião com o delegado diretor John Finlator. Ele não havia conseguido fazer nenhum progresso com Finlator, a respeito do distintivo (mesmo tendo oferecido fazer uma doação à Agência), além disso, foi informado que Hoover estava fora da cidade. Ele ficou tenso ao saber que uma reunião com o presidente agora era uma possibilidade. Ele instruiu Jerry a esperar em frente ao hotel que ele o apanharia. Enquanto Jerry esperava, Sonny West chegou de táxi, tendo vindo de avião direto de Memphis. Dentro de minutos, Elvis apareceu e os três logo estavam a caminho da Casa Branca.

"Eu havia programado para que eles pudessem entrar", explica Bud. "Então, recebo uma ligação da entrada norte, que diz: 'Há uma pessoa aqui parecida demais com Elvis Presley e acompanhado de dois rapazes. O que devo fazer?'. E eu disse: 'Acompanhe-os até aqui'. Então, eles foram acompanhados, entraram na minha sala e eu pude ver que não era um sósia. Nessa hora, pensei: 'Ah, garoto. Certo. Aqui está ele'. Só sei que minhas mãos gelaram. Eu pensava: 'Meu Deus! É Elvis Presley!'. E, claro, minha secretária ficou pasma: 'Nossa!'."

"Achei Elvis extremamente radiante e entusiasmado", diz Bud sobre seu primeiro encontro. "Mas eu estava querendo saber a que se devia a visita dele. Obviamente, queria alguma coisa. Ele havia mencionado algum tipo de credencial na carta. Eu não sabia que ele já havia ido à Agência de Narcóticos e Drogas Perigosas e que lhe fora negada a credencial – isso eu soube depois." Entretanto, Bud achou que valeria a pena uma reunião com o presidente. "Pensei comigo: 'Nixon nunca conheceu ninguém parecido com esse cara e Elvis nunca conheceu ninguém parecido com Nixon, pois eles são pessoas totalmente únicas'. Depois tive de pensar em como eu poderia justificar essa reunião."

Um dos departamentos em que Bud trabalhava era a polícia antidrogas do governo. Artistas, tais como Jack Webb, astro da série *Dragnet*, e Art Linkletter, apresentador de rádio e televisão, haviam gravado mensagens antidrogas, e Bud achou que, se alguém com mais proximidade aos jovens como Elvis pudesse participar, seria um sucesso. "Era

CAPÍTULO 5 PROMISED LAND

função da polícia tentar conseguir ajuda dessas classes da sociedade que tinham credibilidade", diz ele. "Porque não tínhamos credibilidade nenhuma, éramos inerentemente não confiáveis. Entende? 'Não use drogas!' Ninguém dá bola. Eu achava que, se Elvis quisesse ajudar, poderia dar muito certo."

Bud disse a Elvis que ele tentaria agendar uma reunião para mais tarde naquele mesmo dia e sugeriu que eles aguardassem no hotel. Ele, então, escreveu uma lista de pontos a serem discutidos com o presidente. "Em minha carta, eu estava levantando a bandeira de um novo tema: 'Fique ligado na vida' em vez de 'Fique ligado nas drogas'", ele diz. "Ou seja, estou tentando criar algo que atingirá o sistema em uma hora." Enquanto isso, Chapin escreveu para o chefe de gabinete, Bob Haldeman, recomendando Presley como um exemplo "perfeito" do tipo de jovem cheio de vida que o presidente talvez quisesse conhecer; Haldeman reagiu dizendo: "Você deve estar brincando", mas aceitou fazer a reunião. Por fim, a reunião com Elvis foi agendada para a "hora livre" do presidente, um período reservado para reuniões breves e informais. Entraram em contato com Elvis e pediram para ele comparecer à Casa Branca às 11h45.

Então, 48 horas depois de deixar sua casa em Memphis sob um acesso de fúria, Elvis Presley estava prestes a se encontrar com o líder do mundo livre, um acontecimento que Bud Krogh concorda que foi "sem igual". "Foi uma confluência de diversas forças. Se eu não fosse fã de Elvis, isso nunca teria acontecido. Teria sido assim: 'Legal, transmitiremos a mensagem'. Ou, como Chapin disse: 'Poderíamos ter passado para o vice-presidente, pois ele já se encontrou com o vice-presidente. [Elvis havia encontrado o vice-presidente Spiro Agnew no mês anterior, em Palm Springs] Por que ele precisa conversar com o presidente?'. Mas eu estava encantado com a ideia de que esses dois caras se encontrassem."

Embora vestido com cores escuras, a roupa de Elvis destacava-se completamente do clima conservador e todo abotoado da Casa Branca de Nixon. Elvis vestiu um de seus trajes de duas peças de estilo caratê, que ele havia usado em suas aparições em Vegas, em 1969, com o cinturão de campeão que havia recebido recentemente; pendurado nos ombros estava o blazer de veludo que ele havia vestido durante o musical "Guitar Man", do especial *Elvis* – muitos acharam, equivocadamente, que isso era uma capa. "Certamente, ele não estava vestindo o traje padrão dos convidados homens da Casa Branca de Nixon", como mais tarde Bud observaria. Uma das preocupações mais imediatas era o fato de Elvis haver levado uma pistola Colt.45 comemorativa de presente para o presidente. Bud avisou ao cantor que ele não poderia entrar com uma arma no Salão Oval, mas que ela seria aceita em nome do presidente e entregue a ele depois – desde então exposta na Biblioteca Presidencial Nixon.

Às 12h30, Jerry e Sonny aguardavam na Sala Roosevelt, enquanto Elvis era acompanhado até o hall do Salão Oval, com Bud por perto para supervisionar a reunião. "Receber alguém para falar com o presidente é como andar na corda bamba", explica Bud. "Uma coisa que as pessoas não entendem é que, quando você promove uma reunião, você está basicamente certificando que essa pessoa é confiável, que não vai fazer nada de anormal." Elvis e o presidente foram apresentados e deram um aperto de mão, o cantor puxou papo, mostrando a Nixon as fotos que ele havia levado de presente, de sua esposa e filha, além de sua coleção de distintivos da polícia, enquanto Ollie Atkins, fotógrafo da Casa Branca, tirava fotos.

Nixon agradeceu a Elvis por oferecer ajuda ao programa antidrogas do governo. "Acho que você consegue atingir os jovens de uma forma que ninguém do governo consegue", ele lhe disse. "Faço minha parte cantando, sr. presidente", respondeu Elvis. "Eu não faço nenhum discurso no palco. Apenas tento atingi-los do meu jeito." Em seguida, ele, inesperadamente, criticou The Beatles dizendo que eram "meio antiamericanos", pois ganhavam muito dinheiro nos Estados Unidos e depois criticavam o país quando estavam na segurança de suas casas na Inglaterra.

Os comentários de Elvis deixaram o presidente e Bud perplexos. "Não quero dizer que Nixon não conhecia The Beatles", diz Bud, "mas quando Elvis começou a falar deles, o presidente diz: 'Beatles?'. E respondi: 'Eles são uma banda popular'. Nixon gostava de Rachmaninoff, gostava de música clássica. Ou seja, não sei dizer quanto ele sabia sobre eles nessa época. E quando Elvis comenta que eles estavam dizendo coisas que meio antiamericanas, Nixon diz: 'O quê?'. Elvis não escreveu isso [em sua carta]. Depois falou sobre a lavagem cerebral, o que eu estava tentando entender: 'Por que ele está contando para o presidente que ele fez um estudo sobre lavagem cerebral?'. E eu observava o presidente e ele olhava para mim como se dissesse: 'O que estou fazendo aqui e agora?'."

Elvis chegou no x do problema, dizendo: "Sr. presidente, poderia me arranjar um distintivo da Agência de Narcóticos? Tentei conseguir um distintivo deles para minha coleção". "Sinceramente, levei um susto quando Elvis lhe perguntou diretamente", diz Bud. "E o presidente não disse sim imediatamente. Ele vira para mim e diz: 'Bud, conseguimos um distintivo para ele?'." Bud optou por responder deixando a questão em aberto para o presidente decidir: "Bem, se o senhor quiser dar um distintivo a ele, acho que podemos conseguir um". "Eu gostaria, sim. Providencie um para ele", afirmou Nixon.

"Uma vez que isso foi dito, como claramente era o presidente que resolvia, o assunto estava encerrado", diz Bud. "Em outras palavras, iríamos providenciar um distintivo para ele. E, claro, Elvis estava com a sensação de 'missão cumprida'. E ele o abraçou! Deu um abraço nele. Pensei comigo: 'Caramba! Ninguém abraça o presidente!'. Foi uma verdadeira surpresa para Nixon e para mim, pois presidente abraçar não era comum naquela época. Nunca. Ninguém chegava tão perto. A menos que fosse do Serviço Secreto."

Elvis, então, perguntou se Nixon tinha tempo para receber seus guarda-costas e Jerry e Sonny foram acompanhados até lá. "Para eles, era como se Elvis pudesse conseguir qualquer coisa", diz Bud. "'Ele nos levou para conhecer o presidente!'" Depois de serem apresentados, Nixon foi até sua mesa e pegou suvenires para todos, de uma gaveta especial de presentes que foi disposta da seguinte forma: itens menos caros, como bolas de golfe e pequenas abotoaduras com o selo presidencial na parte da frente; e itens de maior valor, como abotoaduras de ouro de 16 quilates, no fundo. "Essas do fundo são para pessoas de grande influência", explica Bud. "Elvis se posicionou atrás da mesa, junto do presidente, esticando a mão para alcançar algo na gaveta assim como o presidente, e disse: 'Lembre-se, sr. presidente, que eles têm esposas'. E, então, mexendo na gaveta. Ele estava pedindo mais coisas ao presidente! E pensei o seguinte: 'Ele não pode ser o rei do rock se não sabe onde está o ouro!'. Fiquei só observando e o presidente me olhou como se dissesse: 'Ele está me levando tudo!'. Faltavam quatro dias para o Natal e eles se deram bem."

Bud, então, acompanhou Elvis, Jerry e Sonny ao refeitório da Casa Branca para almoçarem, mostrando a Sala de Situação pelo caminho, quando Elvis brinca: "Nada de briga na Sala de Guerra!", uma referência a um de seus filmes favoritos, *Dr. Strangelove* [Dr. Fantástico]. "Você não acredita quão animado eu fiquei de levar esses caras para almoçar no refeitório da Casa Branca", diz Bud. "As pessoas por lá estão cansadas de ver famosos, pois, na hora do almoço ou até mesmo do café da manhã, você verá o orador da Casa Branca, a estrela de cinema A, a estrela de cinema B e muitas celebridades. Ser convidado para ir ao refeitório da Casa Branca é o máximo, pois você almoça no santuário do poder político. Então, entrei com os três e escolhi uma mesa central para nós. Havia uma mesa redonda à qual todos os funcionários estavam almoçando e eles ficaram olhando. Depois uma mulher se aproximou e pediu um autógrafo."

Após o almoço, eles retornaram para o escritório de Bud, Elvis causando um pouco mais de alvoroço, cumprimentando as pessoas e dando um abraço na secretária. Às 14 h, John Finlator chegou com o distintivo de Elvis, que o nomeava Assistente Especial da BNDD. Depois da troca de agradecimentos, Jerry foi levado ao aeroporto para retornar a Los Angeles. Elvis retornou a Memphis com Sonny no dia seguinte.

"Foi um dia incrível", diz Bud – ainda mais incrível porque somente em janeiro de 1972 é que o público ficou sabendo da reunião, na coluna do jornalista Jack Anderson, 'Washington Merry-Go-Round' [Carrossel de Washington], publicada no *Washington Post*. Tanto o presidente como Elvis haviam pedido para que a reunião fosse confidencial. "Então, pensei: 'Como ele vai se tornar porta-voz, se nunca aconteceu uma reunião?'", diz Bud. "Eu fiquei decepcionado, pois esperava que fosse haver uma continuação, que eu poderia conversar mais vezes com Elvis e trabalhar com ele. Quando soube que queriam que fosse secreto, pensei: 'Certo, isso significa que ele não será nosso porta-voz. E, então, Elvis disse: 'Eu posso dar o meu melhor apenas cantando'. Então, compreendi: 'Certo, ele não quer sair de sua zona de conforto'. Então, anotei as recomendações e me despedi deles."

É evidente que a verdadeira razão de Elvis fazer a reunião com Nixon era conseguir um distintivo. "Para Elvis, era o máximo", diz Bud. "Era o importante. E eu sei que, quando dou alguma coisa que o presidente autorizou, o objeto tem importância para a pessoa. Entretanto, poderíamos ver como ele pretendia usá-lo ou carregá-lo. Acho que é isso. De qualquer forma, no geral, eu adorei a reunião."

Embora ninguém na Casa Branca tenha ficado sabendo, a reunião pouco ortodoxa também serviu de uma espécie de repreensão às queixas de Vernon e Priscilla sobre os gastos de Elvis: a reação dele ao lhe dizerem o que devia fazer foi mostrar como ele podia se encontrar com o presidente dos Estados Unidos, o que era um pouco mais que um capricho. Como uma declaração final, ao retornar para Memphis, Elvis foi direto fazer exatamente o que, inicialmente, havia provocado a discussão: comprou mais quatro Mercedes e outro punhado de armas. Nixon mais tarde escreveu uma carta a Elvis, datada de 31 de dezembro de 1970, agradecendo-lhe pelos presentes (a arma e as fotos de família), observando: "Estou muito contente de tê-los em minha coleção de lembranças especiais".

Elvis voltou a Washington em 30 de dezembro, ainda com esperança de se encontrar com Hoover, mas lhe ofereceram um passeio pelo centro de operações do FBI no dia seguinte para compensar o fato de Hoover ainda estar fora da cidade. Porém, uma nota do FBI datada de 30 de dezembro deixou clara a opinião da Agência sobre o assunto: "Apesar da sinceridade e das boas intenções de Presley, ele certamente não é o tipo de pessoa com a qual o diretor desejaria se encontrar. Nota-se que atualmente seu cabelo está na altura dos ombros e ele se permite vestir todo tipo de traje exótico". A nota escrita pelo agente, que acompanhou Elvis durante o passeio, observava que ele criticara novamente The Beatles por "terem formado a base para muitos dos problemas que estamos tendo com os jovens por causa de suas aparências desleixadas e músicas sugestivas", e se ofereceu para informar ao FBI, se ele fosse abordado pela banda, "cujos motivos e metas ele estava convencido de que não consideravam o melhor para o país". Naquela noite, ele estava de volta em casa, oferecendo uma festa de Ano-Novo no clube TJ's, em Memphis. Hoover depois agradeceu a visita em uma carta datada de 4 de janeiro de 1971, escrevendo: "Agradeço seus generosos comentários sobre esta Agência e sobre mim e pode ter certeza de que teremos em mente sua oferta de assistência".

Por ter se encontrado com o presidente e conseguido seu distintivo da BNDD, o ano de Elvis havia encerrado, inesperadamente, em grande estilo. Seu último single do ano, "I Really Don't Want To Know", do próximo álbum a ser lançado, *Elvis Country*, alcançou apenas a 21ª posição, mas ainda assim vendeu bem, aproximadamente 700 mil cópias – o lado B do single, "There Goes My Everything", foi lançado como lado A no Reino Unido e alcançou a sexta posição. Em 28 de dezembro, na recepção do casamento de Sonny West, em Graceland, Elvis tirou uma foto rodeado por sua comitiva, todos exibindo seus distintivos de polícia, estando Elvis sentado, altivamente, no meio, irradiando uma discreta satisfação que mostra que, claramente, ele é o mestre de seu domínio.

Capítulo 6

LONG, LONELY HIGHWAY

Os últimos seis anos de vida de Elvis Presley foram um lento desvanecimento, uma decadência gradual àquilo que muitos veriam como uma infame caricatura. Mas a aparência física de Elvis durante seus últimos anos – alvo frequente de muito escárnio – não passava de um sinal de um maior e mais profundo mal-estar. No fim de sua vida, era como se Elvis tivesse perdido a coisa mais preciosa que um artista tem: a fé em seu talento e em si mesmo.

Ironicamente, as sementes para o declínio de Elvis foram plantadas justo pelo que, inicialmente, havia rejuvenescido a ele e a sua carreira: sua volta aos palcos. Sua temporada em Vegas, em 1969, havia lhe apresentado um desafio que valia a pena, mas o entusiasmo acabou rápido demais. "Pessoas como Lamar Fike contaram quão rapidamente Elvis se apagou em Vegas", disse Peter Guralnick, referindo-se às entrevistas que ele havia feito para *Careless Love*, o segundo volume de sua biografia de Elvis. "Eu havia pensado que eles quiseram dizer que isso aconteceu em um período de cinco anos, mas acho que, quando voltou a Vegas pela segunda vez, ele já não estava mais tão interessado. Ele havia provado que conseguia: havia conquistado Las Vegas e voltado para as paradas de sucessos pop. Não se tratava de haver perdido o amor pelos shows, pois acho que a conexão com o público era uma das coisas mais importantes de sua vida. Mas o nível de envolvimento que teve nos primeiros shows de Las Vegas acho que nunca mais se repetiu."

Vegas logo virou rotina – o que Ronnie Tutt mais tarde chamou de "a suprema gaiola de ouro". Além disso, a agenda de shows ficou puxada: de 1971 a 1973, Elvis tocou em Vegas duas vezes por ano, em temporadas que chegavam a quase 60 shows cada. "É uma situação peculiar quando se é tão popular", diz Wayne Jackson, integrante do The Memphis Horns, que trabalhou com Elvis no American. "Você não quer parar, pois é bom para você também, mas é o que acaba acontecendo quando se faz dois shows por dia. Quero dizer, não pode ser: você dá o seu melhor durante uma hora e meia ou duas horas de show, bota tudo para fora, é uma efusão física de energia. Depois você para por uma hora e volta para fazer um segundo show. De onde tirar energia? Exige demais de você."

Por fim, a pressão começou a ficar visível. Em 1974, cada temporada teve o número de shows reduzido para menos de 30. Em 1975, sua temporada de verão ficou reduzida a cinco shows por motivos de doença e, em 1976, ele conseguiu fazer uma temporada de apenas 15 shows. "O paradoxo é que Las Vegas era o lugar que deu uma nova vida a Elvis, ainda que seu sucesso em Vegas acabasse colocando sua vida em risco ao inseri-lo em um ciclo monótono de trabalho do qual não conseguia sair", observou Priscilla.

As turnês subsequentes pelos Estados Unidos foram mais extensas do que haviam sido em 1970 e, por um bom tempo, continuaram proporcionando novas oportunidades para Elvis se mostrar à altura das circunstâncias. Em 1972, esgotaram-se os ingressos de seu show no Madison Square Garden; e, em 14 de janeiro de 1973, seu show em Honolulu, transmitido ao vivo, via satélite, para o Extremo Oriente, e depois visto na Europa e nos Estados Unidos, gerou grande euforia ao redor do mundo. Ambos os shows produziram álbuns recordistas de venda: *Elvis As Recorded At Madison Square Garden*, que alcançou a 11ª posição nos Estados Unidos e a terceira no Reino Unido, e *Aloha From Hawaii*, que ficou em primeiro lugar nos Estados Unidos e na 11ª posição no Reino Unido.

Uma atitude óbvia teria sido deixar Elvis fazer turnê no exterior, mas seu empresário sempre objetou, apesar das propostas de fabulosas quantias de dinheiro. Depois da morte de Elvis, foi revelado que Parker era, na verdade, imigrante ilegal, cujo nome verdadeiro era Andreas Cornelis van Kuijk, nascido em Breda, Países Baixos, em 1909. Supôs-se que, por ele não ter um passaporte válido, Parker não poderia sair do país e não queria que Elvis fizesse turnê sem ele estar ao seu lado. Entretanto, poder-se-ia pensar que um homem com a influência (e o dinheiro) de Parker podia ter transposto esse obstáculo com facilidade, principalmente levando em conta os cachês que eram oferecidos por uma turnê. Talvez, por ter ocultado sua verdadeira identidade por tanto tempo, Parker não quisesse arriscar chamar para si nenhuma atenção inconveniente.

Como havia feito durante toda a carreira, Elvis expressava às pessoas ao seu redor um interesse em fazer turnês no exterior. Em dezembro de 1973, durante a sessão no Stax Studios, em Memphis, Norbert Putnam recorda de Elvis lhe dizer: "Putt, recebemos propostas para ir tocar em Wembley, Londres. Nunca estive lá. Eu adoraria ir para Londres e eles querem que eu vá, mas o Coronel diz que não. O Coronel diz que a única razão pela qual faço tanto sucesso na Europa é a falta de exposição. Se eles me virem ao vivo, eu poderia perder isso. Putt, o que você acha?". "Eu estava sentado, fazendo minha refeição, tentando decidir: 'Eu quero me meter nisso?'", diz Norbert. "Mas eu sabia que ele estava questionando o raciocínio do Coronel Tom. Houve uma proposta astronômica para tocar na Austrália e no Japão, e o Coronel Tom estava dizendo que não." O impasse não foi resolvido, tendo Elvis encerrado a discussão dizendo: "Certo, acho que é hora de voltar a ser Elvis Presley".

O vasto número de shows ao vivo de Elvis que havia sido lançado – oficialmente ou não – claramente revela como seu estilo mudou dos shows quase frenéticos de 1969 ao ritmo mais contido de meados da década de 1970, à parte de seus grandes hits de rock'n'roll, os quais normalmente eram apresentados em um pot-pourri que sempre era levado a um ritmo veloz.

"Pessoalmente, acho que a pressão era demais pelo fato de que ele não queria mais ser cantor de rock'n'roll", diz Jerry Scheff. "Ele reduzia todas as suas canções de rock'n'roll a um pot-pourri no show e pronto. Ele não conseguia mais cantá-las no ritmo correto! Algumas delas, como 'Hound Dog', são rápidas demais; aliás, são ridiculamente rápidas. Ele queria ser respeitado por sua voz e o rock'n'roll não contribuía para isso. Ele queria fazer coisas do tipo de 'Impossible Dream', que adorava, e todas essas canções pelas quais poderia realmente se emocionar, além de mostrar a potência de sua voz. Ele queria ser respeitado como vocalista e tenho certeza de que se achava velho demais para continuar tocando rock'n'roll. Essa é minha opinião."

Jerry havia notado uma mudança no nível de energia das apresentações ao vivo, considerando o show *Aloha From Hawaii* um divisor de águas. "Éramos como uma banda de punk lounge", diz ele. "Havíamos tocado gritando por tantas vezes, fazendo o rock mais pesado que podíamos. Foi muito animador ir para o Havaí... [mas] todo mundo ficou um pouco mais conservador. Não tanto no que tocavam, mas no ritmo, na percepção da coisa. Era como se tivéssemos dirigido um carro por um tempo a toda velocidade, com o motor roncando por uns anos, e depois, de repente, diminuímos a marcha."

Jerry saiu da banda de Presley em 1973 e, quando retornou dois anos depois, notou que o ritmo do show havia mudado ainda mais. "Quando começávamos [o show], eu costumava aumentar a velocidade e foi o que tentei fazer agora", diz ele. "E Elvis virou para mim, levantou a mão e disse: 'Calma! Calma!'. Pois eles tinham diminuído o ritmo permanentemente. Ficávamos meio perdidos de vez em quando, mas, na maioria das vezes, havia sido diminuído apenas um nível no ritmo. O que achei que foi ótimo. Bem, eu estava mais velho também!"

Além disso, os shows se fecharam em uma espécie de rotina, em termos de repertório. "Lembro que certa vez tínhamos um monte de canções completamente novas", diz Ronnie Tutt, recordando o show de estreia do "Elvis Summer Festival" em Las Vegas, em 19 de agosto de 1974, que incluiu canções como "Down In The Alley", "Good Time Charlie's Got The Blues" e "My Baby Left Me". "Nós ensaiamos todo esse material novo e tentamos formular uma sequência de apresentação. Ele tocou esse repertório no show de estreia, mas as pessoas não aplaudiram e então foi isso. No próximo show, nos fizeram um pedido: 'Pessoal, não vamos fazer o mesmo repertório da última noite. Elvis não quer tocá-lo de novo'. Ele estava inseguro a ponto de, às vezes, confiar apenas na reação do dia, do momento. O que é uma pena, pois havia muitas canções excelentes que poderiam ter sido trabalhadas e tocadas."

Em vez disso, dava-se mais importância ao espetáculo. Em 1971, "Also Sprach Zarathustra", de Richard Strauss, mais conhecida do público pelo filme *2001: Uma Odisseia no Espaço*, de Stanley Kubrick, foi apresentada como a própria "música tema" de Elvis, ressoando conforme ele se dirige ao palco com majestosidade e, geralmente, emendando em "See See Rider". Seus macacões também ficaram cada vez mais luxuosos. "Em Vegas, acho que ele só pensava em competição, tentando superar Sinatra, tentando superar Tom Jones, com ingressos esgotados na maioria dos shows", diz Ronnie Tutt. "E estava mais envolvido com grandes canções orquestrais. Até mesmo quanto ao seu figurino, que considero um bom indicador, foi criado o traje de peça única, e depois seguiu um caminho sem volta, ficando cada vez mais sofisticado. Muito em breve, ele era uma joia ambulante com uma capa, com todas as cores do arco-íris, e começou a ter um atrás do outro, feito de diferentes cores. Era um trabalho incrível. Bill Belew criou um figurino fenomenal, mas isso mostra como a perspectiva mudou completamente do primeiro ano para o final." Tendo estabelecido um alto padrão com aplicação de joias nos trajes, o próximo plano de Belew foi desenhar um traje que emitiria feixes de laser, operado por um controle remoto. Como Priscilla observou: "Era como se [Elvis] estivesse determinado a se ofuscar em vez de contar com seu talento puro".

As coisas também haviam mudado no estúdio de gravação. Em 1971, havia sido realizada outra "maratona em Nashville", tendo Elvis gravado 32 faixas em uma semana, embora os músicos tenham percebido uma falta de interesse por parte do astro. "Achei que Elvis estava um pouco cansado de ir ao estúdio", diz Norbert. "E ele tinha de se animar antes para a sessão. Então, ficávamos conversando por duas horas. Às 20 h, o Rei chega e quer contar histórias, contar piadas, fazer um pouco de caratê, fazer palhaçadas até as 22 h. Acho que isso era mais importante para ele do que qualquer outra coisa. Ele ficava relaxado, havia o companheirismo com a banda e, de repente: 'Suponho que temos de gravar. Deixe-me ver as canções, vamos lá'."

Mas, nos anos seguintes, Elvis passou cada vez menos tempo em estúdio e sua falta de interesse no processo ficou cada vez mais visível. Havia acabado a criatividade vista em 1968, quando ele pediu para diminuírem a intensidade das luzes do estúdio para que pudesse expressar toda a sua emoção em "If I Can Dream", enquanto se contorcia no chão, ou em 1969, quando ele se entregou totalmente a 23 tomadas de "In The Ghetto". Houve uma sessão de três dias em estúdio, em 1972, que originou apenas sete canções. Em suas sessões de 1973 no Stax Studios, em julho e dezembro, os músicos se depararam com um Elvis muito diferente daquele com quem haviam trabalhado anteriormente.

"Não foi nada parecido com a época no American", diz Reggie Young sobre as sessões de julho. "Ficamos a postos a noite toda, esperando-o aparecer. Quando ele entrou, estava acompanhado por sua comitiva e The Stamps Quartet [o grupo gospel que havia substituído The Imperials nas turnês e gravações de Elvis] estava lá, e todo mundo estava falando com ele. Acho que nem conversamos. Não era nada parecido com a época no American. No American, era bem pessoal e uma coisa individualizada. Agora não passava de uma sala cheia de gente. Não era mais assim 'vamos sentar todos juntos e elaborar algumas canções' ou sentar para conversar sobre as coisas."

Reggie ficou desconcertado, quando lhe disseram como ele deveria se comportar enquanto esperava pela chegada de Elvis. Conforme as horas passavam, todo mundo foi ficando cansado e Reggie cometeu o erro de bocejar, sendo repreendido por Felton Jarvis, que lhe disse severamente: "Reg, nada de bocejar nas sessões". Pensando que fosse brincadeira, Reggie caiu na gargalhada, dizendo: "Você deve estar brincando!". "Não", Felton respondeu sério. "Pegaria mal se o Rei entrasse e visse você bocejando." "E pensei: 'Ele está falando sério!'", diz Reggie. "De qualquer forma, eu ri e disse: 'Bem, vou tentar não bocejar'. Depois ele andou pelo estúdio dizendo a mesma coisa para todo mundo. Isso virou motivo de piada, pois meus colegas de estúdio ficaram sabendo e passaram a me dizer: 'Ei, Reg, nada de bocejo nas sessões!'."

Quando Elvis chegava, todo mundo notava sua falta de comprometimento. "Ele não conhecia as canções", lembra Jerry Carrigan, que também tocou durante as sessões de julho. "Eram canções antigas e estranhas, que não eram boas. Quero dizer, eram muito ruins. Ele nem se importava. E toda aquela gente em volta... Era muito desagradável e atrapalhava muito nossa concentração, pois não sabíamos quem eram essas pessoas. Nunca as tínhamos visto antes. E o estúdio Stax, naquela época era todo cercado por alambrado e guardas armados por todos os lados. E isso tirava nossa concentração. Dava medo de sair no saguão e levar um tiro, entende? Esses caras ficavam com aquelas armas bem na porta e eu falava: 'Dê um tempo, cara. Estou na sessão'. 'Ah, certo.' Ou seja, estava ficando estranho, estava ficando estranho demais. Essas sessões foram estranhas por vários motivos."

"Não era um clima muito amistoso. Era tudo comercial demais", diz Reggie. "'Certo, vamos gravar essa canção e depois passamos para a próxima canção.' No American, deixávamos a canção um pouco de lado, conversávamos sobre outros assuntos, às vezes mudávamos o tom, às vezes fazíamos um intervalo e conversávamos. Não havia nada disso no Stax."

"Para mim, também era desse jeito", concorda Bobby Emmons, que tocava órgão nas sessões. "Você não pode simplesmente pegar uma boa canção, jogá-la no gravador e esperar que saia pronta. Não é como lasanha congelada; no estúdio, você tem de misturar os ingredientes. Não se pode simplesmente bater o ponto de entrada, tocar um pouquinho e bater o ponto de saída."

"Deixou de ser divertido", diz Jerry. "Não era nada divertido. Não produzíamos nada. As faixas não ficavam boas: algumas podíamos usar, outras não. Era chato demais. E foi horrível ver Elvis com aquela aparência. Ele parecia estar péssimo, tanto de saúde como na vida."

CAPÍTULO 6 LONG, LONELY HIGHWAY

Não houve nenhuma sessão de estúdio em 1974 – o primeiro ano sem gravações desde 1959, quando Elvis estava no Exército. Sua última sessão em um estúdio adequado foi nas instalações da RCA, em Hollywood, em março de 1975, depois da qual ele pareceu não ter mais vontade de voltar a gravar. No desespero, a RCA montou equipamentos de gravação na sala de estar de Graceland – hoje conhecida como "Jungle Room" [Sala da Selva] por causa de sua decoração. Duas sessões "Jungle Room" foram realizadas em fevereiro e outubro de 1976, embora ainda houvesse o problema de motivar Elvis o suficiente para, pelo menos, comparecer. "Tínhamos de esperá-lo descer", diz Norbert, que tocou na sessão de fevereiro. "E, claro, nos disseram para estar lá por volta das 20 h. Às vezes, ele descia à meia-noite, outras vezes Felton vinha nos dizer à meia-noite: 'Bem, ele não vai descer'. E, então, todos nós voltávamos para o hotel. Não foi a melhor das épocas. Lembro que, quando finalmente desceu, ele estava bem fora de forma. Estava com uma roupa de ginástica grande e estava inchado. Ele falou muito de numerologia comigo e de todas as coisas pelas quais estava interessado. Certamente, não parecia estar pensando muito na música." Apesar de tudo, havia momentos em que Elvis retomava seu antigo entusiasmo, como em sua imponente interpretação de "Hurt", de Roy Hamilton.

As sessões de outubro também foram assoladas por distrações. Certa noite, os músicos, incluindo Jerry Scheff, como de costume, estavam esperando no andar inferior Elvis aparecer, quando Charlie Hodge se aproximou de Jerry e lhe disse: "Elvis quer que você vá até o quarto dele". Jerry, então, subiu as escadas, bateu na porta do quarto e Elvis disse para ele entrar. "Ele me levou até seu closet, que era do tamanho da sala de estar da minha casa", conta. "Ele começou a mexer nas roupas em seu closet. Havia cinco trajes, que eram os mais espalhafatosos e esquisitos que eu tinha visto na vida: punhos de pele de animal, chapéus de feltro para combinar e fivelas de cinto de strass." Elvis tirou um traje do cabide para Jerry ver melhor. "De onde você tirou isso?", perguntou Jerry. "Estávamos andando pela rua, vi a vitrine de uma loja e disse: 'Ei! Veja só aqueles trajes!'", Elvis lhe contou. "Depois, Red West voltou lá e disse: 'Vou levar cinco desses na numeração de Elvis'. Nunca vesti nenhum. Toma, prove este.'"

"Então, fui ao banheiro, vesti o traje e sumi dentro dele", diz Jerry. "Ficou muito grande para mim. Então, ele encontrou um blazer de veludo que servia em mim, um lenço e outros acessórios, me vestiu e me mandou descer. Charlie buscou Ronnie Tutt e os outros integrantes e ele vestiu todo mundo com peças de seu guarda-roupa. Quando vestiu J. D.

Sumner e The Stamps, eles ficaram parecendo os personagens do filme *Superfly*. As roupas serviram perfeitamente nos The Stamps. Começamos a gravar, com todos vestidos dessa forma, mas não conseguíamos gravar. Toda vez que começávamos a gravar uma canção, se um de nós olhasse para Elvis ou se ele olhasse para nós, caíamos na gargalhada."

Jerry tinha esperança de que Elvis gravaria uma canção que ele havia escrito, um rock leve chamado "Fire Down Below", mas, apesar de o acompanhamento ter sido gravado, o vocal nunca foi concluído. "Trabalhamos nessa canção por uma ou duas horas", diz Jerry. "Depois Elvis disse: 'Não estou passando bem. Terei de ficar lá em cima por alguns minutos'. Fiquei jogando sinuca com um deles por cerca de uma hora, quando Charlie se aproximou e me disse: 'Elvis quer que você vá até o quarto dele'. Subi até seu quarto e ele me disse: 'Jerry, não estou me sentindo bem. Não consigo continuar. Gravem o acompanhamento e peçam para Sherrill [Sherrill Nielsen, um dos *backing vocals* e ex-integrante de Voice, um dos grupos de vocalistas que fizeram turnês com Elvis] fazer a base de vocal que eu prometo que vou gravá-la'. E, claro, ele nunca a gravou. Felton andou com a fita matriz por alguns meses tentando conseguir com que Elvis incluísse seu vocal, pois muita gente acreditava que ele faria sucesso com ela. Era triste. Eu sabia que ele estava entediado demais durante as sessões no Stax e depois, na mansão, ele estava muito cansado. Doente e cansado." Foi a última sessão de gravação de Elvis.

Sem dúvida, um pouco da relutância de Elvis em gravar era não conseguir canções com as quais se animasse. "Acho que ele havia caído, musicalmente, na rotina, pois se via sempre fazendo a mesma", diz Ronnie. "Ele estava jogando fora seu rock antigo e fazendo um pouco do rock mais novo, mas era mais orquestrado e não tinha exatamente o entusiasmo de algumas das coisas mais novas que estávamos tentando fazê-lo gravar. Queríamos que ele fizesse mais coisas do tipo da canção 'Burning Love' [lançada em 1972, o single esteve entre os dez maiores sucessos tanto nos Estados Unidos como no Reino Unido]. Jerry havia escrito uma canção para ele gravar, chamada 'Fire Down Below', e era o tipo de coisa que tentávamos fazê-lo gostar mais. De certa forma, era um pouco triste, pois Felton Jarvis, seu produtor, me disse um dia: 'Ronnie, só estou lá para fazê-lo feliz'. E é verdade: todos nós estávamos lá para apoiá-lo, mas, às vezes, você tem de falar a verdade para as pessoas e dizer: 'Essa não é tão boa quanto esta' ou 'Vamos fazer esta', ou algo do tipo. Era uma pena vê-lo rodeado de pessoas que estavam tentando lhe fornecer canções com as quais tinham ligação, sobre as quais tinham direito de propriedade, com as quais ganhavam muito dinheiro, esse tipo de coisa."

Além disso, Elvis havia ficado cada vez mais insatisfeito com o som de suas gravações. Em uma das sessões "Jungle Room", ele chamou Ronnie em seu quarto e lhe disse: "Quero que escute isso", primeiro colocando para Ronnie escutar uma de suas próprias gravações, e depois algumas gravações recentes de outros artistas. "Não me lembro quem eram, mas eram artistas de atuais hits de pop rock", diz Ronnie. "Provavelmente, Three Dog Night ou Led Zeppelin. E a diferença de som era impressionante. O som ocupou o quarto, era grande, era gigante, era do jeito que as coisas deveriam ser mixadas. E ele diz: 'Por que minhas gravações não têm esse som?'. Ele não entendia o suficiente de música para conseguir perguntar mais especificamente quanto à produção, mas sabia que suas gravações não tinham aquele impacto, aquele impulso e aquela emoção.

"E, novamente, o Coronel tinha autoridade sobre como suas gravações deveriam ser", continua Ronnie. "Ele mesmo ia até a RCA e fazia a mixagem com a voz de seu, entre aspas, garoto mais alto que qualquer outra coisa, pois ele queria ouvir seu garoto. (...) Assim, dá para escutar cada falhinha, cada errinho em sua voz, cada tremidinha. Começou a ficar muito artificial. (...) E, evidentemente, Elvis queria que as gravações ficassem boas, ele queria que o favorecessem, e não o fizessem parecer pior do que ele realmente era. De qualquer forma, acho que essa era, na verdade, a frustração em gravar. E é por isso que, quando gravávamos, ele odiava fazer até mesmo sobreposições vocais. Ele simplesmente queria finalizar a gravação na primeira tomada. Era uma experiência natural para ele."

Elvis, obviamente, não era impotente para realizar uma mudança em sua vida, mas era facilmente intimidado. No fim de sua temporada de verão em 1973, em Las Vegas, houve uma discussão entre Elvis e seu empresário, que, ironicamente, não foi por causa de nenhuma insatisfação profissional da parte de Elvis, e sim porque um de seus funcionários favoritos no Hilton (antigamente, International Hotel) havia sido despedido. A discussão acabou com Elvis despedindo seu empresário, Parker indo furioso para sua suíte, calculando o que ele achava que Elvis ainda lhe devia e apresentando ao cantor uma conta substancial. Elvis ficou espantado com a quantia exorbitante, mas não conferiu se as contas de Parker estavam corretas. Aparentemente, ele tampouco procurou outro empresário para, possivelmente, comprar a parte do contrato, tendo argumentado Jerry Schilling: "Ninguém queria se envolver com ele, pois tinham medo do Coronel".

Talvez fosse isso, embora parecesse que Elvis tivesse mais medo de seu empresário do que qualquer outra pessoa. O sucesso do "Comeback Special" havia estimulado Elvis a exercer mais controle sobre a própria carreira, primeiro optando por gravar no American e depois montando seu show ao vivo, em Las Vegas, do jeito que idealizava. Entretanto, durou muito pouco a autoconfiança que ele recuperou nesse período. Parker não estava interessado em ter um cliente que pensasse muito por conta própria. "Vou dar minha opinião e não consigo pensar em outra possibilidade", diz Chris Bearde. "Acredito que o Coronel viu que estava perdendo influência sobre Elvis, tremendamente, durante nosso [Comeback] Special. Elvis parecia discípulo do Coronel. Quero dizer, o Coronel mandava completamente nele – até em seus pensamentos. Além disso, acho que o especial de 1968 foi um grande choque para o Coronel, por Elvis ter tido a iniciativa de se distanciar um pouquinho. Não só da música ou dos filmes e tudo mais, mas também do próprio Coronel. O Coronel era um cara que queria se manter no controle."

Esse controle fez Elvis perder o que provou ser uma oportunidade de mudança de carreira. Em 28 de março de 1975, Barbra Streisand e seu então namorado, Jon Peters, foram ao show da meia-noite de Elvis, em Vegas. Encontrando-se com ele depois do show, eles perguntaram se ele gostaria de ser coadjuvante de Streisand em um *remake* do filme *Nasce uma Estrela*. Elvis ficou imediatamente interessado, mas Parker, tão imediatamente quanto, começou a plantar sementes de dúvida, apontando a falta de experiência de Peters como produtor cinematográfico – ele seria o produtor do filme – e especulando que o filme favoreceria Streisand em detrimento de Elvis, além de levantar outras objeções. As negociações foram rapidamente suspensas. Kris Kristofferson foi escalado para o papel que havia sido oferecido a Elvis e o filme foi lançado em 1976. "Eu sabia que não iria acontecer, pois não passou pelo mecanismo", disse Jerry Schilling. "Quando Elvis ficou esperto, comercialmente falando, o mecanismo foi criado. Eles queriam que ele apenas aperfeiçoasse o mecanismo, não queriam que ele o mudasse."

Schilling também assinalou: "Para construir uma carreira, é preciso saber combinar negócios e criatividade". Ao enfocar os negócios à custa da criatividade, Parker prejudicou muito seu cliente exclusivo. "Tenho certeza de que os problemas de Elvis foram causados pela frustração de não ser capaz de fazer as coisas que ele deve ter sido permitido fazer", diz Ronnie. "O Coronel, na minha opinião, não sabia lidar com a natureza artística de Elvis. Ele sabia promover um artista como ninguém, tanto que elevou Elvis de onde se encontrava ao nível a que chegou. O que ele fez foi fenomenal, mas, por outro lado, ele não fazia ideia de como mantê-lo são e saudável como artista." "Perdemos Elvis por causa das desilusões criativas", observou Schilling.

Em todo caso, os dois logo fizeram as pazes e Parker voltou a ocupar o posto de empresário. A crise gerencial mal havia passado quando Elvis enfrentou outra situação difícil: a separação legal de seu casamento. Priscilla havia deixado Elvis no fim de 1971. O relacionamento deles nunca foi fácil. Antes de se casarem, Elvis passava muito tempo fora, fazendo filmes; agora, viajava demais fazendo turnês. Enquanto as esposas e namoradas haviam sido bem-vindas durante as temporadas em Vegas, agora eram limitadas a verem apenas o show de estreia e o show de encerramento. "Quando Elvis sugeriu que eu fosse a Vegas com menos frequência, fiquei muito zangada e desconfiada", disse Priscilla. Elvis nunca foi totalmente fiel a ela antes ou depois de se casarem. Agora que eles estavam cada vez mais distantes, ela também passou a comandar sua própria vida. Quando se separaram, ela estava envolvida com o instrutor de caratê Mike Stone. Ironicamente, ela havia se interessado pelo esporte na esperança de que a aproximaria mais de Elvis. O casal finalmente se divorciou em 9 de outubro de 1973.

Seis dias depois, Elvis foi internado no Baptist Memorial Hospital, em Memphis, em decorrência de uma grave reação adversa causada por fármacos que ele vinha tomando. Assim como durante os anos de cinema, suas frustrações na vida pessoal e profissional levaram Elvis a aumentar o consumo de drogas. O ciclo vicioso de tomar estimulantes para se animar antes de uma apresentação e calmantes para se tranquilizar depois havia sido retomado com força total. Apesar de geralmente ser vista como a causa dos problemas de Elvis, as drogas, na verdade, eram apenas um dos sintomas, embora o vício, evidentemente, acabou se tornando seu próprio problema. "Sempre que Elvis se observava e se dava conta do que estava fazendo, ele ficava tão deprimido que tinha de tomar mais remédios para se sentir melhor", disse Joe Esposito. Seu considerável ganho de peso também era um sinal de que ele estava ficando cada vez mais doente. Em parte, Elvis engordava por causa do consumo de drogas, mas também por sua alimentação, que era à base de comidas gordurosas. Quando jovem, Elvis havia conseguido manter o peso baixo por meio do acelerado ritmo de shows. Entretanto, o metabolismo de um homem de 40 anos de idade funciona com menos eficiência nesse sentido. Além disso, ele não gostava muito de fazer exercícios regulares. Seus problemas de saúde, incluindo hipertensão e constipação intestinal, também foram agravados pelo consumo de drogas.

Conforme a falta de saúde de Elvis começou a afetar suas apresentações, sua aparência foi comentada pelos críticos, assim como seus monólogos frequentemente divagantes e sua inclinação a distribuir joias à plateia para provocar reação. Em 1975, em uma crônica para o jornal *Los Angeles Times*, Robert Hilburn chamou os shows de Elvis de "sentimentaloides" e sugeriu que ele deveria se aposentar. Harvey Kubernik ia regularmente aos shows de Elvis na região de Los Angeles e foi testemunha da agitação que o astro continuava provocando no público. Ele foi a um show com DJ Rodney Bingenheimer e os dois ficaram assustados de ver as moças que os acompanhavam chorarem quando Elvis apareceu no palco. "Eu disse: 'Por que vocês estão chorando? Fizemos algo de errado?'", conta Harvey. "Elas disseram: 'Não. É por Elvis!'. Então me dei conta de que ele ainda tinha essa ligação primitiva com as garotas. Quase sempre, ele as fazia recordar a década de 1950, quando eram mais felizes... Quero dizer, as pessoas gostavam dele porque podiam voltar a uma época mais simples."

Entretanto, um show em 25 de abril de 1976, em Long Beach, sobre o qual ele escreveu para o jornal *Melody Maker*, deixou-o entristecido. "A gritaria não cessava", escreveu. "Ele ainda as deixa enlouquecidas. Mas seus movimentos agora são tão limitados que, às vezes, o show fica moroso e patético." "Foi um show ruim e ele estava com uma aparência ruim", diz ele. "Meus pais haviam ido a um show dele em Vegas e disseram: 'Elvis Presley está com algum problema de saúde'. Ele havia cancelado alguns shows em Vegas pela primeira vez, o que era insólito. E eu pensava: 'O que está havendo?'. Eu nunca tinha visto um cantor derrubar o microfone no show ou esquecer a letra de uma canção. Alguma coisa estava errada."

Bill Burk, jornalista do *Memphis Press-Scimitar*, que havia acompanhado Elvis desde a década de 1950, escreveu que o cantor parecia "extremamente cansado" durante os shows de dezembro de 1976 em Vegas: "Até mesmo seu afamado rebolado, que já não remexia tanto os quadris, parecia programado." Em outro momento, observou ele: "A pessoa ia embora se perguntando quanto tempo faltava para o fim, talvez fosse de repente, e por que o Rei do Rock'n'Roll se sujeitaria ao ridículo subindo no palco tão mal preparado". Burk depois escreveu que, quando Elvis leu a resenha, levou para alguns fãs em frente a Graceland e perguntou se eles concordavam. Os fãs disseram que não e foram recompensados com um carro novo. Burk também soube por intermédio de um colega que Elvis entraria em contato com ele – uma interação que seria bem-vinda por Burk, mas que nunca aconteceu.

CAPÍTULO 6 LONG, LONELY HIGHWAY

As pessoas próximas a Elvis estavam preocupadas, mas ninguém sabia como lidar com o problema. Seu médico principal, dr. George Nichopoulos, tentou regular o consumo que Elvis fazia de drogas, ministrando-lhe placebos, o que foi tão ineficaz quanto bem-intencionado. Ele simplesmente recorria a outros médicos, que geralmente não sabiam dos vários medicamentos que já lhe haviam sido prescritos, resultando em uma mistura de drogas potencialmente perigosa. Praticamente todo mundo próximo a Elvis disse publicamente ter tentado contestá-lo quanto a seu consumo de drogas, tendo o cantor lhes dito que isso não era problema ou que não era problema deles. "Por que ele usava drogas? Imagino porque estava entediado", disse Sonny West.

Também foi pedido ajuda a outras pessoas que eram conhecidas por terem boa influência sobre Elvis. Chris Bearde, que manteve contato com Elvis assistindo a seus shows em Vegas, diz que Charlie Hodge geralmente o abordava. "Charlie confiava em mim", ele diz. "Ele dizia: 'Chris, você tem de fazer alguma coisa. Elvis está desse jeito, Elvis está daquele jeito'. E eu disse: 'Bem, não posso fazer nada. Sou apenas escritor'. Ele disse: 'Não, não, não. Ele gosta muito de você, ele lhe daria ouvidos. Ele está engordando, fazendo essas coisas, e blá-blá-blá'. Tentei falar com ele depois disso, mas não consegui. Ele estava totalmente rodeado de gente. Mas realmente tentei me aproximar dele, pois sei que, se eu me aproximasse, provavelmente eu conseguiria falar um pouquinho com ele. Quem sabe isso não teria mudado alguma coisa?"

No entanto, havia pouco a se fazer. As pessoas próximas a Elvis resignaram-se aos seus hábitos autodestrutivos. "Ele estava se matando lentamente, não importando o que eu fizesse", disse Linda Thompson, a primeira namorada de Elvis depois de seu divórcio. "Eu não conseguia fazê-lo feliz e sabia que ele não iria mudar. Então, desisti." "Eu sentia pena de Elvis e, ao mesmo tempo, eu o odiava por ele se drogar, ficar fora de controle e desperdiçar seu maravilhoso talento", diz Joe Esposito. "Eu rezava para o verdadeiro Elvis voltar. Falar com ele não resolvia e era frustrante, pois eu não sabia mais o que fazer."

A gerência teria se negado a mandar Elvis de volta para as turnês enquanto ele não estivesse saudável, cortando, assim, sua principal fonte de renda e dando o incentivo para fazer algumas mudanças. Mas ninguém teve coragem de tomar atitude. A última sessão de Norbert Putnam relacionada a Elvis foi em 9 de junho de 1977, quando ele fez uma sobreposição de baixo em uma gravação ao vivo de "Unchained Melody". Durante a sessão, na qual Elvis não estava presente, Norbert perguntou a Felton Jarvis como Elvis estava. "Ah, Putt, você sabe como

Elvis está: não se pode falar nada para ele", disse Felton. "Ontem, no café da manhã, ele comeu uma dúzia de bolinhos, meio quilo de bacon, um omelete preparado com oito ovos e, no dia anterior, comeu 16 bananas split. Ele está nessa farra." "Meu Deus!", disse Norbert. "E ninguém pode fazer nada?" "Não", Felton replicou. "Ninguém pode falar nada, senão, ele despede a pessoa!" "Era uma situação complicada, pois todos ao seu redor trabalhavam para ele", diz Norbert. "Felton tinha medo de falar qualquer coisa. O próprio pai de Elvis tinha medo de falar alguma coisa. Todos tinham medo e era uma situação triste."

Isso deixou Elvis com uma sensação horrível de isolamento com a qual ele não sabia lidar. Ronnie recorda que Elvis o procurou certa noite em Los Angeles, usando o pretexto de o baterista estar tendo problemas com o ombro. "Era meia-noite", conta ele. "Minha esposa e eu estávamos quase indo deitar, quando toca o telefone: 'Ronnie, você não quer dar um pulo aqui? Um acupunturista está a caminho...'. Bem, na verdade, ele queria conversar. Ele me levou para o quarto dele, sentou na cama e disse que estava basicamente enlouquecendo e que não tinha com quem conversar. Ele não podia conversar como você e eu estamos conversando ou como conversamos com amigos. Ele se cercou de um bando de 'puxa-sacos' e, então, nunca podia trocar ideias com eles. Ele disse: 'Eu sei que você passou por isso', porque eu tinha passado por um divórcio. E continuou: 'Não dá para acreditar que eu sou quem sou e não dá para acreditar que Priscilla quer o divórcio'. Ou seja, sob uma perspectiva emocional, era como se pensasse: 'Espere aí. Quem sou eu? Sou o sonho de milhares de mulheres no mundo todo e mesmo assim...'. Digo isso apenas para dar uma noção melhor da frustração que ele sentia na vida. Isso aconteceu com ele em muitos níveis diferentes. Esse é meu ponto de vista."

Elvis pode ter ficado surpreso de ver quem exatamente estava interessado em ajudá-lo a escapar de seu ambiente superprotegido. Em meados da década de 1970, Norbert estava na Inglaterra, produzindo a banda Splinter para o selo de George Harrison, Dark Horse, e passando muito tempo com Harrison em sua casa em Henley-on-Thames. Certa noite, Norbert havia feito tantas perguntas sobre The Beatles que George, por fim, lhe disse: "Bem, vamos fazer um trato: você responde todas as minhas perguntas sobre Elvis que eu respondo todas as suas perguntas sobre The Beatles". Norbert concordou prontamente, ouvindo com fascinação George lhe contar: "Norbert, estive na presença de Elvis poucas vezes. Quando [The Beatles] vieram para Califórnia e fomos até sua casa [em 27 de agosto de 1965], estávamos tão paranoicos que ficamos chapados no carro. E quando entramos na casa dele, não conseguíamos conversar de maneira lúcida... Ele pensou que fôssemos um bando de idiotas. Alguns anos depois, fui a um show dele e, nos bastidores, eu estava esperando na fila e, quando chegou minha vez de falar com Elvis, não consegui! Ele acha que sou um idiota!" "Todos vocês gostavam assim de Elvis?", perguntou Norbert. "Ah, sim", assegurou George. "Lennon, Paul... Elvis era o máximo. Todos os demais eram secundários."

Norbert também quis saber como George conseguia andar pela rua sozinho sem ser incomodado, diferentemente de Elvis, que achava que não podia ir a nenhum lugar sem sua comitiva. Norbert acompanhou George a um barzinho local e viu com seus próprios olhos a reação despreocupada dos fregueses. "Entramos e notei que todo mundo no bar virou, viu que era George e imediatamente depois voltou a olhar para a pessoa com que estavam conversando", diz ele. "Nunca abordavam George. Ele e eu sentamos e conversamos normalmente, como se ninguém tivesse percebido que um Beatle entrou no bar, entende?" Certa ocasião, um senhor seguiu os dois até o carro e, educadamente, pediu um autógrafo "para meu sobrinho". George deu o autógrafo e o homem foi embora. Foi quando George virou e disse: "Norbert, diga a Elvis para vir passar uns dias comigo em Henley. Podemos andar pelas ruas de Henley. Você viu só, Norbert, ninguém nos incomodará!". "Lembro que fiquei parado, tentando imaginar George Harrison e Elvis Presley andando pelas ruas de Henley, olhando vitrines e ninguém os incomodando", diz Norbert. "Eu disse: 'Vou falar para Elvis, George'. Mas em nenhum momento eu pensei que seria possível."

Apesar de tudo, Elvis ainda era o filho favorito de Memphis. Em 1972, o trecho da rodovia U.S. Highway 51 South que passava em frente a Graceland foi renomeado Elvis Presley Boulevard. Ele ainda tinha uma legião de fãs fiéis que certamente iriam aos seus shows ao vivo. E em todas as noites ainda havia interpretações em que sua voz emocionava a multidão. "Se você ouve alguns dos shows, até mesmo os que ele fez bem antes de morrer, em alguns ele não cantou muito bem, mas em outros ele fez as melhores interpretações que aquelas canções já haviam recebido", diz Jerry Scheff. Pamela Des Barres e seu então marido viram um desses shows durante a última temporada de Elvis em Vegas, em dezembro de 1976, e ela ficou tão impressionada quanto na primeira vez que viu um show dele, em 1969. "Estávamos bem, bem no fundo do salão", recorda ela. "Ficamos sabendo que umas pessoas aceitavam gorjeta para arranjarem lugar mais próximo do palco. Então, pagamos 20 dólares para um rapaz nos levar para o meio do salão e pensamos: 'Deveríamos ter pago 50 e chegaríamos mais perto'. Oh, Deus, ele estava magnífico. Encantador. Fascinante. Em êxtase. Cada momento. E sua voz nunca esteve melhor. Ele havia engordado, mas sua voz continuou melhorando. Não sei como isso era possível. Foi o que o bom Deus lhe permitiu conservar."

"Acho que ele ficou cada vez mais forte ao longo dos anos, a ponto de ser capaz de realmente ter força e energia na voz", diz Ronnie. "Acho que ele nunca perdeu isso. Na verdade, vi esse vigor aumentar, até talvez o último momento. Ele era um dos homens com maior capacidade de recuperação que conheci. Ele poderia estar em mau estado, mas, de repente, parecia Clark Kent correndo para dentro de uma cabine telefônica. Ele entrava nessa cabine telefônica e saía o cara com o longo cabelo recém-tingido de preto e sobrancelhas e cílios, e o traje com a capa. E aí estava ele: Elvis Presley!"

Dois dos shows de Elvis de sua última turnê, em 19 de junho, em Omaha, Nebraska, e 21 de junho, em Rapid City, South Dakota, foram filmados para um próximo especial de TV. No vídeo do show, Elvis parece doente e fora de forma, com o rosto inchado e escorrendo suor, sua fala é lenta e comedida, como um homem que consegue espantar sua sonolência. Sua falta de comprometimento fica mais óbvia em sua interpretação de "Are You Lonesome Tonight?", no show de 21 de junho, quando ele erra a letra durante o monólogo falado e começa a falar coisas sem sentido e contar piadas, finalmente, rindo no momento em que diz: "Que se lixe!", e volta para a canção. Essa interpretação foi, originalmente, incluída na versão para cinema do documentário, de 1981, *This Is Elvis*, mas excluída da versão em vídeo. Esse é o momento que Albert Goldman, entre todos, cita um exemplo de Elvis "lutando até o fim, com insana audácia, para se libertar de sua imagem aprisionante".

Entretanto, a sentimentalidade da qual Elvis zomba em "Lonesome" é tratada com total sinceridade em sua interpretação de "My Way", do mesmo show: apesar da angústia de ouvir Elvis cantar que o fim estava perto, é uma canção que ele interpreta com suave e franca autoridade, um número que claramente ressoa profundamente com ele. Ele também faz uma vigorosa interpretação de "Unchained Melody", de Roy Hamilton (incluída em *Elvis: The Great Performances, Vol. 1*), fazendo o próprio acompanhamento no piano, enquanto Charlie Hodge segura o microfone para ele; está tão absorto quanto se estivesse tocando na sala de estar de sua casa e não diante de uma plateia de milhares de pessoas, dando um gemido de prazer no encerramento da canção, e depois sorrindo para o público como se pedisse aplausos.

CAPÍTULO 6 LONG, LONELY HIGHWAY

Elvis fez muitas turnês em 1977. "Sim, eu costumava chamar de "a turnê da banda de um mês", diz Ronnie. "Todo mês ficávamos fora umas semanas." A turnê de fevereiro começou na Flórida e passou pelo Alabama, Geórgia, Carolinas do Norte e do Sul e Tennessee. A turnê de março começou pelo sudeste, no Arizona, depois foi para o Texas, Oklahoma e Louisiana. Em abril e maio, ele tocou na Carolina do Norte, Michigan, Ohio, Wisconsin e Illinois. Depois de um intervalo de duas semanas, ele voltou para a estrada, passando por Kentucky, Maryland, Rhode Island, Maine, Nova York, Pensilvânia, Louisiana, Geórgia e Alabama – uma turnê que se estendeu até junho. Depois de mais duas semanas de descanso, ele continuou a turnê até o fim de junho, tocando em Missouri, Nebraska, Dakota do Sul, Iowa, Wisconsin, Ohio e, finalmente, na Market Square Arena, em Indianápolis, Indiana, no domingo, 26 de junho. "Acho que essa foi a única vez que ele realmente se sentiu em casa, entre aspas", diz Jerry Scheff. "Não acho que foi tanto a música quanto o contato com o público e a segurança que as pessoas transmitiram a ele. As pessoas ainda o amavam." No total, ele fez 56 shows nos primeiros seis meses do ano.

Em julho, foi lançado o álbum *Moody Blue*, uma combinação de canções das sessões "Jungle Room" e os recentes shows ao vivo de Elvis. Os últimos álbuns de Elvis não chegaram a ficar nem entre os 40 maiores sucessos, mas a preocupação dele nesse verão não era a repercussão de seu novo álbum, e sim o iminente lançamento de uma biografia completa. Em julho anterior, Red e Sonny West haviam sido despedidos, além de Dave Hebler, um mais novo integrante da comitiva. Vernon Presley sempre achou que Elvis gastava demais com sua "Máfia" e a razão oficial apresentada para a demissão deles foi a necessidade de "cortar gastos" – extraoficialmente, constatou-se que a grosseria dos guarda-costas com o público havia ocasionado muitas ações judiciais. Não foi surpreendente Elvis incumbir Vernon de demitir seus amigos, mas, como se não bastasse, eles receberam apenas uma verba rescisória correspondente a uma semana. Além disso, Elvis não atendeu a seus telefonemas quando, mais tarde, tentaram falar com ele.

Logo depois das demissões, os três fecharam um contrato editorial, escrevendo uma autobiografia com Steve Dunleavy, do tabloide *The Star*. O advogado de Elvis entrou em contato com eles e lhes ofereceu dinheiro para não darem prosseguimento ao livro, mas eles não desistiram, argumentando que esperavam que o livro servisse de serviço de despertador por telefone para Elvis. Tal como disse Red: "Se o assustamos o suficiente, talvez ele tome jeito". O livro, intitulado *Elvis: What Happened?* [Elvis: O que aconteceu?] foi editado no exterior, começando em junho de 1977, e publicado em 1º de agosto. Hoje, histórias de consumo de drogas e mau comportamento por parte das celebridades são comuns o bastante para virarem clichê; são apenas uma etapa a mais da trajetória pouco original da montanha russa que é a vida de ricos e famosos. Naquela época, as pessoas ficavam chocadas ao ler o que o livro de estilo avassalador descrevia como o desmedido consumo de drogas, a violência chocante e a constante mulherenguice de Elvis e seus amigos – tudo em total desacordo com a imagem de Elvis, de rapaz do interior, todo americano, sem vícios, crente em Deus.

Fãs de longa data denunciaram o livro. No entanto, Wayne Jackson acha que as intenções do livro ficaram claras no próprio título. "Gostei desse livro porque foi escrito por seu bom amigo", diz ele, referindo-se a Red West. "Uma pessoa que o conhecia muito bem, sabia como atingi-lo e sabia como dizer o que queria dizer: 'Ei, o que aconteceu, cara?'. Isso é o que ele queria dizer e foi o que disse. E essa era a única coisa importante. O restante não passa de um monte de lixo. Vendo pela esfera mundial, o que Elvis fez é gigantesco, mas tudo pode se resumir à pergunta do livro: 'O que aconteceu?'. O que aconteceu, cara? Como você pôde perder o controle assim? O livro que Red escreveu era uma verdadeira mensagem do fundo do coração para Elvis."

Não obstante, Elvis ficou chateado pelo que considerou uma brutal invasão de sua privacidade e uma traição por parte de seus amigos mais próximos – principalmente no caso dos West, que ele conhecia desde a década de 1950. Ele ficou ainda mais preocupado conforme se aproximava a data de sua próxima turnê, que começaria em 17 de agosto com uma apresentação em Portland, Maine, e seria sua primeira aparição pública desde a publicação do livro. "Ele ficou extremamente angustiado com isso", disse Billy Smith, primo de Elvis. Ele preparou um discurso, caso fossem feitas perguntas importunas, no qual admitiria que não era perfeito e planejou tirar um tempo "para se endireitar".

Ele repetiu isso várias vezes nos seus últimos meses. Em certo momento, ele disse a Larry Geller, o cabeleireiro que estava de volta no livro: "Quero deixar de fazer turnê por pelo menos um ano. Vou para o Havaí, vou alugar uma casa, quero correr na praia, fazer exercício, voltar e fazer um filme como ator". "Esses eram seus planos para o futuro", disse Geller. "E se, na mesma hora, ele tivesse enfrentado a dificuldade de frente e feito essas mudanças radicais, talvez ele estivesse vivo. Mas ele esperou. E sei que ele tinha contratos, tinha de cumprir suas obrigações. Mas ele não fez isso. Ele não fez isso."

Sandi Miller também recorda que Elvis lhe contou em sua última visita a Palm Springs, em janeiro de 1977, que ele tiraria seis meses de descanso e "faria algumas mudanças". "Ele foi muito impreciso", diz ela. "E, então, haveria uma surpresa. Ele iria fazer alguma coisa diferente e seria uma surpresa. E, seja por qualquer razão, eu nunca fiz nenhuma pergunta. Não me conformo de não ter feito perguntas, mas eu pensava: 'Bem, ele vai nos contar da próxima vez'." Mencionando a conversa durante um jantar com J. D. Sumner e The Stamps uma década depois, ela ficou surpresa quando Sumner disse: "Sabe o que era? Ele iria fazer uma turnê gospel com a gente". Elvis talvez estivesse expressando seu desejo de mudar, e não se referindo a qualquer plano que, na verdade, estava em andamento. Segundo Lamar Fike, foi ele quem sugeriu que Elvis precisava de um descanso antes da turnê de agosto, tendo ouvido do cantor: "Preciso do dinheiro. Tenho de continuar com tudo... Lamar, eu adoraria, mas tenho de cumprir meu dever".

"Há uma grande interrogação sobre quem Elvis teria sido se tivesse dito um dia: 'Bem, pessoal, já basta para Elvis'", diz Wayne Jackson. "'Estou parando por aqui. Vou voltar para Memphis e vou viver minha vida'. O que ele teria sido? Bem, não sei se é possível não ser Elvis tendo sido Elvis a vida toda. Ele nunca deixou de ser o Elvis."

Mas, antes de Elvis colocar em prática qualquer mudança, ele deve ter ficado pensando sobre o assunto e seu tempo se esgotou. No dia 15 de agosto, ele acordou por volta das 16 h. À noite, foi ao dentista às 22h30, voltou para Graceland e jogou raquetebol na quadra fechada com sua namorada Ginger Alden, seu primo Billy e a esposa dele, Jo. Depois de tocar piano para seus amigos – sua última canção foi "Blue Eyes Crying In The Rain", de Willie Nelson –, Ginger e ele foram para seu quarto dormir um pouco, antes de partirem para Portland no dia seguinte. Com insônia, ele tomou três cartelas do sonífero prescrito pelo médico e disse a Ginger que iria ler no banheiro.

Ginger acordou por volta das 13h30 do dia 16 de agosto e, logo em seguida, encontrou Elvis caído de cara no chão do banheiro. Ele foi levado às pressas para o Baptist Memorial Hospital, onde tentaram reanimá-lo, mas, por fim, foi declarado morto às 15h30. A notícia correu o mundo, e fãs e a imprensa se deslocaram a Memphis aos milhares – um número estimado de 80 mil pessoas. Mas, apesar das multidões que se aglomeravam, do tumulto subsequente, das manchetes, do frenesi da mídia e da repentina agitação conforme as baixas vendas de discos cresciam, a primeira página do jornal *Memphis Press-Scimitar*, em 17 de agosto, era lamentavelmente apropriada: "Uma vida solitária chega ao fim na Elvis Presley Boulevard".

Capítulo 7

TODAY, TOMORROW, AND FOREVER

Ironicamente, o estado da carreira de Elvis, quando faleceu em agosto de 1977, não era muito diferente do que havia sido em 1967. Seu último single a ficar entre os dez maiores sucessos havia sido "Burning Love", em 1972, que não só ficou em segundo lugar nas paradas, como também vendeu mais de 1 milhão de cópias – o último grande sucesso de vendas de sua carreira. O álbum de 1973, *Aloha From Hawaii*, chegou ao primeiro lugar e vendeu mais de meio milhão de cópias. Desse momento em diante, suas vendas caíram e Elvis ficou cada vez menos presente entre os 40 maiores sucessos das rádios. Suas colocações geralmente eram melhores no Reino Unido e, nos últimos anos de sua vida, seus discos começaram a fazer mais sucesso nas paradas country nos Estados Unidos – o álbum de 1976 *From Elvis Presley Boulevard, Memphis, Tennessee* alcançou apenas a 41ª posição nas paradas pop, mas ficou em primeiro lugar nas paradas country. Dez anos depois do renascimento que, cautelosamente, havia começado quando ele gravou "Guitar Man" em setembro de 1967, era como se tivesse havido apenas um pequeno avanço durante a última década inteira.

Além disso, considerou-se que o legado de Elvis não teria longevidade. Os primeiros anos após sua morte foram consumidos por escândalos de tabloides. A declaração oficial de que a causa da morte de Elvis foi um ataque cardíaco foi recebida com ceticismo, em parte por ter sido feita enquanto a autópsia ainda estava em andamento. Quando, mais tarde, soube-se que Elvis apresentava 14 diferentes tipos de drogas em seu organismo quando faleceu (em sua maioria, calmantes tais como Placidyl, Codeine, Quaaludes e Valium), supôs-se que sua morte foi provocada por overdose de drogas ou, no mínimo, estava relacionada a drogas, uma especulação aparentemente confirmada pelas revelações feitas no livro *Elvis: What Happened?* sobre seu consumo de drogas. E, quando *Elvis In Concert* foi transmitido pela CBS no dia 3 de outubro, o fato de que havia algo de errado com Elvis durante seus últimos meses de vida ficou explícita e penosamente claro – a trilha sonora do especial alcançou a quinta posição nos Estados Unidos e 13ª no Reino Unido.

Em uma era em que as celebridades falavam livremente de seus problemas de abuso de substâncias, em entrevistas e autobiografias, a hipótese de que Elvis Presley poderia ter sido toxicodependente era polêmica. O vício em drogas era considerado por muitos como falta de moral, em vez de um transtorno de saúde. Além disso, o viciado era visto como uma pessoa que consumia drogas ilegais, e não medicamentos prescritos por um médico. Assim, para muitos, chamar Elvis de viciado era o mesmo que contestar sua memória. Na tentativa de apaziguar as controvérsias, em 1994, o Estado do Tennessee convocou o dr. Joseph Davis, um ex-médico-legista da Flórida, para rever o material da autópsia. Davis declarou que a morte de Elvis foi, de fato, causada por um ataque cardíaco, porém não explicou o que o provocou. Mas conforme Priscilla afirmou: "Seu último ano de vida foi duro... Eu sabia que ele estava sofrendo todo tipo de angústia. Ele não estava feliz. Como resultado, descontava no corpo. Foi a autodestruição que o matou".

Seguiu-se um constante fluxo de livros de fofocas no encalço de *Elvis: What Happened?*, escritos por familiares, ex-funcionários e outras supostas "pessoas íntimas". Empresas ávidas por tirar proveito da demanda por memorabilia de Elvis lançaram uma ampla gama de artigos, indo muito além dos clássicos pôsteres e camisetas, ao incluírem itens de valor questionável, como um mata-mosquitos Elvis Presley, sem contar o cúmulo de artigo brega, o "Velvet Elvis" – um retrato de Elvis pintado sobre o veludo. Tais artigos, muitos dos quais sem licença, eram vendidos nas lojas de presentes que se espalharam pela rua de Graceland. À margem do universo dos fãs, começaram a correr boatos de que Elvis ainda estava vivo, levantando manchetes de capa tais como "EU VI ELVIS EM CARNE E OSSO", no tabloide *Weekly World News*, que afirmava que Elvis havia sido flagrado no fast-food Burger King, em Kalamazoo, Michigan. Talvez não coincidentemente, outra manchete na mesma página dizia: "ESPECIALISTA ADVERTE: Não há problema em ser gordo; então, coma besteiras à vontade". Havia a possibilidade de que a contínua associação de Elvis ao sensacionalismo e mau gosto deixasse de fora uma importante consideração de seu talento. Um momento crucial na reviravolta do tratamento dado ao legado de Elvis aconteceu em 1980. O testamento de Elvis havia nomeado seu pai, Vernon, seu executor testamentário, e sua filha, Lisa Marie, principal beneficiária. Quando Vernon faleceu, em 26 de junho de 1979, os novos executores – o contador Joe Hanks, o banco National Bank of Commerce de Memphis e Priscilla Presley – estavam dispostos a permitir ao empresário de Elvis continuar tratando dos assuntos comerciais de Elvis, assim como havia feito para Vernon e, para isso, recorreram ao tribunal. No entanto, o juiz Joseph Evans, da Vara de Sucessões, preocupado com a alta porcentagem do valor do espólio que Parker recebeu por seus serviços (50%), designou o advogado Blanchard Tual como tutor *ad litem* (tutor de menor) de Lisa Marie, e determinou que ele conduzisse uma investigação sobre as relações comercias de Parker com Elvis.

Os relatórios subsequentes de Tual (apresentados em 1980 e 1981) recriminavam Parker pela parcela de sua comissão (considerando-a "abusiva, imprudente, injusta em relação ao espólio e muito além de todos os limites razoáveis dos padrões do setor"); criticavam os acordos que ele negociava para seu cliente (considerando um acordo de 1973, por meio do qual a RCA adquiriu os direitos de Elvis sobre todas as gravações anteriores a 1º de março de 1973 por 5,4 milhões de dólares, "antiético, obtido fraudulentamente e contra todos os padrões do setor"); e citavam inúmeros conflitos de interesses, acusando tanto Parker quanto a RCA de "colusão, conspiração, fraude, declarações falsas, má-fé e abuso de poder". À luz das descobertas de Tual, em 14 de agosto de 1981, tendo em consideração o quarto aniversário de morte de Elvis, o juiz Evans determinou que o Estado processasse Parker. Em resposta, Parker recorreu. As batalhas judiciais continuaram até 1983, quando o Estado fez um acordo com Parker de 2 milhões de dólares, e Parker se opôs a todas as futuras pretensões tributárias do Estado. "Se eu soubesse que o Coronel viveria tanto, eu nunca teria feito um acordo", disse Tual. "Se Elvis estivesse vivo e movêssemos uma ação contra o Coronel, Elvis ganharia." Em 1990, o Estado pagou outros 2 milhões de dólares para adquirir um vasto arquivo de Parker. Parker morreu em 21 de janeiro de 1997, em Las Vegas, de derrame cerebral.

Nesse ínterim, o espólio havia sofrido suas próprias dificuldades financeiras. Quando Elvis faleceu, seu patrimônio foi estimado em 7 milhões de dólares e, embora houvesse somas adicionais de dinheiro pela venda de discos e outros produtos, as despesas eram crescentes – gastava-se meio milhão por ano para manter Graceland e havia substanciais impostos sobre o patrimônio. Vernon já havia vendido dois aviões de Elvis, um Convair 880 chamado *Lisa Marie* e a aeronave Lockheed JetStar, *Hound Dog II*, para ajudar a pagar as contas, mas o espólio corria o risco de ir à falência – quando Lisa Marie assumisse a herança aos 25 anos, provavelmente não haveria restado nada.

Priscilla foi aconselhada a vender Graceland, mas ela não estava disposta a vender a primeira casa de sua filha. Em vez disso, contratou o ex-gerente de investimentos Jack Soden (hoje CEO da EPE – Elvis Presley Enterprises) para ajudá-la a planejar a abertura de Graceland ao público. As visitas à mansão começaram em 7 de junho de 1982, que no primeiro ano recebeu mais de meio milhão de visitantes. Graceland estava a caminho de tornar-se uma grande atração turística, sendo, atualmente, a segunda casa mais visitada do país (a primeira é a Casa Branca). Os estabelecimentos comerciais ao longo da rua, por fim, foram adquiridos pela EPE e reformados para abrigar sua própria rede de lojas e museus, que expõem vários carros e motocicletas de Elvis e seus dois aviões, readquiridos pela EPE em 1984. Uma multidão de fãs vai a Memphis na data de nascimento de Elvis, 8 de janeiro, e principalmente durante a semana em que ele faleceu, a qual agora é chamada de "Elvis Week" [Semana Elvis], que culmina com a "Candlelight Vigil" [Vigília das Velas], em 15 de agosto, na qual fãs passam pelo túmulo de Elvis e seus pais, no Jardim da Meditação, de Graceland.

O status de Elvis como ícone cultural ficou, dessa forma, assegurado. Agora, sua carreira musical devia passar por uma reavaliação. Alguns lançamentos póstumos estabelecem o trabalho de Elvis em um contexto histórico, tais como os *boxes Elvis Aron Presley* e *A Golden Celebration* e a série *Essential Elvis*, mas essas foram as exceções, e não a regra. Uma tentativa de "modernizar" Elvis foi feita com o álbum de 1981, *Guitar Man*, tendo o produtor Felton Jarvis emparelhado as faixas do vocal original de Elvis com acompanhamentos recentemente gravados. Além da canção do título, o álbum incluiu "After Loving You", "Too Much Monkey Business", "Just Call Me Lonesome", "Lovin' Arms", "You Asked Me To", "Clean Up Your Own Backyard", "She Thinks I Still Care", "Faded Love" e "I'm Movin' On". Apesar do fato de alguns dos músicos serem os mesmos que tocaram com Elvis

CAPÍTULO 7 TODAY, TOMORROW, AND FOREVER

(incluindo Chip Young, David Briggs, Mike Leech e Jerry Carrigan), o som era genérico, como se Elvis estivesse cantando junto com uma faixa de karaokê. Não obstante, um single de "Guitar Man" alcançou a 28ª posição, uma colocação mais alta que a gravação original havia alcançado, bem como ficou em primeiro lugar nas paradas country (43ª posição no Reino Unido), enquanto o álbum alcançou a 49ª posição (33ª no Reino Unido); um segundo single, "Lovin' Arms" alcançou a oitava posição nas paradas country. Jarvis morreu em 3 de janeiro de 1981, o mesmo mês em que o álbum foi lançado – talvez seja essa a razão para não ter havido continuação. Em 2000, foi lançada uma coletânea ampliada, *Too Much Monkey Business*, apresentando as canções que poderiam ter sido lançadas na época em que Jarvis supervisionava seus lançamentos: "Burning Love", "I'll Be There", "I'll Hold You In My Heart", "In The Ghetto", "Long Black Limousine", "Only The Strong Survive", "Hey Jude", "Kentucky Rain", "If You Talk In Your Sleep" e "Blue Suede Shoes".

O *box*, de 1992, *The King Of Rock'n'Roll: The Complete 50s Masters*, foi um grande salto de qualidade. Trata-se de uma série de cinco CDs de todas as gravações originais que Elvis havia lançado ao longo da década de 1950, incluindo um disco de raridades e um encarte com os créditos detalhados das sessões, discografia e um ensaio escrito por Peter Guralnick. A coleção foi um sucesso comercial, vendendo rapidamente mais de meio milhão de cópias – cifra impressionante para um *box*. O *box* confirmava por que Elvis havia se tornado um fenômeno em primeiro lugar: "Presley o cantor surge como um lutador, um estudante – por fim, indiscutivelmente, um artista", disse *Rolling Stone*. "Se alguma coisa na história do pop merece esse tipo de tratamento de colecionador, é este material."

O *box* foi coproduzido por Ernst Jorgensen e Roger Semon, que, até então, haviam supervisionado dezenas de lançamentos cuidadosamente compilados. Os *boxes From Nashville To Memphis: The Essential 60s Masters I* e *Walk A Mile In My Shoes: The Essential 70s Masters* foram lançados em 1993 e 1995, respectivamente. As reedições de álbuns normalmente apresentaram faixas bônus. A trilha sonora do "Comeback Special" *Elvis* foi relançada como *Memories: The '68 Comeback Special* (1998) e os álbuns *From Elvis In Memphis* e *Back In Memphis* foram relançados como *Suspicious Minds: The Memphis 1969 Anthology* (1999) – cada um trazendo o álbum original e um disco de raridades. Uma coletânea como *Tomorrow Is A Long Time* (1999), que compilou canções que não eram de trilha sonora, gravadas de 1966 a 1968, mostra que esse período não foi tão musicalmente improdutivo como havia sido considerado anteriormente. Até mesmo as trilhas sonoras de filmes foram apropriadamente reunidas, na série *Elvis Double Features*, que compilou canções de dois ou mais filmes de Elvis em cada lançamento. Em 1999, foi criado o selo de tiragens limitadas para colecionadores, Follow That Dream (título original do filme de Elvis, *Em cada Sonho um Amor*, de 1962), uma empresa de vendas apenas por correio que vende CDs de shows ao vivo e gravações inéditas de estúdio para fãs incondicionais.

Para a maioria do público em geral, existem dois Elvis: o gato caipira e magro dos anos de 1950 e o super-herói de macacão e mais barrigudo dos anos de 1970. Até mesmo os sósias de Elvis (hoje conhecidos como "Elvis Tribute Artists" [Artistas em Tributo a Elvis] ou ETAs) tentam basicamente imitar uma dessas duas caracterizações. Em 1992, o público americano pôde votar qual Elvis eles queriam homenagear com um selo postal dos Estados Unidos: o jovem Elvis da época de 1956 ou o Elvis de *Aloha From Hawaii*, de 1973 – o Elvis jovem ganhou disparado, recebendo 851.200 votos, em comparação aos 277.723 votos do Elvis mais velho. Mas, até mesmo recentemente, não tem sido dada muita importância ao Elvis do "período intermediário", a conexão entre as duas polaridades. Além disso, as principais histórias de Elvis referem-se ou ao seu avanço histórico ou ao seu trágico declínio.

Os aniversários de dez anos do "Comeback Special", das sessões no estúdio American e da estreia em Vegas receberam pouca atenção. O "Comeback Special" foi pela primeira vez desenterrado e retransmitido como parte do programa *Memories Of Elvis*, apresentado em 20 de novembro de 1977, por Ann-Margret, associado ao vídeo do show de 1973 no Havaí. Era a primeira vez que o especial ia ao ar desde 17 de agosto de 1969, e, como Steve Binder observa, incluía a "sequência do bordel" que um dia havia sido considerada maliciosa demais – agora transmitida sem problemas.

Em 5 de janeiro de 1985, levando em consideração a data em que Elvis completaria 50 anos de idade, os fãs receberam um presente especial, quando a HBO transmitiu *One Night With You*, a completa apresentação sentada das 18 h, filmada em 27 de junho de 1968. Joe Rascoff, gerente comercial da EPE, vinha conversando com Steve sobre ideias para futuros projetos e, então, ficou surpreso quando Steve lhe contou sobre as "cenas inéditas" do especial – as duas apresentações sentadas inteiras. "Você tem de imaginar isso anos mais tarde, depois de toda a história", diz Steve. "E, então, Rascoff disse: 'Bem, estou na Costa

Oeste, você não se importa de ir ao arquivo da Bekins, em Hollywood, buscar o que você me contou e enviá-lo para mim?'. Então, disse: 'Tudo bem', e fui sozinho até a Bekins, entrei na sala de arquivos e lá estavam todas as fitas de Elvis, de todos os seus shows. Eles fizeram uma busca e me entregaram as duas fitas de cenas inéditas. Então, eu as enviei a Rascoff em Nova York. Depois, ele me ligou e disse: 'Veja bem, assistimos a uma delas com executivos da RCA e todo mundo está se perguntando se vale a pena transmitir'. E eu disse: 'Joe, não dá para acreditar que você está me perguntando isso. Mostre essa fita para qualquer pessoa do mundo Elvis Presley e você ficará impressionado'. Assim, da próxima vez que me ligou, Joe disse: 'Bem, você não vai acreditar, mas vendemos a fita para a HBO por 1 milhão de dólares. Você se importaria de fazer a edição dos títulos e coisas do tipo? Obrigado!'"

O programa foi posteriormente lançado em vídeo e DVD, assim como o "Comeback Special". Mas nem todas as edições ficaram completas. Por exemplo, "Are You Lonesome Tonight?" foi deixada de fora em algumas versões por questões de autorização. Quando o "Comeback Special" ia ao ar na televisão, geralmente era editado, o que Steve admite que, para ele, é "uma ofensa". "Há tantas versões 'editadas' do original que fica difícil até mesmo saber quantas são", ele diz.

Em 2004, foi lançada a coleção em DVD *Elvis: '68 Comeback Special Deluxe Edition*, que, aparentemente, inclui todas as filmagens disponíveis do programa. Os três discos contêm o especial em si (embora, apesar do que os créditos declaram, no musical "Guitar Man" esteja faltando a canção "It Hurts Me", substituída por um bloco de dança de estilo caratê), as apresentações sentada e em pé e as cenas inéditas de todos os musicais. Seguiu-se em 2006 uma "edição especial" de um único disco, apresentando ainda outra edição do especial, com o programa original ampliado para 94 minutos, ao incluir mais interpretações feitas nas apresentações sentadas/em pé – e, desta vez, o musical "Guitar Man" traz a canção "It Hurts Me". "Na verdade, eu teria adorado fazer uma reedição do material original por minha conta", diz Steve. "Certamente, vi algumas mudanças que eu gostaria de ter feito, visto que, quando filmei o especial, havia apenas duas máquinas para gravar e, na verdade, gravei cada sequência ao vivo em fita na sala de controle em tempo real da filmagem. Mais precisamente, eu teria adorado arrumar a parte de playback do bloco gospel que Elvis se recusou a cantar ao vivo". Ironicamente, nenhuma das versões oficialmente lançadas do especial apresentou a edição original do programa, que havia ido ao ar em 3 de dezembro de 1968 – o verdadeiro programa que, inicialmente, gerou toda a aclamação.

Em 2008, o *box* com quatro CDs *The Complete '68 Comeback Special* fornecia uma contraparte de áudio para o DVD, apresentando o álbum original da trilha sonora, as apresentações sentadas/em pé e dois ensaios. As notas do encarte foram escritas por Harvey Kubernik. "Quando assisti ao show de Elvis Presley, nunca imaginei que um dia eu escreveria sobre ele no encarte de seu *box* de CDs", diz ele. "De certa forma, escrever o encarte do *box* do Especial de 68 foi como fechar um círculo. Foi como uma recompensa, uma restituição, por todo o investimento que eu fiz em Elvis ao longo dos anos."

O *box* também apresentou a versão de "A Little Less Conversation", que havia sido gravada para o especial, mas que, na época, acabou sendo cortada. Em 2002, uma versão remixada da canção virou um hit internacional inesperado. Uma agência de publicidade havia pedido para o DJ holandês Tom Holkenberg desenvolver um comercial da Nike, que seria usado como propaganda durante a Copa do Mundo de futebol daquele ano. Holkenberg achou que uma canção de Elvis seria uma boa pedida para um comercial, dado seu forte apelo cultural, e achou que a letra de "A Little Less Conversation" era, em particular, "ideal para futebol".

O trabalho com a faixa de estilo dance-rock estava praticamente acabado antes que a canção fosse lançada oficialmente pela EPE. Holkenberg, que trabalhava com o pseudônimo Junkie XL, também concordou em mudar seu nome nos créditos do single para "JXL". "Quando pergunto para as pessoas aqui na Holanda como elas se lembram de Elvis, sempre dizem que lembram que ele era bem gordo e usava drogas, e tudo mais", ele contou à revista *Rolling Stone*. "Mas isso foi apenas nos últimos anos de sua vida, quando ele cumpria aquele contrato horrível de fazer dois ou três shows por dia em Vegas. E isso é ruim demais, porque, musicalmente, ele fazia coisas incríveis e suas interpretações eram incríveis. Então, mudar meu nome para o single foi como respeitar Elvis e seus fãs."

Lançado em junho de 2002, o remix proporcionou a Elvis o 18º sucesso em primeiro lugar no Reino Unido, ficando em primeiro lugar em mais de outros 20 países – embora alcançasse a 50ª posição nas principais listas de singles pop da *Billboard*, ficou em primeiro lugar na lista de singles mais vendidos da revista. Um ano depois, um single de "Rubberneckin", remixado pelo produtor/DJ do Reino Unido Paul Oakenfold, alcançou a 94ª posição nos Estados Unidos e quinta no Reino Unido. O primeiro remix para dançar de uma música de Elvis foi, na verdade, a tomada do produtor e DJ Kenny Jaymes, de "Suspicious

Minds", lançado em maio de 2001, apenas para DJs, que apareceu na compilação *Mastermix Issue 178* (pela Music Factory of Rotherham, Reino Unido). À outra canção do especial, "If I Can Dream", deu-se nova vida em 2007, quando foi exibido no programa *American Idol* um vídeo de Celine Dion em dueto com Elvis – o clipe rapidamente tornou-se o vídeo mais visto do iTunes na época.

American Sound Studios fechou em 1972 e a maioria dos músicos da banda 827 Thomas Street Band, também conhecida como The Memphis Boys, se mudou para Nashville. Os músicos continuaram tocando em sessões de gravação e, em 1990, lançaram seu próprio álbum, *The Memphis Boys*. No novo século, os fã-clubes de Elvis na Europa perguntaram aos músicos se estariam interessados em fazer shows juntos no exterior. "Os fãs de Elvis queriam conhecer os músicos que haviam tocado nesses discos", explica Reggie Young. "E dissemos: 'Bem, sim, vamos fazer isso'. Então nos reuníamos e contratávamos cantores do país onde iríamos cantar – não clones de Elvis, e sim apenas bons cantores. E foi incrível. Tocamos a maioria das canções que gravamos com ele, exatamente da mesma forma que as gravamos, com as mesmas frases, os mesmos solos e tudo mais. E depois do primeiro show, disseram: 'Queremos fazer uma sessão de autógrafos'. 'Vamos dar autógrafos?' Sim. Meu Deus, durou aproximadamente três horas. Quero dizer, ficamos esgotados. Eles nos fizeram sentar às mesas, tirar fotos e autografar álbuns e todo tipo de coisa. Eu pensei: 'Tudo por causa de Elvis'."

"Alguém disse que, como ele nunca esteve por lá, isso provavelmente era o mais próximo que se aproximar: por meio das pessoas que trabalharam com ele", continua ele. "O mais incrível foi que os fãs eram desde crianças de 7, 8 anos até idosos de 80, 90 anos de idade. Cara, ele tinha uma legião de fãs que era demais. Ainda tem, entende."

"Recebemos críticas positivas e nos ligaram dizendo: 'Vocês podem voltar? Faremos dez shows em vez de dois'", diz Bobby Emmons. "E, depois, nos pediram 15 shows e acabamos fazendo uma boa temporada por lá. E não era, para os padrões da banda Grateful Dead, uma turnê grande, mas havia um pequeno fã-clube e nos sentíamos muito bem de estar lá. Fazíamos um show de 90 minutos e as pessoas continuavam por lá por duas horas nos pedindo para autografar fotos e álbuns que haviam comprado nos últimos 30 anos, e elas formavam filas para chegar até nós, sentados a uma mesa, e dizer olá e dar um aperto de mão e nos pedir autógrafo. Isso, sem dúvida, faz você se sentir bem, e foi assim sempre. Quero dizer, éramos instrumentistas – nunca ninguém nos deu bola."

Em 2009, Chips Moman finalmente recebeu o reconhecimento oficial por suas conquistas, quando ganhou uma estrela na Calçada da Fama, de Beale Street, outrora a lendária "Rua Principal da América Negra", em Memphis, e hoje o coração do entretenimento da cidade. Em uma apresentação durante a Elvis Week de 2009, Moman e os The Memphis Boys foram indicados ao Grammy Hall Of Fame por seu trabalho em "Suspicious Minds". E The Memphis Boys continuam fazendo shows em casa e no exterior.

"Eu me surpreendo por ainda estarmos todos vivos", diz Mike Leech. "Está circulando uma piada por aí: se eu soubesse que viveria tanto, teria me cuidado mais. É ótimo estar com meus colegas. Somos uma grande família. Somos os melhores amigos uns dos outros e tem sido assim por anos: onde quer que toquemos juntos e façamos algo juntos, parece que essa mágica ainda existe. Sempre sai alguma coisa. E ainda somos bem capazes de gravar um sucesso para qualquer cantor que esteja a fim, entende?"

O documentário *Elvis: That's The Way It Is*, de 1970, também recebeu uma nova roupagem, sendo relançado em uma nova "edição especial", em 2001. Não foi uma versão do diretor, já que Denis Sanders havia falecido em 1987. Em vez disso, o trabalho de Sanders foi reformulado para que o filme fosse menos documentário sobre Elvis e mais um vídeo de show. Para isso, a maioria das cenas de entrevistas (principalmente as entrevistas com fãs) foi cortada, porém as cenas de ensaio foram mantidas. Certamente, foram bem-vindas novas cenas de shows, e o filme foi lindamente restaurado. Entretanto, o filme original era uma foto instantânea de sua época tanto quanto era uma espiada em Elvis. Sua integridade poderia ter sido mantida simplesmente criando outro filme por meio das cenas não usadas, em vez de readaptar um trabalho existente para ajustar novas especificações (como foi feito com o documentário *Gimme Some Truth*, criado a partir de cenas inéditas do vídeo *Imagine: John Lennon*). Por alguns anos, a edição de 2001 era a única versão do filme disponível em DVD. Mas, em 2007, a versão original foi lançada também em DVD, em uma série de dois discos, que também incluía a versão da edição especial de 2001.

Com uma repercussão sem igual, Elvis finalmente fez a turnê mundial que ele nunca pôde fazer em vida, por meio da produção *Elvis In Concert*. O conceito foi a ideia de Todd Morgan, um professor de marketing da Universidade do Mississippi, que começou em Graceland como guia turístico e chegou ao cargo de diretor de Mídia e Desenvolvimento de Criação da EPE. Morgan queria organizar um reencontro para o 20º aniversário da Elvis Week e decidiu fazê-lo em forma de show. Imagens de Elvis fazendo show (tiradas principalmente do *That's The Way It Is*, do documentário *Elvis On Tour*, de 1972, e do show no Havaí em 1973) foram projetadas em um telão, com seu vocal isolado. O acompanhamento ao vivo foi, então, feito pelos músicos e cantores originais que haviam tocado com Elvis na década de 1970.

Todos os músicos concordaram em participar, mas estavam inseguros do resultado. "Não estávamos muito entusiasmados com o show e não conseguíamos imaginá-lo de outra forma que não fosse algo muito sentimentaloide", diz Ronnie Tutt. Porém, todos se sentiram mais seguros quando começaram a trabalhar com o produtor do show, Stig Edgren, que havia produzido inúmeros eventos de grande escala, bem como um vídeo inovador "Unforgettable", no qual Nat 'King' Cole fazia um dueto com sua filha, Natalie. "Quando ele embarcou e começou a falar comigo, comecei a entender sua ideia: 'Ei, isso pode ser possível'", diz Ronnie. "Conversamos até mesmo sobre a ideia de hologramas."

"Eu pensei: 'Não tem como isso dar certo", diz Jerry Scheff. "E Stig conversou com todos nós e nos disse: 'Sim, vai dar certo, vai dar certo'. Eu ainda tinha minhas dúvidas, mas, quando cheguei para começar os ensaios, comecei a ver o valor disso."

"Inicialmente, foi muito difícil de fazer", diz Glen Hardin. "Ronnie levou as fitas para um estúdio, determinou algumas contagens, umas sinalizações e algumas outras coisas para nos orientar durante o show. Você deve prestar atenção nas contagens, não deixar de tocar a introdução, pois, evidentemente, esta fita vai tocar com ou sem você. Mas, assim que aprendemos o esquema, ficou muito fácil fazer." Também havia monitores de TV localizados no palco para que os artistas pudessem acompanhar o vídeo de Elvis. "Eu ouvia a contagem e olhávamos para o vídeo de Elvis", explica Jerry. "E, para falar a verdade, era o que fazíamos antigamente: todos nós o observávamos, o seguíamos. É como pegar o vácuo: você se coloca na rabeira de Elvis e o acompanha. É assim que fazíamos."

O show também provou ser uma experiência muito mais emocionante para os artistas do que eles haviam imaginado. Joe Guercio, diretor musical e maestro do show (a mesma função que havia desempenhado no International/Hilton ao longo dos anos de 1970), recordou que, enquanto ensaiavam "Bridge Over Troubled Water", The Sweet Inspirations não conseguiram conter a emoção. "The Sweets não conseguiram terminar a canção", disse ele. "Além da canção já ser emocionante, nós o víamos em um telão e todos os caras estavam presentes;

então, elas não deram conta. Durante a primeira apresentação do show, em 16 de agosto de 1997, no Mid-South Coliseum, em Memphis, o coeficiente emocional foi elevado por causa da exibição surpresa de um vídeo que Edgren produziu de Elvis e Lisa Marie fazendo um dueto com "Don't Cry Daddy".

Desde então, o show percorre os Estados Unidos e todo o mundo, já tendo passado pela Grã-Bretanha, Europa, Austrália, Nova Zelândia, Japão, Cingapura e Tailândia. Em 1998, o show foi declarado oficialmente pelo Guinness World Records "A primeira turnê ao vivo em que a estrela do show não está mais viva". Uma dificuldade, especialmente nos Estados Unidos, tem sido explicar para as pessoas exatamente que tipo de show é este. "Um grande amigo meu e sua família foram ao show quando decidimos tocar no Hilton", diz Ronnie. "Ele estava hospedado no hotel e, então, foi até a bilheteria. Ele era o próximo da fila, estava atrás de um cara que perguntou à atendente: 'Do que se trata esse evento de Elvis? Quem é o sósia?'. A moça que estava vendendo ingressos não soube explicar do que se tratava e, então, meu amigo finalmente disse: 'Bem, é a formação original da banda e Elvis aparece em um vídeo projetado em uma grande tela', explicando resumidamente. E o cara disse: 'Parece ser legal. Vou levar quatro ingressos'. Até mesmo as pessoas que estavam envolvidas com o show não sabiam muito bem como divulgá-lo e como explicar. Acho que o azar desse show é haver tantos imitadores de Elvis. Sei que eles tiveram esse problema no Japão. Conversei com uma promotora de lá, uma moça muito bacana, e ela achou muito difícil tentar explicar às pessoas como é o show."

"Foi incrível no exterior", diz Glen. "Nos Estados Unidos, as pessoas não entendiam do que se tratava. Há muitos equívocos sobre o show. As pessoas acham que há um imitador ou que é um vídeo do último show que ele fez. As pessoas imaginam todo tipo de esquisitice. É difícil convencê-las do contrário e é difícil explicar exatamente do que se trata."

Ainda que Elvis seja apenas uma imagem em um telão, o show é tão envolvente quanto qualquer outro. Além disso, é surpreendentemente emocionante, sem dúvida pela participação dos músicos e cantores originais, que impregnam o show com uma sinceridade e um profundo afeto criado ao longo das centenas de horas que passaram no palco com Elvis, de 31 de julho de 1969 a 26 de junho de 1977. O envolvimento é tamanho que você esquece que está assistindo, basicamente, a um vídeo com acompanhamento ao vivo.

CAPÍTULO 7 TODAY, TOMORROW, AND FOREVER

"E é simplesmente incrível como o público reage", diz Ronnie. "Quero dizer, é como se ele estivesse presente, visto que os fãs ficam esperando por nós para nos pedir autógrafos e sempre há centenas de pessoas. É uma loucura. E, no geral, a repercussão do show é realmente incrível. Não vejo com meus próprios olhos, pois fico na coordenação, por assim dizer, então, não assisto ao show. Fico embaixo do telão. Então, como fico por trás de tudo, não faço ideia de nada. Só posso avaliar por meio de pessoas cujas opiniões eu respeito. Elas veem o show e dizem: 'Cara, é a coisa mais incrível que já vi. Você fica totalmente vidrado'. Então, ouvindo tudo isso, me sinto bem. Muitas pessoas dizem: 'Cara, um dos meus maiores arrependimentos é nunca ter visto um show ao vivo, nunca ter visto Elvis no palco'. E digo: 'Bem, isso é o mais perto que você será capaz de chegar'. Se há dez anos alguém tivesse me dito que eu ainda estaria fazendo turnê com Elvis... É isso aí!"

Sabe-se que, nos últimos anos de sua vida, Elvis se perguntou se um dia seu trabalho seria ao menos lembrado. Esse é um tipo de insegurança comum à maioria dos artistas. Porém, talvez no caso de Elvis, isso também era reflexo de sua sensação de que seu último trabalho muitas vezes não correspondeu às suas próprias altas expectativas, já que ele se achava capaz de chegar muito mais longe. Elvis ter conseguido passar do total anonimato à gloriosa fama na década de 1950 foi extremamente raro. Cantores que conseguem atingir a fama sem grande esforço, depois de anos de sucessos, fazendo turnês e lançando discos que deixaram de ser grandes lançamentos, mas que ainda vendem consideravelmente bem, se consideram bem sortudos.

Mas o talento incontestável de Elvis não o teria levado por esse caminho. O que o período total de sua volta (de 1968 a 1970) mostrou foi que as habilidades de Elvis como artista nunca o deixaram – a elas apenas não foi dado um veículo de expressão adequado. O fato de Elvis, em última análise, não ter estado à altura do que o "período de volta" reacendeu não foi por qualquer diminuição de talento de sua parte, como confirmam a gravação de estúdio de "Hurt", das sessões "Jungle Room", ou suas interpretações ao vivo em 1977 de "How Great Thou Art" e "Unchained Melody". Pelo contrário, foi o simples fato – geralmente esquecido por aqueles que alcançam tamanha fama – de que ele não era nem mais nem menos humano do que qualquer um de nós, sendo igualmente propenso a tomar brilhantes decisões ou cometer erros fatais.

O que perdura são as músicas, que ainda cativam, as imagens, que ainda são poderosas. O radiante cantor no auge de sua forma física, movendo o corpo para a frente e para trás com tamanho vigor durante a coda de "Suspicious Minds", como se não quisesse que o momento passasse jamais. O cantor que evoca uma tristeza quase insuportável ao interpretar "In The Guetto", com sua total dignidade enfatizando a dor de estar preso a circunstâncias que fogem ao seu controle. O jovem sério, em um terno branco puro, expondo toda a paixão de sua alma conforme canta que podemos encontrar um lugar melhor se não esquecemos do poder de nossos sonhos, com os braços no alto até as últimas notas da canção, dirigindo-se ao público com uma voz que revela tanto o peso de seus esforços como um orgulho por sua conquista: "Obrigado. Boa-noite".

Notas Finais

PRÓLOGO – EM CADA SONHO UM AMOR

20 "Você acredita em vida após a morte?" Entrevista feita pela autora, 2009
21 "Quando saiu do Exército" Todas as citações são de Gordon Stoker, entrevista feita pela autora, 2009
22 "Ele era bom no começo" Todas as citações são de Julie Parrish, entrevista feita pela autora, 2002
23 "Ele estava obviamente incomodado" Guralnick, *Careless Love*
24 "Ele queria conhecer o mundo" A menos que indicado, todas as citações são de Scotty Moore, entrevista feita pela autora, 2002
24 "Uma das primeiras coisas que quero fazer" Gilbert King, "Presley: The Living Legend", *Melody Maker*, 12 de setembro de 1959
25 "Testemunhei Elvis reclamando dos roteiros" Gillian G. Gaar, "Cross Paths: When Elvis Met The Beatles", *Goldmine*, 14 de agosto de 2009
26 "Ele era realmente perfeito" Entrevista feita pela autora, 2009
26 "Até então, eu não sabia que ele fazia isso" Guralnick, *Careless Love*
26 "Vivíamos à base de anfetamina" Esposito, *Good Rockin' Tonight*
26 "No fim, Elvis consumir remédios..." Presley, *Elvis And Me*
27 "Larry, finalmente encontrei alguém" Geller, *If I Can Dream*
28 "Vou conhecê-lo um dia" Entrevista feita pela autora, 2009
30 "Elvis tinha de cantar uma canção" Clayton, *Elvis Up Close*
31 "Elvis no auge de sua forma" *Elvis: The Official Auction Catalogue*, de Guernsey

CAPÍTULO 1 – CORAÇÃO REBELDE

33 "Sempre que ele se divertia com algo" Presley, *Elvis And Me*
33 "Para ele, era impossível dizer" Schilling, *Me And A Guy Named Elvis*
33 "O que Elvis fazia com o mercado de cavalos" Clayton, *Elvis Up Close*
34 "Ele comprou 22 caminhões em um dia" Nash, *Elvis And The Memphis Mafia*
34 "Ele estava bronzeado" Clayton, *Elvis Up Close*
34 "Estou me divertindo, papai" Presley, *Elvis And Me*
35 "Das primeiras canções para cinema" Entrevista feita pela autora, 2008
36 "Naquela noite, ele parecia meio deprimido" Guralnick, *Careless Love*
37 "Assim que começou a temporada" Geller, *If I Can Dream*
37 "Acho que ele havia chegado a um ponto" Klein, *Elvis: My Best Man*
37 "Um fracasso colorido e enfadonho" Howard Thompson, *The New York Times*, 15 de junho de 1967
37 "Uma entrada de ritmo forte" *Billboard*, 6 de maio de 1967
38 "[Ele] dá conta do recado" *Variety*, 5 de abril de 1967
38 "Farei tudo em dois minutos" Clayton, *Elvis Up Close*
38 "Eu queria ter tido a braveza"/"Quando acabou, parecia" Presley, *Elvis And Me*
39 "Histórias boas, fortes e vigorosas" Guralnick, *Careless Love*

41 "A história é fictícia" Sharp, *Writing For The King*
41 "Cante com a alma, El!" Jorgensen, *Elvis Presley: A Life In Music*
41 "Penso da seguinte forma" Guralnick, *Careless Love*
42 "A última trilha de filme de Elvis" *Billboard*, 25 de novembro de 1967
43 "As músicas de Elvis são pouco memoráveis" *The Los Angeles Times*, 1º de novembro de 1967
43 "Meio Hud, meio Alfie" *Los Angeles Herald Examiner*, 3 de abril de 1968
43 "Não havia muito o que fazer no set" Todas as citações são de Sandi Miller, entrevista feita pela autora, 2009
44 "A coisa ficou feia" Guralnick, *Careless Love*
44 "Foi triste observar Elvis lutando..." Schilling, *Me And A Guy Named Elvis*
45 "Alguém tem um maldito material" Schilling, *Me And A Guy Named Elvis*
46 "Não é você" Presley, *Elvis And Me*
46 "Ela é um pequeno milagre" Guralnick, *Careless Love*
46 "Para levantar 'ouro'" *Billboard*, 17 de fevereiro de 1968
46 "Apresenta um preconceito ultrapassado" *Variety*, 8 de março de 1968
47 "Lembro-me dele" Entrevista feita pela autora, 2009
48 "Sinceramente, 'A Little Less Conversation'" Sharp, *Writing For The King*
48 "Ele colocou a mão sobre minha cabeça" Guralnick, *Careless Love*
48 "Só mais um filme de Presley" Renata Adler, *The New York Times*, 14 de junho de 1968

CAPÍTULO 2 – LET YOURSELF GO

51 "A história de Presley como o precursor" Guralnick, *Careless Love*
51 "Ele quer que todo mundo saiba" Guralnick, *Careless Love*
51 "Falaram-me que, conseguindo um trabalho" Entrevista feita pela autora, 2003
52 "Se você assistisse a algum episódio de *Hullabaloos* hoje" Entrevista feita pela autora, 2008
52 "Fiquei um pouco chateado" Entrevista feita pela autora, 2008
53 "Foi como se uma luz se acendesse" Todas as citações são de Bones Howe, entrevista feita pela autora, 2009
53 "Acho que Finkel, sabiamente" Entrevista feita pela autora, 2003
53 "Eu não tenho uma relação próxima com Elvis" Relatado por Steve Binder, entrevista feita pela autora, 2008
53 "Minha intenção inicial" Entrevista feita pela autora, 2003
54 "O Coronel dominava" Entrevista feita pela autora, 2008
55 "Aqui está. Quero que você tenha isso" Relatado por Steve Binder, entrevista feita pela autora, 2008
55 "Eu não tinha nenhuma intenção" Entrevista feita pela autora, 2003
55 "Que carreira?" Entrevista feita pela autora, 2003
55 "Se fizer este especial" Entrevista feita pela autora, 2008
55 "Acho que nossa primeira reunião" Entrevista feita pela autora, 2003
56 "Perguntei isso porque eu queria ver se ele" Entrevista feita pela autora, 2003
56 "Minha praia é o estúdio de gravação" Relatado por Steve Binder, entrevista feita pela autora, 2008
56 "Nunca acreditei" Entrevista feita pela autora, 2008
57 "Foi muito surpreendente" Todas as citações são de Chris Bearde, entrevista feita pela autora, 2009

58 "Bem, direi uma coisa" Relatado por Chris Bearde, entrevista feita pela autora, 2009

60 "Eu não conhecia Jerry Reed" Todas as citações são de Allan Blye, entrevista feita pela autora, 2009

60 "Não seria legal" Relatado por Steve Binder, entrevista feita pela autora, 2008

60 "Levei a ideia para Bob Finkel" Entrevista feita pela autora, 2008

60 "Eu era uma das poucas pessoas" Todas as citações são de Bill Belew, entrevista feita pela autora, 2003

61 "O bloco gospel tinha duas partes" Entrevista feita pela autora, 2008

62 "Como eu havia acabado de viver aquela assombrosa polêmica" Entrevista feita pela autora, 2008

63 "Eu costumava brincar com ele" Entrevista feita pela autora, 2003

63 "Billy, tenho de ser sincero com você" Relatado por Bill Belew, entrevista feita pela autora, 2003

63 "Mais uma fantasia de carnaval do que moderno" Mundy, *Elvis Fashion From Memphis To Vegas*

64 "O que fulano faz?" As conversas neste e no parágrafo seguinte foram relatadas por Allan Blye, entrevista feita pela autora, 2009

64 "Eu estava fazendo o melhor trabalho" Entrevista feita pela autora, 2003

65 "O Coronel não queria reconhecer" Entrevista feita pela autora, 2008

66 "Impressionante... Ele estava tão contente" Guralnick, *Careless Love*

67 "Eu via Elvis como um cara" Entrevista feita pela autora, 2008

67 "O Coronel insistia" Entrevista feita pela autora, 2003

68 "Faz semanas que vocês estão convivendo com Elvis" Entrevista feita pela autora, 2003

68 "Eles a tocaram três ou quatro vezes" Entrevista feita pela autora, 2003

69 "Conversei com Earl sobre sua composição" Entrevista feita pela autora, 2008

69 "Qualquer pessoa que ouve 'If I Can Dream'" Love, *My Name Is Love*

69 "Elvis canta essa canção como um cantor gospel" Moscheo, *The Gospel Side Of Elvis*

70 "O estúdio era enorme" Entrevista feita pela autora, 2003

70 "Quando acabávamos" Entrevista feita pela autora, 2008

71 "Eu não queria recriar isso" Entrevista feita pela autora, 2003

71 "O especial inteiro era para ter a cara do Elvis" Entrevista feita pela autora, 2003

71 "Inesperadamente, ele me ligou" Entrevista feita pela autora, 2001

72 "Normalmente sou o 'santinho'" Steve Binder, *If I Can Dream*, manuscrito não publicado

72 "O diretor disse para fazermos" Entrevista feita pela autora, 2001

72 "Steve, a única coisa" Entrevista feita pela autora, 2003

72 "Ele insinuou que iria distribuir ingressos" Entrevista feita pela autora, 2008

73 "Bastava escrever para os estúdios da NBC" Todas as citações são de Sandi Miller, entrevista feita pela autora, 2009

74 "Ele disse: 'Ah, vá em frente'" Todas as citações são de Darice Murray-MacKay, entrevista feita pela autora, 2008

75 "Você acha que vão gostar de nós?"/"Elvis, você só tem de fazer" Gillian Gaar, "Guitar Man", *Goldmine*, 9 de janeiro de 2004

75 "Steve, eu não consigo"/"O que você está querendo dizer" Relatado por Steve Binder, entrevista feita pela autora, 2008

79 "Musicalizar a escuridão" Guralnick, *Careless Love*

80 "Você não vai acreditar!"/"Era verdade" Relatado por Steve Binder, entrevista feita pela autora, 2008

83 "Quando eu olhava para a cara de Elvis" Todas as citações são de Chris Landon, entrevista feita pela autora, 2008

87 "Como eu estava?"/"Estou feliz" Relatado por Sandi Miller, entrevista feita pela autora, 2009

89 "Originalmente, editei o programa" Entrevista feita pela autora, 2008

89 "E, depois de reavaliarem o ensaio do musical" Entrevista feita pela autora, 2003

90 "O que eu tentava mostrar" Entrevista feita pela autora, 2003

90 "Ligaram-me para dizer que eu tinha" Entrevista feita pela autora, 2008

90 "Estamos com um problema, Steve" Relatado por Steve Binder, entrevista feita pela autora, 2008

90 "Eles ficaram morrendo de medo de mim" Entrevista feita pela autora, 2003

91 "Assistimos ao vídeo com todos" Entrevista feita pela autora, 2008

91 "Steve, nunca mais vou cantar uma música" Relatado por Steve Binder, entrevista feita pela autora, 2003

91 "Vi em várias ocasiões" Entrevista feita pela autora, 2008

92 "Não, nunca pude fazer isso" Relatado por Steve Binder, entrevista feita pela autora, 2008

92 "Era inacreditável" Entrevista feita pela autora, 2008

92 "Elvis não fez mais" Entrevista feita pela autora, 2003

92 "Não tínhamos recursos para enfrentar" Entrevista feita pela autora, 2008

93 "Potente e oportuna mensagem lírica" *Billboard*, 23 de novembro de 1968

94 "Eu tinha pena dele" Entrevista feita pela autora, 2008

95 "Eu era tão ingênuo naquela época" Entrevista feita pela autora, 2008

95 "Quero que descartem essas roupas"/"Você não faz ideia" Relatado por Bill Belew, entrevista feita pela autora, 2003

96 "Os filmes, as baladas" Robert Shelton, *The New York Times*, 4 de dezembro de 1968

CAPÍTULO 3 – A LITTLE LESS CONVERSATION

97 "Competiram entre eles" Todas as citações são de Sandi Miller, entrevista feita pela autora, 2009

98 "Por fim, acharam" Todas as citações são de Lenore Bond, entrevista feita pela autora, 2009

98 "[Presley] parece determinado" Roger Greenspun, *The New York Times*, 4 de setembro de 1969

98 "Uma pessoa adorável, afetuosa, radiante, agradável" Robert Blair Kaiser, "The Rediscovery of Elvis", *The New York Times*, 11 de outubro de 1970

98 "A população está gostando de Presley" *The Superior Sun*, 1º de agosto de 1968

98 "O público pode ficar um pouco cansado" *Motion Picture Herald*, 2 de outubro de 1968

99 "Gostaria de fazer um bom filme" Simpson, *The Rough Guide To Elvis*

100 "Ele nos perguntou: 'Vocês não gostariam de'" Entrevista feita pela autora, 2001

100 "Revistas como *Billboard*" Todas as citações são de Bobby Emmons, entrevista feita pela autora, 2008

101 "Era o que eu mais gostava de fazer" Guralnick, *Sweet Soul Music*

102 "Soava mais importante" Todas as citações são de Reggie Young, entrevista feita pela autora, 2008

103 "Tommy agora ocupava" Todas as citações são de Mike Leech, entrevista feita pela autora, 2008

104 "Quando terminávamos alguma coisa" "LaGrange Native Chips Moman Talks About His Life In Music", georgiarhythm.com, 16 de novembro de 2008

104 "Se não me divirto" Guralnick, *Sweet Soul Music*

104 "Quando Elvis gravará boas canções, cara?" Clayton, *Elvis Up Close*

104 "Eu gostava muito do primeiro Elvis" Todas as citações são de Glen Spreen, entrevista feita pela autora, 2009

105 "Eles o 'mickeymousearam'" A menos que indicado, todas as citações são de Wayne Jackson, entrevista feita pela autora, 2009

106 "Se eu pudesse fazer tudo de novo" Dickerson, *Mojo Triangle*

108 "'Gostou dessa música?'" Relatado por Reggie Young, entrevista feita pela autora, 2008

108 "Não quero nem falar o que achei" Clayton, *Elvis Up Close*

110 "Obviamente, [Elvis] não era dirigido" Dickerson, *Mojo Triangle*

111 "Cara, foi muito bom"/"Fazia muito tempo que eu não via" Nash, *Elvis And The Memphis Mafia*

112 "Seria quase como se ele achasse" Clayton, *Elvis Up Close*

112 "Já tínhamos gravado algumas coisas" Clayton, *Elvis Up Close*

113 "Influenciada por Dylan e os estilos de São Francisco" Sharp, *Writing For The King*

114 "Sempre pensei que os guetos" Collins, *Untold Gold*

114 "Havia opiniões antagônicas" Clayton, *Elvis Up Close*

115 "É munida de uma visão..." Guralnick, *Careless Love*

115 "Estávamos, na verdade, no gueto" Clayton, *Elvis Up Close*

116 "Eu só estava fazendo meu trabalho" Sharp, *Writing For The King*

117 "Cara, a canção foi um sucesso" Sharp, *Writing For The King*

118 "Se eu cantasse como ele" Simpson, *The Rough Guide To Elvis*

119 "Tudo começou bem aqui" Todas as citações deste parágrafo são de James Kingsley, "Relaxed Elvis Disks 16 Songs in Hometown Stint", *The Memphis Commercial Appeal*, 23 de janeiro de 1969

121 "Empolgado" Nash, *Elvis And The Memphis Mafia*

121 "Disse sim a ela na primeira vez" Clayton, *Elvis Up Close*

123 "Pudesse ressoar com o histórico do Coronel" Sharp, *Writing For The King*

127 "[Elvis] faz um entediante papel" *Variety*, 12 de março de 1969

128 "Elvis em seu melhor" *Billboard*, 26 de abril de 1969

128 "Ele nunca esteve melhor" Peter Guralnick, *Rolling Stone*, 23 de agosto de 1969

129 "O som é tão superior" Clayton, *Elvis Up Close*

CAPÍTULO 4 – GOOD ROCKIN' TONIGHT

131 "Droga!" Guralnick, *Last Train To Memphis*

133 "Ligamos para Tom Diskin" Entrevista feita pela autora, 2001

133 "Ganharíamos mais dinheiro" Entrevista feita pela autora, 2009

133 "Ninguém queria" Entrevista feita pela autora, 2008

133 "Almejávamos ser" Entrevista feita pela autora, 2008

134 "Eu queria músicos que tocassem" Sharp, *Elvis: Vegas '69*

134 "Eu não iria aceitar" A menos que indicado, todas as citações são de Jerry Scheff, entrevista feita pela autora, 2001

135 "Ele basicamente disse que seria uma ótima forma" Entrevista feita pela autora, 2002

135 "Não era muito fã de Elvis Presley" A menos que indicado, todas as citações são de Ronnie Tutt, entrevista feita pela autora, 2009

138 "A postura de um campeão de corrida de cavalos" Moscheo, *The Gospel Side Of Elvis*

138 "Na hora, harmonizamos" Guralnick, *Careless Love*

139 "Lembro muito bem" Entrevista feita pela autora, 2009

139 "Fui para Vegas" Relatado por Sandi Miller, entrevista feita pela autora, 2009

140 "Ele estava com medo" Todas as citações são de Sandi Miller, entrevista feita pela autora, 2009

140 "Eu não acreditava que" Todas as citações são de Bill Belew, entrevista feita pela autora, 2003

140 "Um smoking de caratê" *Elvis: The Official Auction Catalogue,* de Guernsey

140 "Em 31 de julho de 1969" Comunicado de imprensa incluído em *The Elvis Treasures,* de Robert Gordon

140 "Reformado para acomodar 20 pessoas" Ellen Willis, *Beginning To See The Light*

140 "Paul Anka andava de um lado para o outro" Mike Jahn, "Elvis Presley's Comeback Gets Off To Exciting Start", *The New York Times*, 18 de agosto de 1969

141 "Ele sempre ficava nervoso" Guralnick, *Careless Love*

142 "Grande e velho peculiar International Hotel" Todas as falas de palco tiradas de Osborne, *Elvis: Word For Word*

145 "Ele faz o clássico aquecimento de Elvis" David Dalton, "Elvis Presley: Wagging His Tail In Las Vegas", *Rolling Stone*, 21 de fevereiro de 1970

146 "Foi quando pensei comigo: 'Mas que droga!'" Todas as citações de coletiva de imprensa foram tiradas de elvis.com.au

146 "Sobrecarregado por uma sufocante" Willis, *Beginning To See The Light*

146 "Eu já vi o show" Ray Connolly, *Evening Standard*, 2 de agosto de 1969

146 "Ele está incrivelmente bonito" Ray Connolly, *Evening Standard*, 2 de agosto de 1969

147 "Eu achava que o sucesso da noite de estreia não se repetiria" Clayton, *Elvis Up Close*

147 "Ele era quase um felino" Entrevista feita pela autora, 2002

148 "Que horror! Essa merda"/"Sr. Phillips, eu simplesmente amo essa canção" Guralnick, *Careless Love*

148 "Ele cantava, cantava, sem parar" Entrevista feita pela autora, 2009

148 "Deus! Fui tratado como um rei" Entrevista feita pela autora, 2009

149 "O telefone toca" Entrevista feita pela autora, 2009

149 "Nunca os desculpei por isso" Entrevista feita pela autora, 2008

149 "Estar lá, entre Jimmy" Entrevista feita pela autora, 2008

150 "Material picante" Guralnick, *Careless Love*

150 "Minha prima diz que Elvis" Bendewald, *My Treasured Memories Of Elvis*

151 "Você deveria fazer turnês em estádios"/"Você acha que farei tanto sucesso" Relatado por Pete Bennett, entrevista feita pela autora, 2008

151 "Parecia um erro técnico" Entrevista feita pela autora, 2008

153 "Refugo, descartáveis" Bob Mehr, "Chips Moman Gives a Little More Conversation on Elvis" 1969 Creative Rebirth,' *The Commercial Appeal*, 14 de agosto de 2009

CAPÍTULO 5 – PROMISED LAND

155 "Eu meio que havia deixado" Entrevista feita pela autora, 2002

156 "[Elvis] gosta de ensaiar qualquer coisa que seja sugerida" Hopkins, *Elvis: The Biography*

156 "O que variava nos ensaios era" Todas as citações são de Sandi Miller, entrevista feita pela autora, 2009

158 "A gola alta surgiu" Todas as citações são de Sandi Miller, entrevista feita pela autora, 2003

158 "Cara, temos de terminar essa canção" Bendewald, *My Treasured Memories Of Elvis*

159 "Ah, esqueci de dizer" Osborne, *Elvis: Word For Word*

159 "O Astrodome era péssimo" Hopkins, *Elvis: The Biography*

159 "Será bem cruel" Hopkins, *Elvis: The Biography*

159 "Espero que sim" Jerry Osborne, *Elvis: Word For Word*

159 "Bem, é isso" Guralnick, *Careless Love*

159 "Foi nesse fim de semana" Stanley, *The Elvis Encyclopedia*

161 "Este álbum é" *Billboard*, 13 de junho de 1967

161 "Era um lugar afastado" Todas as citações são de Chris Bearde, entrevista feita pela autora, 2009

161 "Éramos moleques" Guralnick, *Sweet Soul Music*

162 "Era um verdadeiro milagre" Todas as citações são de Norbert Putnam, entrevista feita pela autora, 2008

164 "Continuem tocando!" Relatado por Jerry Carrigan, entrevista feita pela autora, 2009

168 "Esse filho da mãe toca bem" Relatado por Jerry Carrigan, entrevista feita pela autora, 2009

168 "Esses petiscos são de Elvis" Relatado por Jerry Carrigan, entrevista feita pela autora, 2009

169 "Ficou um pouco dramática" Simpson, *The Rough Guide To Elvis*

169 "Tenho o melhor título do mundo!" Sharp, *Writing For The King*

170 "Veja que são 22h30"/"Bem, pessoal, suponho" Relatado por Norbert Putnam, entrevista feita pela autora, 2008

170 "Essa droga" Jorgensen, *Elvis Presley: A Life In Music*

174 "O que estamos tentando fazer é captar" Hopkins, *Elvis: The Biography*

175 "É uma surpresa ver" Robert Blair Kaiser, "The Rediscovery of Elvis", *The New York Times*, 11 de outubro de 1970

175 "Eu achei que devia fazer" Entrevista feita pela autora, 2002

176 "O Coronel me chamou" Entrevista feita pela autora, Landon

176 "Ei, pessoal, não é minha culpa!" Sharp, *Elvis: Vegas '69*

177 "Presley está tranquilo e muito sereno" *Variety*, 19 de agosto de 1970

178 "Se podia dizer que Elvis adorava" Entrevista feita pela autora, 2002

178 "Ali estava provavelmente o artista mais" Entrevista feita pela autora, 2002

179 "Não quero que ele seja visto por aí" Clayton, *Elvis Up Close*

180 "É como um troféu" Mundy, *Elvis Fashion*

180 "Todos nós sentimos uma libertação" Entrevista feita pela autora, 2009

183 "Captar o entusiasmo de Elvis" Robert Blair Kaiser, "The Rediscovery of Elvis", *The New York Times*, 11 de outubro de 1970

183 "O que pensa Presley" Howard Thompson, "What's Opened At The Movies", *The New York Times*, 27 de dezembro de 1970

183 "Essa primeira turnê foi emocionante" Hopkins, *Elvis: The Biography*

183 "Queremos que nossos fãs" *Elvis: The Official Auction Catalogue* de Guernsey

184 "Quando ouvi 'Don't Be Cruel'" Todas as citações são de Harvey Kubernik, entrevista feita pela autora, 2008

185 "Havia muita coisa" Glass *Elvis Presley Paternity Suit Uncovered!*

186 "Cada apresentação termina de maneira classicamente chamativa" Albert Goldman, "A Gross Top-Grosser: Elvis Presley at Las Vegas" *Life*, 20 de março de 1970

186 "Uma imitação do Elvis Presley rebolante" Thomas B. Newsom, "Imitation of 1956 Elvis Brings Squeals at Keil", *St Louis Post Dispatch*, 11 de setembro de 1970

186 "Ele congelou o rock'n'roll" Jack McClintock, "Elvis: Audience Shares His Past", *St Petersburg Times*, 14 de setembro de 1970

186 "Cada música era uma exuberante produção" John Wenderborn, "Old Elvis Comes Through To Delight of Devotees", *The Oregonian*, 12 de novembro de 1970

186 "O tom do show" Janine Gressel, "Presley's Show No Blockbuster", *The Seattle Times*, 13 de novembro de 1970

186 "A despeito do que eles digam" Thomas MacCluskey, "Elvis Fans Turn Out – 11,500 Strong", *Rocky Mountain News*, 18 de novembro de 1970

188 "Pela primeira vez em 15 anos" Schilling, *Me And A Guy Named Elvis*

188 "A cultura das drogas" Krogh, *The Day Elvis Met Nixon*

189 "Eu adorava a música dele" A menos que indicado, todas as citações são de Bud Krogh, entrevista feita pela autora, 2009

191 "Certamente, ele não estava vestindo" Krogh, *The Day Elvis Met Nixon*

192 "Acho que você consegue atingir"/"Faço minha parte cantando" Krogh, *The Day Elvis Met Nixon*

193 "Nada de briga na Sala de Guerra!" Schilling, *Me And A Guy Named Elvis*

195 "Estou muito contente de tê-los" Flippo, *Graceland: The Living Legacy Of Elvis Presley*

195 "Apesar da sinceridade e das boas intenções"/"terem formado a base" Federal Bureau Of Investigation *Elvis Presley: The FBI Files*

195 "Agradeço seus generosos comentários" Flippo, *Graceland: The Living Legacy Of Elvis Presley*

CAPÍTULO 6 – LONG, LONELY HIGHWAY

197 "Pessoas como Lamar Fike" Gillian G. Gaar, "Elvis, What Happened?", *Goldmine*, 15 de janeiro de 1999

198 "A suprema gaiola de ouro" Stuart Bailie, "King Of The Road", *Uncut Legends: Elvis*, 2005

198 "É uma situação peculiar" Todas as citações são de Wayne Jackson, entrevista feita pela autora, 2009

198 "O paradoxo é que Las Vegas" Ritz, *Elvis By The Presleys*

199 "Putt, recebemos propostas" Relatado por Norbert Putnam, entrevista feita pela autora, 2008

199 "Eu estava sentado" Todas as citações são de Norbert Putnam, entrevista feita pela autora, 2008

199 "Pessoalmente, acho que a pressão era demais" A menos que indicado, todas as citações são de Jerry Scheff, entrevista feita pela autora, 2001

200 "Lembro que certa vez tínhamos" Entrevista feita pela autora, 2009

200 "Em Vegas, acho que ele só pensava" Entrevista feita pela autora, 2002

201 "Era como se [Elvis]" Presley, *Elvis And Me*

201 "Não foi nada parecido" Todas as citações são de Reggie Young, entrevista feita pela autora, 2008

202 "Reg, nada de bocejo" Relatado por Reggie Young, entrevista feita pela autora, 2008

202 "Ele não conhecia as canções" Todas as citações são de Jerry Carrigan, entrevista feita pela autora, 2009

202 "Era assim que ele fazia" Todas as citações são de Bobby Emmons, entrevista feita pela autora, 2008

203 "Elvis quer que você vá" Relatado por Jerry Scheff, entrevista feita pela autora, 2001

204 "Acho que ele havia caído, musicalmente" Entrevista feita pela autora, 2002

205 "Quero que escute isso" Relatado por Ronnie Tutt, entrevista feita pela autora, 2002

205 "Não me lembro quem" Entrevista feita pela autora, 2002

205 "E novamente o Coronel" Entrevista feita pela autora, 2009

205 "Ninguém queria se envolver com ele" Gillian G. Gaar, "All Things Elvis", *Goldmine*, 4 de agosto 2006

206 "Vou dar minha opinião" Todas as citações são de Chris Bearde, entrevista feita pela autora, 2009

206 "Eu sabia que não iria acontecer" Gillian G. Gaar, "All Things Elvis", *Goldmine*, 4 de agosto de 2006

206 "É preciso saber combinar negócios" Gillian G. Gaar, "Crossing Paths: When Elvis Met The Beatles", *Goldmine*, 14 de agosto de 2009

206 "Tenho certeza de que os problemas" Entrevista feita pela autora, 2009

207 "Perdemos Elvis" Gillian G. Gaar, "All Things Elvis", *Goldmine*, 4 de agosto 2006

207 "Quando Elvis sugeriu" Presley, *Elvis And Me*

207 "Sempre que Elvis se observava" Esposito, *Good Rockin' Tonight*

208 "Sentimentaloides" Hopkins, *Elvis: The Biography*

208 "Eu disse: 'Por que vocês estão chorando?'" Todas as citações são de Harvey Kubernik, entrevista feita pela autora, 2008

208 "A gritaria não cessava" Harvey Kubernik, *Melody Maker*, 8 de maio de 1976

208 "Extremamente cansado" Burk, *Dot ... Dot ... Dot ...*

209 "Por que ele usava drogas?" Ben Fong-Torres, "Broken Heart For Sale", *Rolling Stone*, 22 de setembro de 1977

209 "Ele estava se matando lentamente" Guralnick, *Careless Love*

209 "Eu sentia pena de Elvis" Esposito, *Good Rockin' Tonight*

209 "Ah, Putt, você sabe como Elvis está" Relatado por Norbert Putnam, entrevista feita pela autora, 2008

210 "Era meia-noite" Entrevista feita pela autora, 2009

210 "Bem, vamos fazer um trato" Relatado por Norbert Putnam, entrevista feita pela autora, 2008

211 "Estávamos bem, bem no fundo" Entrevista feita pela autora, 2008

212 "Acho que ele ficou cada vez mais forte" Entrevista feita pela autora, 2002

212 "Lutando até o fim" Goldman, *Elvis*

213 "Sim, eu costumava chamar de" Entrevista feita pela autora, 2002

213 "Acho que essa foi a única vez" Entrevista feita pela autora, 2002

213 "Se o assustamos o suficiente" West, *Elvis: Still Taking Care Of Business*

214 "Ele ficou extremamente angustiado com isso" Nash, *Elvis And The Memphis Mafia*

214 "Quero deixar de fazer turnê"/"Esses eram seus planos para o futuro" Gillian G. Gaar, "Elvis' Spiritual Search", *Goldmine*, 11 de janeiro de 2002

215 "Faria algumas mudanças"/"Ele foi muito impreciso" Entrevista feita pela autora, 2009
215 "Preciso do dinheiro" Nash, *Elvis And The Memphis Mafia*

CAPÍTULO 7 – TODAY, TOMORROW, AND FOREVER

218 "Seu último ano de vida foi duro" Ritz, *Elvis By The Presleys*
218 "Eu vi Elvis em carne e osso"/"Especialista Adverte" *Weekly World News*, 28 de junho de 1988
219 "Abusiva, imprudente, injusta" Todas as citações são de documentos judiciais O'Neal, *Elvis Inc.*
219 "Se eu soubesse que o Coronel" Soocher *They Fought The Law*
221 "Presley o cantor surge" Alan Light, *Rolling Stone*, 6 de agosto de 1992
222 "Você tem de imaginar isso anos mais tarde" Entrevista feita pela autora, 2003
223 "Há tantas versões 'editadas'" Entrevista feita pela autora, 2009
223 "Na verdade, eu teria adorado" Entrevista feita pela autora, 2009
224 "Quando assisti ao show de Elvis Presley" Entrevista feita pela autora, 2009
224 "Ideal para futebol" Augustin Sedgewick, "JXL Exhumes Elvis, Scores X-Box", *Rolling Stone online*, 12 de julho de 2002
225 "Os fãs de Elvis queriam conhecer" Entrevista feita pela autora, 2008
225 "Recebemos críticas positivas" Entrevista feita pela autora, 2008
226 "Eu me surpreendo por ainda estarmos todos vivos" Entrevista feita pela autora, 2008
227 "Não estávamos muito entusiasmados" Todas as citações são de Ronnie Tutt, entrevista feita pela autora, 2002
227 "Eu pensei: 'Não tem como'" Todas as citações são de Jerry Scheff, entrevista feita pela autora, 2002
227 "Inicialmente, foi muito difícil de fazer" Todas as citações são de Glen Hardin, entrevista feita pela autora, 2002
227 "The Sweets não conseguiram terminar a canção" Hopkins, *Elvis: The Biography*

Apresentações Ao Vivo 1968-1970

1968

27 de junho NBC Studios, Burbank, Califórnia (dois shows)
29 de junho NBC Studios, Burbank, Califórnia (dois shows)

1969

31 de julho Showroom Internationale, International Hotel, Las Vegas, Nevada
1º de agosto Showroom Internationale, International Hotel, Las Vegas, Nevada (dois shows)
2 de agosto Showroom Internationale, International Hotel, Las Vegas, Nevada (dois shows)
3 de agosto Showroom Internationale, International Hotel, Las Vegas, Nevada (dois shows)
4 de agosto Showroom Internationale, International Hotel, Las Vegas, Nevada (dois shows)
5 de agosto Showroom Internationale, International Hotel, Las Vegas, Nevada (dois shows)
6 de agosto Showroom Internationale, International Hotel, Las Vegas, Nevada (dois shows)

7	de agosto Showroom Internationale, International Hotel, Las Vegas, Nevada (dois shows)	23	de agosto Showroom Internationale, International Hotel, Las Vegas, Nevada (dois shows)
8	de agosto Showroom Internationale, International Hotel, Las Vegas, Nevada (dois shows)	24	de agosto Showroom Internationale, International Hotel, Las Vegas, Nevada (dois shows)
9	de agosto Showroom Internationale, International Hotel, Las Vegas, Nevada (dois shows)	25	de agosto Showroom Internationale, International Hotel, Las Vegas, Nevada (dois shows)
10	de agosto Showroom Internationale, International Hotel, Las Vegas, Nevada (dois shows)	26	de agosto Showroom Internationale, International Hotel, Las Vegas, Nevada (dois shows)
11	de agosto Showroom Internationale, International Hotel, Las Vegas, Nevada (dois shows)	27	de agosto Showroom Internationale, International Hotel, Las Vegas, Nevada (dois shows)
12	de agosto Showroom Internationale, International Hotel, Las Vegas, Nevada (dois shows)	28	de agosto Showroom Internationale, International Hotel, Las Vegas, Nevada (dois shows)
13	de agosto Showroom Internationale, International Hotel, Las Vegas, Nevada (dois shows)		

1970

14	de agosto Showroom Internationale, International Hotel, Las Vegas, Nevada (dois shows)	16	de janeiro Showroom Internationale, International Hotel, Las Vegas, Nevada
15	de agosto Showroom Internationale, International Hotel, Las Vegas, Nevada (dois shows)	17	de janeiro Showroom Internationale, International Hotel, Las Vegas, Nevada (dois shows)
16	de agosto Showroom Internationale, International Hotel, Las Vegas, Nevada (dois shows)	18	de janeiro Showroom Internationale, International Hotel, Las Vegas, Nevada (dois shows)
17	de agosto Showroom Internationale, International Hotel, Las Vegas, Nevada (dois shows)	19	de janeiro Showroom Internationale, International Hotel, Las Vegas, Nevada (dois shows)
18	de agosto Showroom Internationale, International Hotel, Las Vegas, Nevada (dois shows)	20	de janeiro Showroom Internationale, International Hotel, Las Vegas, Nevada (dois shows)
19	de agosto Showroom Internationale, International Hotel, Las Vegas, Nevada (dois shows)	21	de janeiro Showroom Internationale, International Hotel, Las Vegas, Nevada (dois shows)
20	de agosto Showroom Internationale, International Hotel, Las Vegas, Nevada (dois shows)	22	de janeiro Showroom Internationale, International Hotel, Las Vegas, Nevada (dois shows)
21	de agosto Showroom Internationale, International Hotel, Las Vegas, Nevada (dois shows)	23	de janeiro Showroom Internationale, International Hotel, Las Vegas, Nevada (dois shows)
22	de agosto Showroom Internationale, International Hotel, Las Vegas, Nevada (dois shows)	24	de janeiro Showroom Internationale, International Hotel, Las Vegas, Nevada (dois shows)

25	de janeiro Showroom Internationale, International Hotel, Las Vegas, Nevada (dois shows)	9	de fevereiro Showroom Internationale, International Hotel, Las Vegas, Nevada (dois shows)
26	de janeiro Showroom Internationale, International Hotel, Las Vegas, Nevada (dois shows)	10	de fevereiro Showroom Internationale, International Hotel, Las Vegas, Nevada (dois shows)
27	de janeiro Showroom Internationale, International Hotel, Las Vegas, Nevada (dois shows)	11	de fevereiro Showroom Internationale, International Hotel, Las Vegas, Nevada (dois shows)
28	de janeiro Showroom Internationale, International Hotel, Las Vegas, Nevada (dois shows)	12	de fevereiro Showroom Internationale, International Hotel, Las Vegas, Nevada (dois shows)
29	de janeiro Showroom Internationale, International Hotel, Las Vegas, Nevada (dois shows)	13	de fevereiro Showroom Internationale, International Hotel, Las Vegas, Nevada (dois shows)
30	de janeiro Showroom Internationale, International Hotel, Las Vegas, Nevada (dois shows)	14	de fevereiro Showroom Internationale, International Hotel, Las Vegas, Nevada (dois shows)
31	de janeiro Showroom Internationale, International Hotel, Las Vegas, Nevada (dois shows)	15	de fevereiro Showroom Internationale, International Hotel, Las Vegas, Nevada (dois shows)
1º	de fevereiro Showroom Internationale, International Hotel, Las Vegas, Nevada (dois shows)	16	de fevereiro Showroom Internationale, International Hotel, Las Vegas, Nevada (dois shows)
2	de fevereiro Showroom Internationale, International Hotel, Las Vegas, Nevada (dois shows)	17	de fevereiro Showroom Internationale, International Hotel, Las Vegas, Nevada (dois shows)
3	de fevereiro Showroom Internationale, International Hotel, Las Vegas, Nevada (dois shows)	18	de fevereiro Showroom Internationale, International Hotel, Las Vegas, Nevada (dois shows)
4	de fevereiro Showroom Internationale, International Hotel, Las Vegas, Nevada (dois shows)	19	de fevereiro Showroom Internationale, International Hotel, Las Vegas, Nevada (dois shows)
5	de fevereiro Showroom Internationale, International Hotel, Las Vegas, Nevada (dois shows)	20	de fevereiro Showroom Internationale, International Hotel, Las Vegas, Nevada (dois shows)
6	de fevereiro Showroom Internationale, International Hotel, Las Vegas, Nevada (dois shows)	21	de fevereiro Showroom Internationale, International Hotel, Las Vegas, Nevada (dois shows)
7	de fevereiro Showroom Internationale, International Hotel, Las Vegas, Nevada (dois shows)	22	de fevereiro Showroom Internationale, International Hotel, Las Vegas, Nevada (dois shows)
8	de fevereiro Showroom Internationale, International Hotel, Las Vegas, Nevada (dois shows)	23	de fevereiro Showroom Internationale, International Hotel, Las Vegas, Nevada (dois shows)
		27	de fevereiro Houston Astrodome, Houston, Texas (dois shows)

28	de fevereiro Houston Astrodome, Houston, Texas (dois shows)	24	de agosto Showroom Internationale, International Hotel, Las Vegas, Nevada (dois shows)
1º	de março Houston Astrodome, Houston, Texas (dois shows)	25	de agosto Showroom Internationale, International Hotel, Las Vegas, Nevada (dois shows)
10	de agosto Showroom Internationale, International Hotel, Las Vegas, Nevada	26	de agosto Showroom Internationale, International Hotel, Las Vegas, Nevada (dois shows)
11	de agosto Showroom Internationale, International Hotel, Las Vegas, Nevada (dois shows)	27	de agosto Showroom Internationale, International Hotel, Las Vegas, Nevada (dois shows)
12	de agosto Showroom Internationale, International Hotel, Las Vegas, Nevada (dois shows)	28	de agosto Showroom Internationale, International Hotel, Las Vegas, Nevada (dois shows)
13	de agosto Showroom Internationale, International Hotel, Las Vegas, Nevada (dois shows)	29	de agosto Showroom Internationale, International Hotel, Las Vegas, Nevada (dois shows)
14	de agosto Showroom Internationale, International Hotel, Las Vegas, Nevada (dois shows)	30	de agosto Showroom Internationale, International Hotel, Las Vegas, Nevada (dois shows)
15	de agosto Showroom Internationale, International Hotel, Las Vegas, Nevada (dois shows)	31	de agosto Showroom Internationale, International Hotel, Las Vegas, Nevada (dois shows)
16	de agosto Showroom Internationale, International Hotel, Las Vegas, Nevada (dois shows)	1º	de setembro Showroom Internationale, International Hotel, Las Vegas, Nevada (dois shows)
17	de agosto Showroom Internationale, International Hotel, Las Vegas, Nevada (dois shows)	2	de setembro Showroom Internationale, International Hotel, Las Vegas, Nevada (dois shows)
18	de agosto Showroom Internationale, International Hotel, Las Vegas, Nevada (dois shows)	3	de setembro Showroom Internationale, International Hotel, Las Vegas, Nevada (dois shows)
19	de agosto Showroom Internationale, International Hotel, Las Vegas, Nevada (dois shows)	4	de setembro Showroom Internationale, International Hotel, Las Vegas, Nevada (dois shows)
20	de agosto Showroom Internationale, International Hotel, Las Vegas, Nevada (dois shows)	5	de setembro Showroom Internationale, International Hotel, Las Vegas, Nevada (dois shows)
21	de agosto Showroom Internationale, International Hotel, Las Vegas, Nevada (dois shows)	6	de setembro Showroom Internationale, International Hotel, Las Vegas, Nevada (dois shows)
22	de agosto Showroom Internationale, International Hotel, Las Vegas, Nevada (dois shows)	7	de setembro Showroom Internationale, International Hotel, Las Vegas, Nevada (três shows)
23	de agosto Showroom Internationale, International Hotel, Las Vegas, Nevada (dois shows)	9	de setembro Coliseum, Phoenix, Arizona

10	de setembro Kiel Auditorium, St. Louis, Missouri	11	de novembro Memorial Coliseum, Portland, Oregon
11	de setembro Olympia Arena, Detroit, Michigan	12	de novembro Coliseum, Seattle, Washington
12	de setembro Miami Beach Convention Center, Miami Beach, Flórida (dois shows)	13	de novembro Cow Palace, San Francisco, Califórnia
		14	de novembro The Forum, Inglewood, Califórnia (dois shows)
13	de setembro Curtis Hixon Convention Center, Tampa, Flórida (dois shows)	15	de novembro International Sports Arena, San Diego, Califórnia
14	de setembro Municipal Auditorium, Mobile, Alabama	16	de novembro State Fair Grounds Arena, Oklahoma City, Oklahoma
10	de novembro Oakland Coliseum, Oakland, Califórnia	17	de novembro Denver Coliseum, Denver, Colorado

Discografia Selecionada

(Todas as produções da RCA, a menos que indicado)

1967
SINGLES
"Indescribably Blue"/"Fools Fall In Love"
"Long Legged Girl"/"That's Someone You Never Forget"
"There's Always Me"/"Judy"
"Big Boss Man"/"You Don't Know Me"
EPS
Easy Come, Easy Go
ÁLBUNS
How Great Thou Art
Double Trouble
Clambake

1968
SINGLES
"Guitar Man"/"Hi Heel Sneakers"
"U.S. Male"/"Stay Away"
"You'll Never Walk Alone"/"We Call On Him"
"You Time Hasn't Come Yet, Baby"/"Let Yourself Go"
"A Little Less Conversation"/"Almost In Love"
"If I Can Dream"/"Edge Of Reality"
ÁLBUNS
Speedway
Singer Presents Elvis Singing Flaming Star And Others
Elvis NBC-TV Special

1969
SINGLES
"Memories"/"Charro"
"His Hand In Mine"/"How Great Thou Art"
"In The Ghetto"/"Any Day Now"
"Clean Up Your Own Back Yard"/"The Fair Is Moving On"
"Suspicious Minds"/"You'll Think Of Me"
"Don't Cry Daddy"/"Rubberneckin'"
ÁLBUNS
Elvis Sings Flaming Star
From Elvis In Memphis
From Memphis To Vegas/From Vegas To Memphis

1970
SINGLES
"Kentucky Rain"/"My Little Friend"
"The Wonder Of You"/"Mama Liked The Roses"
"I've Lost You"/"The Next Step Is Love"
"You Don't Have To Say You Love Me"/"Patch It Up"
"I Really Don't Want To Know"/"There Goes My Everything"
ÁLBUNS
Let's Be Friends
On Stage
Almost In Love
Elvis: That's The Way It Is

LANÇAMENTOS PÓSTUMOS
BOX
From Nashville To Memphis: The Essential 60s Masters I (RCA/BMG, 1993)
Walk A Mile In My Shoes: The Essential 70s Masters (RCA/BMG, 1995)
Live In Las Vegas (RCA/BMG, 2001)
ESPECIAL *ELVIS* DE 1968
Let Yourself Go (Follow That Dream, 2006)
Canções inéditas do especial *Elvis*
The Complete '68 Comeback Special (RCA/Sony/BMG, 2008)
A trilha sonora original, apresentações sentadas e em pé e material extra
DVD: *'68 Comeback Special Deluxe Edition* (RCA/BMG, 2004)
O especial original, apresentações sentadas e em pé e material extra
SESSÕES EM MEMPHIS EM 1969
The Memphis Record (RCA/BMG, 1987)
Diversos mixes das sessões em Memphis em 1969
Suspicious Minds: The Memphis 1969 Anthology (RCA/BMG 1999)
Inclui *From Elvis In Memphis*, *Back In Memphis* e canções inéditas extras
Memphis Sessions (Follow That Dream, 2001)
Inclui canções inéditas extras
From Elvis In Memphis (RCA/Legacy, 2009)
Inclui *From Elvis In Memphis*, *Back In Memphis* e os singles originais em versão mono

SHOWS EM LAS VEGAS EM 1969
Live In Las Vegas (RCA/BMG, 2001)
Elvis At The International (Follow That Dream, 2002)
All Shook Up (Follow That Dream, 2005)
Viva Las Vegas (RCA/Sony/BMG, edição com dois discos, 2007)
Elvis In Person At The International Hotel (Follow That Dream, 2008)
Todos incluem um show da temporada em Vegas em 1969
SHOWS EM LAS VEGAS EM 1970
Polk Salad Annie (Follow That Dream, 2004)
Da temporada em Vegas em fevereiro de 1970
One Night In Vegas (Follow That Dream, 2000)
The Wonder Of You (Follow That Dream, 2009)
Ambos da temporada em Vegas em agosto de 1970
Elvis: That's The Way It Is Special Edition (RCA/BMG, 2000)
A trilha sonora original e apresentações extras
Elvis: That's The Way It Is (Follow That Dream, 2008)
Inclui apresentações ao vivo e canções inéditas extras
DVD: *Elvis: That's The Way It Is Special Edition* (Warner Home Video, 2007)
Versão original e edição especial do vídeo
SESSÕES EM NASHVILLE EM 1970
Elvis Country (Follow That Dream, 2008)
Inclui canções inéditas extras

Bibliografia

BARTEL, Pauline. *Reel Elvis! The Ultimate Trivia Guide To The King's Movies.* Taylor Publishing Company, 1994.
BENDEWALD, Judy Palmer. *My Treasured Memories Of Elvis.* Memphis Explorations, 2009.
BRAUN, Eric. *The Elvis Film Encyclopedia.* B.T. Batsford Ltd., 1997.
BROWN, Peter e Pat BROESKE. *Down At The End Of Lonely Street: The Life And Death Of Elvis Presley.* Arrow Books Ltd., 1997.
BURK, Bill E. *Dot ... Dot ... Dot ... The Best Of Bill E. Burk.* Shelby House, 1987.
BURKE, Ken e Dan GRIFFIN. *The Blue Moon Boys: The Story Of Elvis Presley's Band.* Chicago Review Press, 2006.
CARR, Roy e Mick FARREN. *Elvis: The Illustrated Record.* Harmony Books, 1982.
CLAYTON, Rose e Dick HEARD (ed.) *Elvis Up Close.* Turner, 1994.
COLLINS, Ace. *Untold Gold: The Stories Behind Elvis's #1 Hits.* Chicago Review Press, 2005.
COTTEN, Lee e Howard A. DeWITT. *Jailhouse Rock: The Bootleg Records Of Elvis Presley 1970-1983.* The Pierian Press, 1983.
COTTEN, Lee. *All Shook Up: Elvis Day-By-Day 1954-1977.* Popular Culture, Ink. 1985.
DICKERSON, James L. *Mojo Triangle: Birthplace Of Country, Blues, Jazz And Rock'n'Roll.* Schirmer Trade Books, 2005.
ESPOSITO, Joe e Elena OUMANO. *Good Rockin' Tonight: Twenty Years On The Road And On The Town With Elvis.* Simon & Schuster, 1994.
EVANS, Mike. *Elvis: A Celebration.* DK Publishing, 2002.
FEDERAL BUREAU OF INVESTIGATION. *Elvis Presley: The FBI Files.* Filiquarian Publishing, 2007.
FLIPPO, Chet. *Graceland: The Living Legacy Of Elvis Presley.* Collins Publishers, San Francisco, 1993.
GELLER, Larry e Joel SPECTOR com Patricia ROMANOWSKI. *If I Can Dream: Elvis' Own Story.* Simon & Schuster, 1989.

GLASS, Bud (ed.). *Elvis: Behind The Image.* Praytome Publishing, 2003.
GLASS, Bud. *Elvis Presley Paternity Suit Uncovered!* Praytome Publishing, 2006.
GOLDMAN, Albert. *Elvis.* Avon Books, 1981.
GORDON, Robert. *It Came From Memphis.* Pocket Books, 1995.
GORDON, Robert. *The King On The Road: Elvis Live On Tour 1954 To 1977.* St. Martin's Press, 1997.
GORDON, Robert. *The Elvis Treasures.* Villard Books, 2002.
GRAY, Michael e Roger OSBORNE. *The Elvis Atlas: A Journey Through Elvis Presley's America.* Henry Holt, 1996.
GUERNSEY'S. *Elvis: The Official Auction Catalogue.* Harry N. Abrams, 1999.
GURALNICK, Peter. *Last Train To Memphis: The Rise Of Elvis Presley.* Back Bay Books, 1994.
GURALNICK, Peter e Ernst JORGENSEN. *Elvis Day By Day.* Ballantine Books, 1999.
GURALNICK, Peter. *Lost Highway.* Back Bay Books, 1999.
GURALNICK, Peter. *Sweet Soul Music.* Back Bay Books, 1999.
GURALNICK, Peter. *Careless Love: The Unmaking Of Elvis Presley.* Back Bay Books, 2000.
HANNA, Sherif e Ernst Mikael JORGENSEN. *Elvis Presley: That's The Way It Was.* FTD Books/Follow That Dream Records, 2001.
HOPKINS, Jerry. *Elvis: The Biography.* Plexus Publishing, 2007.
JORGENSEN, Ernst, Erik RASMUSSEN e Johnny MIKKELSEN. *Reconsider Baby: The Definitive Elvis. Sessionography 1954-1977.* The Pierian Press, 1986.
JORGENSEN, Ernst. *Elvis Presley: A Life In Music.* St. Martin's Press, 1998.
KLEIN, George com Chuck CRISAFULLI. *Elvis: My Best Man.* Crown Publishing, 2009.
KROGH, Egil 'Bud'. *The Day Elvis Met Nixon.* Pajama Press, 1994.
LOVE, Darlene com Rob HOERBURGER. *My Name Is Love: The Darlene Love Story.* William Morrow, 1998.
MOORE, Scotty com James DICKERSON. *That's Alright, Elvis.* Schirmer Trade Books, 2005.
MOSCHEO, Joe. *The Gospel Side Of Elvis.* Center Street, 2007.
MUNDY, Julie. *Elvis Fashion From Memphis To Vegas.* Universe Publishing, 2003.
NASH, Alanna. *The Colonel: The Extraordinary Story Of Colonel Tom Parker And Elvis Presley.* Simon & Schuster, 2003.

NASH, Alanna com Billy SMITH, Marty LACKER e Lamar FIKE. *Elvis And The Memphis Mafia.* Aurum Press, 2005.
O'NEAL, Sean. *Elvis Inc.: The Fall And Rise Of The Presley Empire.* Prima Publishing, 1996.
OSBORNE, Jerry (ed.). *Elvis Word For Word.* Osborne Enterprises Publishing, 1999.
OSBORNE, Jerry. *Presleyana VI: The Elvis Presley Record, CD, And Memorabilia Price Guide.* Osborn Enterprises Publishing, 2007.
PIERCE, Patricia Jobe. *The Ultimate Elvis.* Simon & Schuster, 1994.
PRESLEY, Priscilla Beaulieu com Sandra HARMON. *Elvis And Me.* Berkley, 1986.
RITZ, David (ed.). *Elvis By The Presleys.* Crown, 2005.
SCHILLING, Jerry com Chuck CRISAFULLI. *Me And A Guy Named Elvis.* Gotham Books, 2006.
SHARP, Ken. *Writing For The King.* FTD Books/FollowThat Dream Records, 2006.
SHARP, Ken. *Elvis: Vegas '69.* JetFighter, 2009.
SIMPSON, Paul. *The Rough Guide To Elvis.* Rough Guides, 2004.
SOOCHER, Stan. *They Fought The Law: Rock Music Goes To Court.* Schirmer Books, 1999.
STANLEY, David E. com Frank COFFEY. *The Elvis Encyclopedia.* General Publishing Group, 1994.
TEMPLETON, Steve. *Elvis Presley: Silver Screen Icon.* The Overmountain Press, 2002.
THOMPSON II, Charles C. e James P. COLE. *The Death Of Elvis.* Dell Publishing, 1991.
TUNZI, Joseph A. *Elvis Number One: The Complete Chart History Of Elvis Presley.* JAT Productions, 2000.
TUNZI, Joseph A. *Elvis Sessions III: The Recorded Music Of Elvis Aron Presley 1953-1977.* JAT Productions, 2004.
WARWICK, Neil, Jon KUTNER e Tony BROWN. *The Complete Book Of The British Charts Third Edition.* Omnibus Press, 2004.
WEST, Sonny com Marshall TERRILL. *Elvis: Still Taking Care Of Business.* Triumph Books, 2007.
WHITBURN, Joel. *The Billboard Albums Sixth Edition.* Record Research Inc., 2006.
WHITBURN, Joel. *Top Pop Singles 1955-2006.* Record Research Inc., 2007.
WILLIS, Ellen. *Beginning To See The Light: Pieces Of A Decade.* Alfred Knopf, 1981.

Índice remissivo

Palavras *em itálico* indicam títulos de álbum, a menos que especificado de outra forma.
"Palavras entre aspas" indicam títulos de canções. Números de página **em negrito** indicam ilustrações.

A
Adventures Of Ozzie And Harriet, The (TV) 134
"After Loving You" 29, 40, 121, 128, 220
Agência de Narcóticos e Drogas Perigosas (BNDD) 190
Agnew, Spiro 191
Alden, Ginger 215
Alexander, Arthur 110, 120, 162
"All I Needed Was The Rain" 44, 45
"All Shook Up" 84, 85, 91, 142, 144, 146
Almanzar, James 98, 148
"Almost" 47, 99, 185, 245
Almost In Love 87, 182, 245
"Almost In Love" 87, 182, 245
Aloha From Hawaii Via Satellite 161
Ama-me com Ternura (filme) 99, 145
American Idol (TV) 225
American Sound Studios 100, 225
Amor a Toda Velocidade (filme) 132, 134, 140, 184
"And The Grass Won't Pay No Mind" 120, 144, 153
Andy Williams Show, The (TV) 155
"Angelica" 117
Ann-Margret 140, 184, 222
Annex Studios 36
"Any Day Now" 122, 123, 125, 128, 144, 245
"Are You Lonesome Tonight?" 22, 78, 81, 91, 125, 150, 153, 157, 212, 223
Arnold, Chris 113
Arnold, Eddy 29, 35, 118, 121, 172

Association, The 53, 56
Atkins, Chet 30, 129, 247
Atkins, Ollie 192
"Aura Lee" 99

B

"Baby What You Want Me To Do" 77, 78, 79, 80, 81, 85, 91, 142
Bacana do Volante, O (filme) 39, 40, 41, 45, 48, 67
Back In Memphis 153, 154, 182, 221, 246
Bad Company 184
Balada Sangrenta (filme) 21, 22, 49, 67, 125
Balin, Ina 98, 148
Barco do Amor, O (filme) 35, 36, 37, 38, 41, 42
Baum, Bernie 120
Bearde, Chris 148, 206, 209, 232, 233, 237, 239
Beatles, The 74, 78, 116, 123, 124, 143, 147, 151, 177, 188, 192, 195, 210, 231, 239
Beaulieu, Priscilla ver Presley, Priscilla
Bee Gees, The 148
Belafonte, Harry 52, 112, 248
Belew, Bill 60, 63, 72, 80, 88, 92, 93, 95, 139, 157, 201, 233, 234, 236
Bell, Freddie & The Bellboys 132
Bennett, Pete 5, 151, 236
Bennett, Tony 157, 181, 249
Berghofer, Chuck 5, 47, 66
Berry, Chuck 44, 181
Bienstock, Freddy 41
"Big Boss Man" 41, 42, 62, 66, 67, 88, 245
Bill Black Combo, The 102
Binder, Steve 5, 51, 67, 86, 92, 94, 95, 148, 222, 232, 233, 234
Binder/Howe Productions 53, 65
Bingenheimer, Rodney 208
Black, Bill 102
Blackwood, Doyle 137
Blackwood, Terry 137, 162
Blaine, Hal 66, 158
Blondell, Joan 43
Blossoms, The 61, 62, 66, 69, 84
"Blowin' In The Wind" 30
Blue Bird, The (peça de teatro) 59
"Blue Christmas" 79, 81, 90, 91, 150
"Blue Eyes Crying In The Rain" 215

Blue Hawaii (filme) ver *Feitiço Havaiano*
"Blue Moon Of Kentucky" 167
"Blue Suede Shoes" 22, 78, 81, 84, 141, 142, 144, 153, 221
"Blueberry Hill" 158
Blye, Allan 5, 57, 58, 59, 60, 64, 72, 87, 149, 233
Bond, Eddie & The Stompers 102, 105
Bond, Lenore 5, 98, 148, 234
"Born A Woman" 101
"Bossa Nova Baby" 25
Box Tops, The 101, 113
Bradley, Harold 42
Brando, Marlon 22
"Bridge Over Troubled Water" 168, 175, 177, 182, 227
Briggs, David 161, 162, 163, 171, 173, 221
Brown, Estelle 137
Brown, James 51
Brown, W. Earl 68
Buchanan, Pat 140, 189, 247
Burk, Bill 208
Burke, Solomon 101, 102
Burnette, Dorsey & Jimmy 101
"Burning Love" 204, 217, 221
Burton, James 134, 135, 142, 143, 155, 163, 165, 171, 180
Butler, Jerry 121
Byrds, The 53, 78

C

Campbell, Glen 113
"Can't Help Falling In Love" 23, 84, 91, 144, 153, 177, 185
Canções e Confusões (filme) 37, 134
Carey, Michele 47
Carrigan, Jerry 5, 161, 162, 178, 181, 202, 221, 237, 239
Carrossel de Emoções (filme) 67, 123
Casey, Al 66, 171
Cash, Johnny 167
Chakiris, George 158
Change Of Habit (filme) ver *Ele e as Três Noviças*
"Change Of Habit" 50, 127
Chapin, Dwight 189
Charles, Ray 41, 141, 144, 148
Charo 176
Charro! (filme) 14, 89, 97, 98, 99, 127, 148

Chautauqua (filme) 99
Chrisman, Gene 102
Christopher, John 117
"Cindy, Cindy" 167
Circle G (fazenda) 34, 36, 46, 72
"Clambake" 35, 36, 245
Clambake (filme) ver *Barco do Amor, O*
Clark, Petula 52, 57, 58, 60, 61, 62, 65, 140
Clark, Sanford 167
"Clean Up Your Own Backyard" 100, 114, 129, 220
Cogbill, Tommy 102
Cohn, Nudie 63, 179
Collins, Joan 95
Com Caipira Não Se Brinca (filme) 125
"Come Out, Come Out" 110
Comeback Special de 68 ver *Elvis* (TV)
Comeback Special ver *Elvis* (TV)
Complete '68 Comeback Special, The (box) 72, 224, 246
"Confidence" 36
Coração Rebelde (filme) 22, 231
Creedence Clearwater Revival 157
Crews, Dan 43, 101, 162, 247
Crosby Stills Nash & Young 53
"Cry Like A Baby" 113
"Crying In The Chapel" 25, 29
Crystals, The 61
Cushman, Joe 43
Czechoslovakia 1968 (filme) 174

D

Darin, Bobby 118
Dave Clark Five, The 74
Davis Jr., Sammy 19, 176
Davis, Jimmie 21, 137
Davis, Joseph (Dr.) 218, 219, 249
Davis, Mac 48, 67, 70, 99, 100, 114
Davis, Richard 40
Dean Martin Show, The (TV) 22, 70, 89, 158
Dean, James 22
Deasy, Mike 66, 67
Decca Universal Studio 127
Dee, Duane 120

Deep Purple 184, 185
Des Barres, Pamela 5, 94, 149, 150, 211
Diamond, Neil 104, 111, 120, 157, 249
Dion, Celine 225
DiScipio, Alfred 51, 249
Diskin, Tom 68, 133, 235
Dixon, Willie 147
"Do Right Woman" 101, 162
"Do You Know Who I Am?" 121
"Dog's Life, A" 116
"Dominic" 44, 116
Domino, Fats 30, 146
"Don't Be Cruel" 84, 85, 94, 142, 144, 184, 238
"Don't Cry Daddy" 114, 117, 152, 156, 158, 160, 228, 245
"Don't Knock Elvis" 30
Doors, The 83, 94, 132
Double Trouble (filme) ver *Canções e Confusões*
"Down By The Riverside" 67
"Down In The Alley" 200
Dr. Nick ver George Nichopoulos
Dr. Fantástico (filme) 193
Dunleavy, Steve 213
Dylan, Bob 30, 31

E

Eastwood, Clint 97
Easy Come, Easy Go (filme) ver *Meu Tesouro É Você*
Ed Sullivan Show, The (TV) 71
"Edge Of Reality" 47, 245
Edition (DVD) 223, 246, 249
Edwin Hawkins Singers, The 178
827 Thomas Street Band, The 101, 103, 106, 225
Ele e as Três Noviças (filme) 14, 50, 92, 127, 152, 160
Elvis (álbum de 1973) 185, 217
Elvis (especial de TV) 26, 49, 50, 95, 127, 146, 212
Elvis (trilha sonora) 22, 23, 26, 31, 36, 37, 40, 41, 42, 44, 45, 48, 65, 70, 92, 93, 100, 106, 121, 128, 134, 135, 140, 182, 218, 221, 224, 246
Elvis Aron Presley (box) 220, 249
Elvis As Recorded At Madison 198
Elvis Country 174, 181, 182, 195, 246
Elvis Double Features (série relançada) 44, 222
Elvis' Gold Records Vol. 4 46

Elvis' Golden Records Vol. 3 94
Elvis In Concert (TV) 218, 226
Elvis In Person At The International Hotel 153, 182, 246
Elvis Is Back (vídeo) 22, 41, 148
Elvis Is Back! 22, 41, 218
Elvis Now 116, 181
Elvis On Tour (vídeo) 227
Elvis Presley Enterprises (EPE) 220
Elvis Presley Music (editora) 24
Elvis: '68 Comeback Special Deluxe 223
Elvis: That's The Way It Is (vídeo) 16, 182, 226, 245, 246
Elvis: The Great Performances, Vol. 1 212
Elvis: What Happened? 213, 218
Elvis: What Happened? (livro) 213, 218
Elvis' Greatest Shit!! 24, 44
Elvis's Christmas Album 182
Emmons, Bobby 118, 122, 123, 124, 126, 129, 151, 202, 225, 234, 239
Em cada Sonho um Amor (filme) 21, 222, 231
Especiais e canções de Natal 67, 69, 79, 87, 90
Esposito, Joe 26, 36, 38, 64, 141, 179, 187, 207, 209
Essential Elvis Volume 4: A Hundred Years From Now de 1966 170
Estrela de Fogo (filme) 22, 28
Everett, Vince (personagem) 30
Everly Brothers, The 157
"Everybody Loves Somebody" 158

F

Fabares, Shelley 35, 184
"Faded Love" 167, 172, 181, 220
"Fair Is Moving On, The" 122, 144, 153, 245
FAME (Florence Alabama Music Enterprises) 162
"Fame And Fortune" 51
Federal Bureau of Investigation (FBI) 179, 189, 238, 247
Feitiço Havaiano (filme) 23, 26, 144
Feriado no Harém (filme) 121
Field, Sally 57
Fields, W. C. 77
Fifth Dimension, The *50,000,000 Elvis Fans Can't Be Wrong* 53
Fike, Lamar 34, 121, 165, 167, 169, 197, 215, 238, 249
Finkel, Bob 51, 53, 60, 83, 93, 95, 233
Finlator, John 190, 194
"Fire Down Below" 204

Fistful Of Dollars, A (filme) ver *Por um Punhado de Dólares*
"Five Sleepy Heads" 40
Flaming Star (filme) ver *Estrela de Fogo*
Flatt & Scruggs 167
Fletcher, Guy 122, 231, 232, 238, 249
Flett, Doug 122
Follow That Dream (filme) ver *Em cada Sonho um Amor*
Follow That Dream (selo para colecionadores) 222, 246, 248
"Folsom Prison Blues" 177
Fontana, DJ 36, 51, 71, 75, 76, 99, 100, 133, 136, 208, 224
"Fool, The" 122, 167, 181
Fortas, Alan 76, 240, 272
Frank Sinatra Timex Show: Welcome Home Elvis, The 51
Franklin, Aretha 48, 69, 101, 137
Franklin, E. O. (Dr.) 33
Frazier, Dallas 110, 12, 123, 181
Frees, Paul 140, 169, 184, 188, 211, 224, 236, 249
"From A Jack To A King" 40, 117, 153
From Elvis In Memphis 128, 129, 141, 148, 153, 160, 181, 182, 221, 245, 246
From Elvis Presley Boulevard, Memphis, Tennessee 217
From Memphis To Vegas/From Vegas To Memphis 153, 160, 182, 233, 245, 248
From Nashville To Memphis: The Essential 60s Masters I (box) 40, 41, 221, 246
Fulchino, Anne 5, 23
Fun In Acapulco (filme) ver *Seresteiro de Acapulco, O*
"Funny How Time Slips Away" 148, 173

G

G. E. Showtime (TV) 57
G. I. Blues (filme) ver *Saudades de um Pracinha* 22
Gabor, Zsa Zsa 158
Gamble, Kenny 121, 224
Garland, Judy 60
Garotas e Mais Garotas (filme) 23, 160
"Gee Whiz" 101
Geller, Larry 5, 27, 37, 214
"Gentle On My Mind" 113, 116, 128, 144
Gentrys, The 101
George, Bobby 109
Giant, Bill 120

Gibson, Don 148
Gimme Some Truth (vídeo) 226
"Girl I Never Loved, The" 35
Girls! Girls! Girls! (filme) ver *Garotas e Mais Garotas*
Gladys Music (editora) 24
"Go East, Young Man" 121
Golden Celebration, A (*box*) 220
Golden Gate Quartet, The 167
Goldenberg, Billy 65, 68, 69, 79, 82, 83, 92
"Good Luck Charm" 152, 172
"Good Time Charlie's Got The Blues" 200
Goodman, Charles "Rusty" 123
"Got My Mojo Working" 169, 173
Goulet, Robert 57
Graceland 31, 33, 34, 39, 82, 100, 111, 120, 188, 195, 203, 208, 211, 215, 218, 220, 226, 238, 247
Grammy Awards 35, 46, 113
Grammy Hall Of Hame 226
"Green Green Grass Of Home" 138
Green Slime, The (filme) ver *Lodo Verde, O*
Grier, Roosevelt 114, 192
Guercio, Joe 180, 227
Guitar Man 220
"Guitar Man" 40, 41, 42, 46, 50, 59, 60, 62, 63, 66, 67, 72, 84, 85, 86, 88, 91, 157, 191, 217, 221, 223, 233, 245
Guralnick, Peter 23, 115, 128, 197, 221, 235, 247, 248

H

Haldeman, Bob 191
Hall, Rick 162
Hamilton, George 52, 148
Hamilton, Roy 117, 118, 203, 212, 247
Hank Snow 113
Hanks, Joe
"Happy Birthday" ver "Parabéns Pra Você"
Happy Goodmans, The 123
Hardin, Glen D. 5, 155
Harris, Phil 89, 140
Harris, Richard 56
Harrison, George 188, 210, 211
Hartford, John 113
Harum Scarum (álbum) 93, 121
Harum Scarum (filme) ver *Feriado no Harém*

ÍNDICE REMISSIVO

"Have A Happy" 127, 160
Hawkins, Dale 134
Hazlewood, Lee 39, 99, 156, 167, 181, 247
"He's A Rebel" 61
"He's Your Uncle Not Your Dad" 40
"Heartbreak Hotel" 21, 48, 77, 80, 83, 84, 85, 91, 142, 144, 157
Hebler, Dave 74, 213
Hendrix, Jimi 132
Henning, Susan 5, 11
Hess, Jack 40
"Hey Jude" 116, 125, 143, 144, 147, 151, 161, 221
"Hey, Hey, Hey" 36
"Hi-Heel Sneakers" 42
Hill & Range (editora) 24, 41, 83, 108, 121
Hill, Benny 149
His Hand In Mine 29, 100, 127, 245
"His Hand In Mine" 127, 245
Hodge, Charlie 29, 30, 64, 76, 77, 80, 137, 187, 203, 209
Holkenberg, Tom 224
Home Elvis, The (TV) 51
"Hooked On A Feeling" 113
Hoover, J. Edgar 189
Hope, Bob 66
Hopkins, Jerry 51
"Hound Dog" 5, 56, 78, 84, 85, 91, 132, 142, 144, 153, 166, 179
"House That Has Everything, A" 35
Houston, Cissy 137, 155
"How Can You Lose What You Never Had" 35
How Great Thou Art 229, 245
"How Great Thou Art" 229, 245
"How The Web Was Woven" 169, 182
Howe, Dayton Burr (também conhecido como "Bones") 52
Huff, Leon 121
Hullabaloo (programa de TV) 51, 52, 65
Hullin, Ehrlichman, Roberts & Hodge 189
Humperdinck, Engelbert 138
"Hundred Years From Now, A" 167, 170
"Hurt" 203, 229

I

"I Believe" 67
"I Can't Stop Loving You" 120, 144, 148, 153

"I Didn't Make It On Playing Guitar" 170
"I Got A Woman" 141, 142, 144
"I Just Can't Help Believin" 176
"I Really Don't Want To Know" 172, 181, 195, 245
"I Saw Her Standing There" 147
"I Walk The Line" 177
"I Was Born About Ten Thousand Years Ago" 167
"I Washed My Hands In Muddy Water" 173, 181
"I'll Be There" 118, 221
"I'll Hold You In My Heart" 118, 128, 221
"I'm Movin' On" 113, 116, 117, 144, 220
"I'm Yours" 93
"I've Lost You" 167, 174, 176, 182, 245
Iceman Cometh, The 121
"If I Can Dream" 68, 69, 70, 85, 86, 88, 91, 93
"If I'm A Fool (For Loving You)" 122
"If You Talk In Your Sleep" 221
Imagine: John Lennon (vídeo) 226
Imperials, The 30, 69, 137, 138, 140, 180, 183, 201
Impersonal Life, The (livro) 27
"In The Ghetto" 114, 115, 128, 129, 139, 143, 144, 146, 153, 160, 201, 221, 245
"Indescribably Blue" 35, 245
"Inherit The Wind" 114, 117, 124, 144, 153, 173
Inspirations, The 123
"It Ain't No Big Thing (But It's Growing)" 170
It Happened At The World's Fair (filme) ver *Loiras, Morenas e Ruivas*
"It Hurts Me" 62, 66, 67, 87, 88, 90, 223
"It Keeps Right On A-Hurtin" 128
"It's My Way" 120
"It's Now Or Never" 22, 79, 125
"It's Wonderful To Be In Love" 101
"It's Your Baby, You Rock It" 169, 181

J

Jackson 5 Cartoon Show, The (TV) 188
Jackson, Chuck 122
Jackson, Mahalia 127
Jackson, Michael 188, 248
Jackson, Wayne 105, 198, 214, 215, 235, 238
"Jailhouse Rock" 22, 84, 91, 142, 144, 157, 247
Jailhouse Rock (filme) ver *Prisioneiro do Rock, O*

James, Mark 118, 119, 148, 153, 162
Jarvis, Felton 30, 40, 41, 45, 100, 104, 113, 124, 126, 128, 161, 163, 165, 178, 202, 204, 209, 220
Jaymes, Kenny 121, 224
Jefferson Airplane 57, 74, 83
Jenkins, Harry 52, 112, 248
Joe É Muito Vivo! (filme) 43, 45, 46, 116
"Johnny B. Goode" 144, 147, 153
Jones, Dory 116
Jones, Tom 138, 140, 176, 200
Jordanaires, The 22, 25, 30, 34, 44, 105, 133
Judy Garland Show, The (TV) 60
Jungle Room 203, 205, 213, 229
Junkie XL 224
"Just Call Me Lonesome" 41, 220
"Just Pretend" 170, 182

K

Kaye, Florence 121, 161, 162
"Keep On Dancing" 101
"Keep Your Hands Off It" 169
Kennedy, Robert 59
"Kentucky Rain" 121, 156, 173, 185, 221, 245
Kerkorian, Kirk 132, 140
King Creole (filme) ver *Balada Sangrenta*
King Of Rock'n'Roll: The Complete 50s Masters (box) 221
King, Martin Luther, Jr. (Dr.) 59, 107
Kirkham, Millie 37, 176, 177
Kiss My Firm But Pliant Lips (livro) 46
"Kissin' Cousins" 67, 125
Kissin' Cousins (filme) ver *Com Caipira Não Se Brinca*
Klein, George 36, 37, 100, 104, 114, 117, 120
Knechtel, Larry 47, 66
Knight, Gladys & The Pips 24, 30, 148
Kristofferson, Kris 206
Krogh, Egil "Bud" 5, 189, 248
Kubernik, Harvey 5, 184, 185, 208, 224, 238, 239
Kubrick, Stanley 159, 200, 237

L

Lacker, Marty 5, 38, 100, 104, 111, 135, 249
"Lady Madonna" 143

Laine, Frankie 51, 67
Lanchester, Elsa 37
Landon, Chris 5, 83, 94, 234
Landon, Grelun 83, 175
Lange, Hope 23, 66
Lanning, Bob 155
Laugh-In (TV) 57
"Lawdy Miss Clawdy" 78, 81, 91, 138
Led Zeppelin 149, 205
Leech, Mike 5, 103, 105, 107, 109, 111, 115, 119, 124, 126, 134, 221, 226, 234
Legault, Lance 76
Leiber & Stoller 62, 67
Leigh, Suzanna 95
Let It Be 124, 157, 160, 161
"Let It Be Me" 157, 160, 161
"Let Us Pray" 127
"Let Yourself Go" 40, 62, 66, 67, 88, 89, 245
Let's Be Friends 45, 99, 122, 127, 160, 245
"Let's Be Friends" 127
"Let's Forget About The Stars" 97, 99
Lewis, Jerry Lee 167, 181
Lewis, Joe Hill 82
Lightcloud, Joe (personagem) 43, 44, 66, 220
Lindas Encrencas: As Garotas (filme) 99, 100, 129, 152
Linkletter, Art 29, 30, 31, 35, 67, 69, 137, 163, 190, 229, 245
"Little Bit Of Green, A" 113, 153
"Little Cabin On The Hill" 167, 181
"Little Egypt" 62, 66, 67
"Little Less Conversation, A" 47, 48, 70, 98, 224, 232, 234, 245
"Little Sister" 22, 113, 177
Live A Little, Love A Little ver *Viva um Pouquinho, Ame um Pouquinho*
Lodo Verde, O (filme) 152
Loiras, Morenas e Ruivas (filme) 26
"Long Black Limousine" 109, 110, 116, 128, 121
"Long Legged Girl (With The Short Dress On)" 37, 245
Louisiana Hayride (rádio) 134
Louvin Brothers, The 170
Louvin, Charles 170
"Love Letters" 31, 46, 173

"Love Me" 61, 77, 81, 157
"Love Me Tender" 51, 84, 86, 91, 142, 144, 146, 158, 176
Love Me Tender (filme) ver *Ama-me com Ternura*
"Lovin' Arms" 220, 221

M

"MacArthur Park" 56, 81, 86
Maeterlinck, Maurice 5, 59
Máfia de Memphis, A 25, 107
"Make The World Go Away" 173, 181
"Mama Liked The Roses" 114, 117, 245
"Mama" 160
Manne, Shelly 52
"Marie's The Name (His Latest Flame)" 22, 113
Mar-Keys, The 105
Marrow, Geoff 113
Martin, David 113
Martin, Dean 22, 70, 89, 158
"Mary In The Morning" 169, 182
Mason, Marlyn 99
Mata, Sri Daya 27
Mayfield, Percy 120
McAvoy, Gene 92
McCoy, Charlie 42, 163
McGinniss, Wayne 101
McGregor, Mike 207
McPhatter, Clyde 118
"Memories" 70, 79, 80, 82, 91, 126, 127, 142, 144, 148, 221, 222, 236, 237, 245, 247
Memories Of Elvis (TV) 222, 236, 237, 247
"Memory Revival" 123
Memphis Boys, The 103, 163, 225, 226
Memphis Horns, The 20, 105, 198
"Memphis, Tennessee" 138, 217
"Men With Broken Hearts" 157
Meredith, Burgess 43
Meu Tesouro É Você (filme) 37, 40, 46
MGM (estúdios) 39, 54, 174, 184
Milete, Shirl 169, 172
Miller, Ned 117

Miller, Sandi 28, 43, 44, 73, 77, 80, 84, 96, 97, 98, 139, 156, 175, 215, 232, 233, 234, 236, 237
Milsap, Ronnie 117, 122
"Mine" 41
Minhas Três Noivas (filme) 31, 39
Mister Rogers' Neighborhood (TV) 57
Moman, Lincoln "Chips" 101
Monkees, The 30
Monroe, Bill 167
Moody Blue 213
"Moonlight Sonata" 66
Moore, Mary Tyler 127
Moore, Scotty 5, 24, 26, 71, 100, 106, 133, 153, 231
Morales, Armond 137
Morgan, Tommy 84
Morris, Bobby 138, 140
Moscheo, Joe 69, 137, 138
"Motherless Child" 61, 66
Muhoberac, Larry 135, 155
Murphy, George 188
Murray, Jimmie 21, 137
Murray-McKay, Darice 5, 73, 74, 75, 76, 78, 79, 80, 94, 149, 233
Muscle Shoals Sound Studio 161, 162, 163, 164, 171
"My Babe" 144, 147, 153
"My Baby Left Me" 200
"My Little Friend" 114, 116, 169, 245
"My Way" 212
"Mystery Train" 143, 144, 153, 164, 176

N

Nasce uma Estrela (filme) 206
NBC (relações comerciais com) 49, 50, 51, 54, 60, 65, 66, 69, 70, 73, 74, 83, 89, 90, 95, 127, 146, 233, 240, 245
Nelson, Ricky 134
Nelson, Willie 30, 148, 173, 215
Network (TV) 57
"Next Step Is Love, The" 172, 177, 182, 245
Nichopoulos, George (Dr.) 36, 209
Nightcap (TV) 57
Ninth Street West (TV) 135

Nixon, Richard 188
"Nothingville" 62, 66, 67, 68

O

O'Grady, John 188
Oakenfold, Paul 140, 169, 184, 188, 211, 224, 236, 249
Odetta Sings Dylan 31
"Oh Happy Day" 178
"Oh, How I Love Jesus" 30
"Old MacDonald" 38
On Stage 158, 160, 161, 245
"On The Path Of Glory" 52
"One Night" 79, 80, 81, 83, 91
One Night With You (TV) 222
"Only Believe" 173
"Only The Strong Survive" 121, 125, 128, 144, 221
Ovations, The 101
Owens, Arthur "Doodle" 110, 120, 162

P

Page, Jimmy 149
Page, Patti 30
Paget, Debra 184
Palmer, Judy 73, 150, 247
"Parabéns Pra Você" 122
Paradise, Hawaiian Style ver *Paraíso do Havaí, No*
Paraíso do Havaí, No (filme) 22, 27, 41, 95, 116, 121
Parker, "Coronel" Tom 14, 21, 23, 24, 25, 35, 36, 37, 38, 39, 40, 43, 50, 51, 54, 55, 56, 65, 67, 68, 71, 72, 73, 83, 87, 90, 92, 93, 94, 98, 126, 127, 128, 131, 132, 133, 136, 140, 145, 145, 150, 151, 152, 160, 175, 179, 183, 185, 187, 198, 199, 205, 206, 207, 219, 248
Parker, Patricia Ann 179
Parrish, Julie 5, 22, 27, 184, 231, 248
"Patch It Up" 173, 182, 245
Pello, Gene 136
Penn, Dan 162
Pepper Tanner Company 100, 135
Perkins, Carl 167
Perkins, Millie 23
Peters, Jon 19, 94, 189, 206, 249

Petula (TV) 52, 57, 58, 60, 61, 62, 65, 140
Peyton Place (TV) 22
Phillips, Dewey 99
Phillips, Sam 40, 82, 118, 148, 161
Pickett, Wilson 101, 162
Plant, Robert 149
Platinum: A Life In Music 30
"Polk Salad Annie" 157, 161, 175, 177
Pomus, Doc 113
"Poor Man's Gold" 114, 117
Por um Punhado de Dólares (filme) 97
Posey, Sandy 33, 101
"Power Of My Love" 120, 121, 123, 128
Prell, Milton 38
Presley, Gladys 20, 30, 148
Presley, Lisa Marie 46, 119, 219, 220, 228
Presley, Priscilla 26, 31, 33, 34, 38, 39, 40, 46, 56, 70, 74, 119, 139, 159, 187, 188, 194, 198, 201, 207, 210, 218, 219, 220, 249
Presley, Vernon 14, 25, 31, 46, 47, 117, 122, 187, 188, 194, 213, 219, 220
Press Music (editora) 118
Price, Ray 173
Prisioneiro do Rock, O (filme) 23, 30, 60
"Proud Mary" 157, 160, 161
Prowse, Juliet 22, 158
Putnam, Norbert 5, 162, 163, 164, 165, 166, 168, 169, 171, 173, 174, 199, 201, 203, 209, 210, 211, 237, 238, 239

Q

"Queenie Wahine's Papaya" 121
Quicksilver Messenger Service 74

R

Rabbit, Eddie 117, 121, 173
"Rags To Riches" 180, 181
Randi, Don 66
Rascoff, Joe 222
RCA Records 21
RCA Studios (Hollywood) 40, 99, 127, 203, 223
RCA Studios (Nashville) 30, 35, 40, 100, 152, 161, 163, 164, 246

Reed, Jerry 40, 44, 45, 59, 60, 233
Reed, Jimmy 41, 77
"Release Me" 138, 158, 160
"Return To Sender" 23, 29, 157
"Richard, Cliff 47
"Rip It Up" 138
Rising Sun (cavalo) 33
Roberts, Oral 48
Robertson, Don 5, 26
"Rockin' Daddy" 102
Rodgers, Paul 140, 169, 184, 188, 211, 224, 236, 249
Roe, Tommy 30, 162
Rogers, Jaime 62
Rolling Stones, The 51, 132, 185
Rosenberg, Seymour 101
Roustabout (filme) ver *Carrossel de Emoções*
"Rubberneckin" 116, 144, 152, 224, 245
"Runaway" 143, 161
Rush, Merrilee 101

S

Sanders, Denis 174, 183, 226
"Santa Claus Is Back In Town" 81
Sarnoff, Tom 50, 90
Saudades de um Pracinha (filme) 22, 23, 53, 158
"Saved" 61, 66, 67
Scheff, Jerry 40, 44, 45, 59, 60, 233
Schilling, Jerry 25, 33, 44, 187, 190, 205, 206
"See See Rider" 157, 160, 200
Self-Realization Fellowship, The 27
Seresteiro de Acapulco, O (filme) 25, 26
"Shake That Tambourine" 24
Shannon, Del 143
"She Thinks I Still Care" 220
"Sheila" 30
Shemwell, Sylvia 137, 173
Shindig! (TV) 51, 61, 134, 155
Shindogs, The 134
Shondell, Troy 120
Shore, Sammy 140, 141, 159, 185

"Shot Of Rhythm & Blues, A" 162
"Show Me" 102
Shuman, Mort 112
"Signs Of The Zodiac" 99
Simon & Garfunkel 168, 169
Sinatra, Frank 26, 38, 51, 57, 134, 152, 249, 272
Sinatra, Nancy 39, 152, 180
Singer Presents Elvis Singing Flaming Star And Others 93, 245
Singer Sewing Company 51, 89, 93
"Singing Tree" 41, 42
"68 Comeback Special" ver *Elvis* (TV)
Smith, Billy 214, 249
Smith, Myrna 137, 138, 147
Smith, Warren 101, 116
Smothers Brothers Comedy Hour, The (TV) 57
"Snowbird" 180, 181
Soden, Jack 220
Sol Nascente (cavalo) ver Rising Sun
"Somethin' Stupid" 39
Something For Everyone 42
"Sometimes I Feel Like A" 61, 66
"Song Of The Shrimp" 23
"Sound Of Your Cry, The" 167
Soupy Sales Show, The (TV) 51
South, Joe 157
Speedway (filme) ver *Bacana do Volante, O*
Spinout (filme) ver *Minhas Três Noivas*
Splinter 210
Spreen, Glen 5, 104, 107, 118, 124, 139, 144, 148, 151, 235
Springfield, Dusty 101, 170
Square Garden 198
Stafford, Tom 161, 162
Stage Show (TV) 83
"Stagger Lee" 156
Stamps Quartet, The 201
Stanley, David 159
Statesmen, The 30
Stax Studios 199, 201
"Stay Away" 43, 44, 45, 245
"Stay Away, Joe" 43, 44, 45

Stay Away, Joe (filme) ver *Joe É Muito Vivo*
Steve Allen Show, The (TV) 56, 73
Steve Allen Westinghouse Show, The (TV) 51
Stoker, Gordon 5, 22, 24, 25, 26, 29, 30, 44, 133, 231, 236
Stoller, Mike ver Leiber & Stoller
Stone, Mike 207
Stoval, Vern 109
Strange, Billy 47, 48, 65, 67, 70, 100
"Stranger In My Own Home Town" 120, 153, 177
"Stranger In The Crowd" 169, 177, 182
Streisand, Barbra 133, 139, 271
"Stuck On You" 22, 51
Subterfuge (filme) 95
"Such A Night" 30
Sumner, J. D. 203, 215
Sun Records 21, 76, 101
Sun Studio 102, 103
Superfly (filme) 204
"Suppose" 40
"Susie Q" 134
"Suspicious Minds" 118, 139, 143, 144, 148, 151, 152, 153, 157, 160, 177, 224, 226, 230, 245
Suspicious Minds: The Memphis 1969 Anthology 117, 120, 123, 221, 246
"Sweet Caroline" 156, 160
"Sweet Inspiration" 137
Sweet Inspirations, The 137, 140, 141, 155, 159, 227
"Swing Down, Sweet Chariot" 100
"Sylvia" 173

T

T.A.M.I. Show, The (TV) 51
Tams, The 163
"Teddy Bear" 157
Tedesco, Tommy 66, 67
"Tennessee Waltz" 29
Tex, Joe 102
"That's All Right" 76, 81, 99, 144, 175, 176
"There Ain't Nothing Like A Song" 39
"There Goes My Everything" 173, 181, 195, 245
"There's Always Me" 42, 245
"(There's) No Room To Rhumba In A Sports Car" 24

"These Boots Are Made For Walkin'" 39
This Is Elvis (documentário) 212
"This Is Our Dance" 170
"This Is The Story" 110, 113, 116, 144, 153
"This Time" 120, 125
Thomas, B. J. 113, 177
Thomas, Carla 101
Thompson, Claude 61, 62
Thompson, Linda 209
Thompson, Terry 137, 162
Thornton, Big Mama 132
Three Dog Night 205
"Tiger Man" 81, 87, 93, 143, 144, 150, 153, 164, 176
Tillotson, Johnny 122
Time Out Of War, A (filme) 174
Tipler, Gladys 24, 30, 148
"Tiptoe Through The Tulips" 86
"Today, Tomorrow, And Forever" 121
Tomorrow Is A Long Time 31, 221
"Tomorrow Is A Long Time" 31
"Tomorrow Never Comes" 172, 181
Tonight Show, The 74
Too Much Monkey Business 44, 45, 93, 220, 221
"Too Much Monkey Business" 44, 45, 93, 220
"Trouble" 49, 60, 63, 66, 67, 84, 86, 91
Trouble With Girls (And How To Get Into It) ver *Lindas Encrencas: As Garotas*
"True Love Travels On A Gravel Road" 120, 123, 128, 158, 181
"Trying To Get To You" 79, 81, 138
Tual, Blanchard 219
Tubb, Ernest 172
Tucker, Tommy 42
Turner, Ike & Tina 157
Tutt, Ronnie 135
"Twenty Days And Twenty Nights" 166, 182
2001 Uma Odisseia no Espaço (filme) 200

U

"U.S. Male" 45, 46, 245
"Unchained Melody" 209, 212, 229
"Up Above My Head" 61, 66, 67, 68

V

"Vicious Circle, The" 114
Vida Impessoal, A (livro) 27
Vincent, Gene 101
"Violet" 99
"Viva Las Vegas" 113, 132, 157, 246
Viva Las Vegas (filme) ver *Amor a Toda Velocidade*
Viva um Pouquinho, Ame um Pouquinho (filme) 8, 46, 65, 70, 98, 122

W

Walk A Mile In My Shoes: The Essential 70s Masters (*box*) 157, 161, 167, 177, 221, 246, 271
Walker, Ray 34, 41, 141, 144, 146, 148, 173, 236
"Walls Have Ears, The" 24, 271
Wanger, Walter 53, 271
Warwick, Dionne 57, 101
"We Call On Him" 42, 245
"Wearin' That Loved On Look" 110, 116, 120, 128, 181
Webb, Jack 40, 80, 117, 153, 190, 194, 220, 238
Weintraub, Jerry 180
Weisman, Ben 116, 239
Weld, Tuesday 23
West, Red 29, 34, 38, 100, 150, 203, 213, 214
West, Sonny 34, 188, 190, 192, 193, 194, 195, 209, 213, 249
Western Recorders (Hollywood) 47, 66
Westmoreland, Kathy 177
Wexler, Jerry 102
"What'd I Say" 41, 144
"When My Blue Moon Turns To Gold Again" 78, 82
"When The Saints Go Marching In" 67
"When The Snow Is On The Roses" 177
"Where Could I Go But To The Lord" 61, 66, 67
"Where Did They Go, Lord" 181
"Whiffenpoof Song, The" 99
White, Joe 157
"Who Am I?" 123
"Who Are You" 40
"Whole Lotta Shakin' Goin' On" 181
Wild In The Country (filme) ver *Coração Rebelde*
Wiles, Roger 137, 221, 234, 248

Wilkinson, John 135, 138
William Morris Agency 65
Williams, Hank 113, 157
Willis, Chuck 157
Wills, Bob & His Texas Playboys 167
"Witchcraft" 51
"Without Love" 118, 144, 153
"Wonder Of You, The" 40, 158, 160, 161, 245, 246
"Wonderful World" 47, 122
Wood, Bobby 103, 105, 108, 119, 122, 123, 124
"Words" 148, 153, 175
Worldwide 50 Gold Award Hits, Vol. 1 (*box*) 181
Worldwide 50 Gold Award Hits, Vol. 2 (*box*) 72
Wrecking Crew, The 66

Y

"Yesterday" 143, 144, 161, 176,
"Yoga Is As Yoga Does" 37
"You Asked Me To" 220
"You Better Move On" 162
"You Don't Have To Say You Love Me" 170, 182, 245
"You Don't Know Me" 35, 42, 245
"You Gotta Stop" 37
"You'll Never Walk Alone" 42, 46, 245
"You'll Think Of Me" 112, 113, 116, 117, 144, 153, 245
"(You're The) Devil In Disguise" 121
"You've Lost That Lovin' Feelin" 113, 177, 182
Young, Chip 42, 163, 221
Young, Reggie 5, 102, 103, 106, 107, 108, 110, 112, 113, 115, 120, 122, 133, 201, 225, 234, 235, 238, 239
"Your Groovy Self" 39
"Your Time Hasn't Come Yet Baby" 40, 48, 129

Z

Zambon, Francis 153
Zenoff, David 38